光 里
In the Light

楚以 著
Chu Yi

Editorial Comte Barcelona
巴塞罗那伯爵出版社

Title: Inside of Light
©Chu Yi, 2020
©Comte Barcelona
First edition
Editing by Qinfeng Zhang
Front cover and book design by Qinfeng Zhang
First printing January 2020
Published by Comte Barcelona

ISBN: 978-84-121437-6-8 (Paperback Edition)
ISBN: 978-84-121437-7-5 (Digital Edition)
Visit https://comtebarcelona.com

书名：光里
著者：楚以
版次：2020年1月第1版
编辑：张秦峰
封面和排版设计：张秦峰
出版发行：巴塞罗那伯爵出版社

ISBN: 978-84-121437-6-8(平装版)
ISBN: 978-84-121437-7-5(电子版)
详情可访问网站：https://comtebarcelona.com

作者简介

楚以，一九八七年出生于河北，理工宅男，机械工程师，结构设计师，曾为独立文学刊物编辑。水象星座，善倾听，不善言辞。自我定义为碎片意象的捕捉者、编织者。缅怀于过往，潜行于此时，憧憬于未来，是一个活在记忆里的人。对于文字及写作所秉承的是：莫问意义，自在其中。

已出版作品：《光里》、《彩虹里的男孩》等。

目录

01   01

02   31

03   53

04   105

05   169

01

最初的时候，他并未注意到地面上被车轮碾压的积雪一夜之后已冻得如锯齿般锋利、坚硬。首先引起他注意的是这条位于转盘东侧的主干路上空无一人的寂寥以及屋顶冰雪融化后再次冻结的肮脏，从攥紧车后架的手心传来的麻木与刺痛让他产生了想大声喊叫的冲动。

然后，他看到了地上的车辙印。

这些比柏油路面高出寸余的锯齿纠缠在一起似锁链般扭曲着伸向两端。向东，在他目力所及的范围内，无数棵光秃秃的杨柳卫士木讷地戳在路边并由大到小逐渐消失在远方的灰色混沌之中。这条路也是如此，从低到高通往那里。对这些叶子脱落只余枝桠的杨柳，他说不上有什么好感，尤其是在春季，柳絮每时每刻都在骚扰着他。它们穿过教室或宿舍敞开的窗子，在半空在眼前在鼻端晃晃悠悠地飘舞，赶也赶不走，直到自行抱成团落在地上滚几下才会变得安静。现在倒是老实了，不再乱飞，连树枝都不再晃动。他觉得在这个宁静的早晨所出现的每样东西都比往常更加清晰，即便在远处视线无法穿透的灰色地带里，他也能看到是什么在等待着自己。

假如没发生这事儿，中午就能到家了。他深呼吸了几次，白色哈气在眼前二十公分处渐渐消散。他扭了一下身体，作为对即将发生的事情的预警。没有回应，前面的人估计是忘了他的存在，未发一言。从走出门口开始，这个人就不说话了。或许是天气太冷不愿开口，或许是对自己过于失望所以懒得多言。他心想，无论是哪种原因，这沉默的气氛倒颇为应景。

还有那个打着哈欠的看门老人。他对这位老人几乎没有印象，只能想起一团模糊的影子坐在铁皮房门前的破木椅上，在开学日盯着进入校园的每个人，遇到有没穿校服没带校徽或看起来不像学生也不像老师的人，就会要求对方出示证件——不轻易放过任何可疑之人以免造成难以挽回的过错。当老人做这件事的时候，一条原本卧在椅子旁的杂毛土狗也会爬起来靠在他的腿边，缓缓地摇晃着尖端有缕白毛的尾巴。他对这条狗倒是有些印象，总觉得在哪里见过它，只是大脑的开发程度还不足以让他准确地记住每条见过的狗。这条也不例外，只能说似曾相识。

不，或许有例外。

对，是有例外的。

他也养过一条狗。

在他的记忆里，那只有几百户人家的村子充满了无处躲藏的饥饿以及落到后背和肚子上的拳头。下午放学，他最想做的事情就是往地里跑。眼冒绿光，寻找一切能嚼得动的东西填进肚中，然后回到村里倚着大门看天色逐渐变暗。第一颗星出现后，母亲才会回到家里，做一顿看不见几粒米的稀饭。他的父亲常年不在家，去了县城，市区，或者太空，或者宇宙之外，或者随便什么地方，唯独不在这儿。母亲在乡卫生院干杂活的同时还耕种着五亩庄稼地，日子并没有因为辛勤劳作而变得更好，反倒愈发沉重。每当看见母亲拉长的身影伴随着烛火的跳动在墙壁上摇晃时，他就开始琢磨那些肮脏的猪崽子们说的究竟是不是对的。

他们说他没有爹。他们说他是个野种。

这群人中叫得最欢实的就是赵青。以至于他在坟地旁的沙土中翻捡被遗落的拇指般大小的红薯而碰到那条与自己有着同样眼神的流浪狗时，瞬间就想好了它的名字：大青。狗身上的毛发多是草黄色，然后是灰色，再然后是黑色。腹部瘦得能见到一根根肋条，随着它的呼吸，肚子像风箱一样呼扇着。一条垂在屁股后的尾巴，倒颇为粗壮。见它一直压低身体盯着自己手里还没来得及吞进肚里的皱巴巴的红薯，他毫不犹豫地把它们扔了过去。

原来狗是吃红薯的，他心想。

原来人饿了和狗一样，他又想。

他没养过狗，家里也没有多余的口粮，又从哪儿找吃的喂它？母亲肯定不会让他养狗的，哪怕他愿意也没用。等它三两口吃完红薯，眼中的凶狠仿佛变少了。之前它都在吃些什么？他摊着手说："没啦，真的没啦。"它听懂了一般，开始在土中嗅着，用爪子刨起来。

大地已将红色的日头完全吞下，一人一狗也彻底放弃了对这里的折磨：一个都没找到。这片被仔细翻耕又被更仔细搜索过的土地，已无法再给他们提供帮助了。他拍拍裤腿上的土，向村子走去。他肚子里着了火，急需用食物拯救，而那条狗也远远地吊在后面。

他俩走到校门附近时，老人和狗依旧在铁皮屋子里。屋子由喷着绿漆的彩钢板搭建而成，外围裹着一层厚厚的保温泡沫。透过门口的窗户，他看到那双凝视着他们的眼睛上布满了血丝。昨晚的事情闹得太大，惊动的人不少，老人肯定也是一夜没合眼。

如果不是他，那可能就是自己，要么就是别人。不是现在，就是以后，反正总有人要来这么一下，才能止住整件事儿。昨天夜里躺在宿舍床上，听着自己心脏砰砰的跳动声，他止不住地乱想。如果是自己呢？是自己的话，那最难过的人肯定是母亲了。这个瘦小而坚强的妇女唯一的希望就是让孩子不要过上跟她一样的生活。

将被褥放到宿舍的床上，这个瘦弱的妇女用无比肯定的语气对他说："你只管上学，钱的事儿娘想办法，"他注意到她的头发变成了灰白色，薄薄的一层，被风吹得有些凌乱。"你收拾收拾，我先回了。"说完，便转身走了出去。那会儿，他们搬到了镇上，离原先的人们稍远了些。而他那消失许久的父亲也回来在镇上开了个修自行车的铺子。他们三人彼此间很少说话，只是默默地活着，听任生命在白天与黑夜的循环中一点点溜走。

无论怎样，他们都老了，自己也长大了，而在童年时代出现的大青更是死去多年。那之后，他再也没养过狗。

回到家，他弯腰装作捡砖头，丢向跟在身后的大青。它向上抬着脑袋，尾巴轻轻地摇着，并未躲闪。他无奈地向它挥手说："走吧，别跟着我了，我家也没吃的。"它低头发出轻微的"呜"声，转身，耷拉着尾巴跑了。它会到哪里去？像这种没人要的流浪狗只会遭到追捕，放血扒皮炖了又是一锅好肉，实在太瘦的话喝点儿骨头汤也很不错。村里有三十来岁的汉子，闲着没事儿就会背上半人多高的老式猎枪，牵上家养的细狗，到田间地头寻找猎物，无论是在草丛躲藏的野兔，还是在半空飞行的鸽子，抑或是停留在树梢枝头的麻雀，只要遇见了，他们会解开狗链子，举起手中的步枪，瞄准任何能成为猎物的东西。他们尤为喜欢这种无家可归的流浪狗、从不知什么地方跑来的走丢的牛羊。这种情况一直持续到猎枪统一上缴才有所改善，不过随后变成了捕鸟网或兽夹，很难再见到数人数狗在野地里撒腿狂奔、呜哇乱叫着追逐猎物的场景了。

它也许会继续躲到坟地里去，很少有人去那里闲逛。它在遇到自己之前是怎样生存的，之后还会怎样。应该不会轻易就被人捉住的吧，他心想，希望回头再次遇见，它还能像现在一样。

确实如此。再次相遇时，它猛地从红荆丛里冲出来，挡在他前面并朝那些追赶他的人龇牙吼叫。它还记得自己，对这一点儿他丝毫没觉得奇怪。它和之前并无太大差别，只是更瘦了。而他则十分狼狈，脸颊红肿，衣服的扣子被扯掉，裤腿也撕坏了。真该庆幸自己跑得够快，没被那几个人围住。这些莫名其妙的殴打、偷袭随时随地都会出现，任何事情都会成为理由，甚至干脆就不需要理由。

是否所有的事都需要一个理由呢，要不然它们最开始是怎么发生的呢。他忽然意识到自己很久没有去那座城市了，他找不到再去的借口。如果不是因为那里，他也不会突发奇想要改名字。

他很感谢父母给他起的名字。他还有两个哥哥，大海，二海。这个名字已经相当不错，至少没有叫没叫大狗二狗三狗就够对得起他哥仨了。可他还是想改名字，工作后的第四年他分别找了自己的六姨七姑三叔四姥姥家的大表哥大表嫂以及二表嫂的亲娘舅，都没办成，还托了他发小的大伯家的儿子，也没搞定。经过一番折腾，他彻底认识到这件事儿的难度，旋即采用迂回战术，对每个认识的人说自己托人改了名字。只是他的身份证上还印着原名。

当她第一次听到他的真名时，半开玩笑地说："哟，真够土的。"他只觉得脸皮发烫，诺诺地顶了一句，你的名字不土。"嘿？你倒是说说看杨雨颜哪里土啦？"她毫不客气地拧着他的耳朵问道。

这个名字确实不错，他心想，并未察觉自行车后座上的小动作。

今年的寒冷来得早了一些，回家后要让老婆将秋衣秋裤绒裤保暖衣翻出来晾晒一下，然后都穿上。年老不以筋骨为能呀！

几年前的此时，他还在频繁地穿梭于县城和百里外的城市之间，背着黑色的双肩背包（里面有几件换洗的衣服，身份证和少量现金）。走出出站口，首先看到的是车站对面灯火辉煌的维多利亚大酒店，它共有三十三层（在广场候车时他曾仔细数过），直入云端，俯视着脚下矮小的车站以及更加矮小的人类。这些蚂蚁如水流一样绕开这栋建筑，身体疲惫地奔向城市的各个角落，偶尔才有几只蚂蚁会走向酒店的入口。收回目光，他开始在人群中寻找那再熟悉不过的身影：一身灰蓝色长款大衣，白色围脖遮住了半张面孔。她孤零零地站在人群边缘，向出站口张望着。

出租车从容地在马路上穿梭着，间隔五十米的橘黄色路灯急速向后滑行。等开出车站附近的拥堵地带，司机踩油门提速，车子纵身跃入五彩斑斓的世界，朝目的地驶去。他坐在后排搂着她的肩膀，心中幻想什么时候能在这个省会城市买下属于他们的方寸之地。她问，"冷么？"他用手掌贴着她藏在围巾下的脸蛋反问道，"你觉得冷不冷？"她向上耸了耸身子，"喏，给你暖暖。"从衣领深处飘出一阵带有温度的气息，伴随着特有的香气。他愣了愣，随即手掌顺着她的衣领滑进去，直到握住那温暖的柔软之处才停下来。她缩了一下身子，向他靠了靠。手掌被挤得更紧了，刚才还令人难以忍受的寒冷，早已消散。看着她闭着眼睛靠在自己的肩头，脸上还带着一抹狡黠的笑容，他的手一动也不敢动，还时不时向司机看去，以免被其发现异常。而年过半百的司机则全神贯注地开着车子，什么都没察觉一般。也许他早就看惯了，孟海暗忖，也许他在想什么，没有注意到吧。

他希望这辆出租车可以永远不停地行进在每栋高楼之间，每座高架桥之下，每个城市之中……不，应该是自己开车，放着喜欢的音乐，混合了她自身和沐浴乳的香气从副驾驶的位置飘来，就这样在人迹罕见的公路上一直开下去，一直开下去。挡风玻璃前的柏油马路在另一头开始弯曲向下，没到达之前很难想象那里会有什么：是一片葱茏的树林，一条清可见底的小溪缓缓流淌着，偶尔还能见到青色草鱼从水底一闪而过。他们可以在岸边建一所简单而结实的小木屋，不需要多么精美的外表，只要足以抵抗狂风暴雨以及时间的侵蚀即可。为了给这间木屋增添些色彩，可以在左边种上几簇蔷薇，右边种上几棵四季竹。或许是个黑黝黝的洞口在等待他们，有幽暗的亮光从对面传来，柏油马路从洞口一直延伸进去。待走到山洞尽头，才发现光还在远处，而横亘在他们眼前的是一片旋转漂浮的星云，庞大浩瀚，触手可及。倘若远方与这儿并无差别，就继续走下去，终会有一个归处。他们依偎在后座上不再说话，享受着短暂而美好的时光。后天（最迟后天）太阳升起的时候，他就要离开这里，回到那个种满杨柳冬青却仍然无法掩盖灰尘与贫瘠的县城，回到教室里，打开课本。

在某个不经意的瞬间或看到熟悉的情形时，他还是会想起她，她突然出现又快速消失，仿佛就是为了跟自己玩捉迷藏的游戏。此时，他握着的不是自行车冰冷的把手而是她胸前活蹦乱跳的小兔子，是柔软而温暖的，是与眼下肮脏而寒冷的世界截然相反的，是无法再次碰触的。

突然之间，这么多年。

他爱自己的老婆，甚至可以肯定再也找不到能像她一样对他这么好的人了，即便雨颜也不可能。"咱们把工作辞了去旅行吧。"他心血来潮地对她说。她在忙着拖地做饭整理家务或趴在书桌上临摹喜欢的书法读喜爱的书，并未理他。"喂，听到没？我说咱们去旅行吧！"

他提高声音又说一次，"把工作辞了！"她终于回过神来说："再有三天还房贷下个月该交孩子的学费还有学校马上要月考了。"说完便继续忙手头上的事。他心里的念头顿时被浇灭。有些事情，只能想想。

翻得页角破损的教科书，堆在书桌上厚厚的等待批阅的试卷与作业，忘记拧上瓶盖的红色墨水瓶，笔尖透红的英雄牌钢笔，挂在墙上的镜框——里面是他跟学生的合影，还有早就想扔掉却仍挂在东墙上由两节五号电池提供动能好让时针分针秒针不停转动的圆形电子表（它的外壳是一种劣质硬塑料，看起来无比低档。这是他第一次也是唯一一次在县城公园套圈得到的胜利品。他还记得她当时的兴奋劲儿和眼中的崇拜之情），搭在蓝色晾衣架上已在阳台晒了两天的儿童棉质上衣……在这个不足八十平的房屋里的每样东西，都在提醒他什么才是真实什么才是生活什么才是应该做的什么才是不能做的。他握着车把的手有些哆嗦，想大喊一声——真他妈冷！

现在的事情就是他应该做的，即便十分不情愿，他终究还是要走到那团灰色中。在灰色里隐藏着他高中时代的记忆，里面有渴望，有怯懦，还有逃避。他看到自己站在教室中央，课本上的字迹逐渐模糊，班主任提出了问题。整个教室寂静无比，同学们都在等待着，仿佛他给出的答案就是宇宙的终极奥义并与每个人的命运息息相关。心脏跳得越来越快，血液沿狭窄的血管咆哮着冲向头部，时间在他站起来的一刹那便不知被谁按下了暂停键。可是，除了身体不由自主地颤抖以外他做不了任何事，随后便瘫软地滑下去摔倒在地。彻底昏迷之前，他看到班主任慌张地跑了过来，漫无边际的黑暗随班主任的脚步一同到达，将他完全吞噬。

这是他在高中时代最后一次被提问的场景，自此直到毕业之前，都没有任何老师再叫他回答问题或者朗读课文，以至于在毕业聚会上他说自己以后准备当一名高中老师时，本来闹哄的同学们立刻安静下来。举起的酒杯停在半空没有相碰，拍着同窗好友肩膀的手掌还未落下，说了一半的话也没了声响，所有人都停下动作，不知该说些什么。班主任咳嗽两声，然后说："三海同学的理想还是很好的，老师就在这里等你回来！"说完就带头鼓掌，零零散散的掌声从几个角落里蹦出来，随后才噼里啪啦连成片。应聘的时候，他却鬼使神差地选择了别的学校。他怀疑即便是现在，在母校里仍然流传着"一个同学在回答问题的时候竟然吓晕过去了"这样一个故事，甚至还有补充："你们猜那个同学的理想是什么？当老师，想不到吧？"

他无法想象当母亲知道这件事之后，会对她造成多么沉重的打击。清晨，在被老师拎出学校的路上他还特意看了看守护着半个校园的铁网，它从南到北形成一条长长的两米高的隔离带。护栏两侧是叶子微黄的冬青，每个前来探望学生的家长都要隔着两排冬青向自己的孩子喊话。天气转冷，无论是护栏的四边形网格，还是冬青的枝头，都裹着一层薄薄的冰霜，等待着太阳的拯救。它们没有说话，沉默地看着他俩离开逐渐苏醒的校园。

往常这个时间，应该已有几十米长、穿蓝白校服的学生队伍伴着一二一的口号在路上跑步了，跑过横跨马路两侧的人行天桥然后转弯向西，全程一千米，历时十五分钟。在这十五分钟里有可能发生任何事情。他还记得之前在自己左边的是一个身高和他差不多、更加瘦弱、戴黑框眼镜的同学，他叫李之，或者李乎李者李也此类的名字——两人私交不深，要记住姓名有些困难，但他知道假如再次遇见自己肯定能立刻认出他，因为李之长了一个硕大的耳垂。毫不夸张地说，李之的耳垂可以搭到肩膀上。当然，这也没有什么奇怪的，至少弥勒的耳垂比李之的一点儿都不小，这象征着福禄深厚。奇怪的是李之只有右耳如此，另只耳朵看起来没有耳垂，这就颇为独特了。跑步时，李之的右耳垂就上下前后地晃啊晃。他总是想去瞅瞅他另一边的耳朵，甚至是站在李之面前倒退着跑步。可惜他的愿望始终未能实现。

在他们开始高中生涯的第二个月的一个早晨，李之正在跑步，后面的同学不小心踩掉了他的白色运动鞋，他蹲在地上系鞋带，别人仍然像河水一样缓慢而笃定地向前流淌着。经过李之的时候，会拐个弯儿绕过去。他第一时间就发现到李之蹲在了地上，他扭头瞅了一眼，却发现李之的耳垂与正常人无异，一般大小。只是没等他细看，后面的人推着他向前跑去并完全挡住了李之。从此，他再也没见过李之（或者李乎李者李也），在这个平淡无奇的早晨，他系完鞋带后就不见了。

李之所在的位置由旁边的女同学补上。每次跑早操的时候，他还是下意识地向左侧看去，他多次确认过这个女同学并没有弥勒一样的耳垂，却有李之所没有的长发，跑起来如同尾巴一样左右晃动。以前，在这缓慢的十五分钟内充满了疲惫与无奈，每次他都想跑回宿舍睡回笼觉而不是在教室上自习。她出现以后，晨跑的时间仿佛缩短了，他的心脏也随着马尾的节奏一下下地跳动。"嗖"的一声，晨跑就结束了。他多希望这晃动的时间可以长一些，半个小时，不，最好一个小时。

还是一个硬币拉近了他俩的关系。这个硬币伴随了他相当长的一段时间，说是他最亲密的伙伴也不为过，在他并不漫长的生命中，还从来没有什么东西存在过这么久。只在过年时他才舍得穿的棉衣也逐渐变小，早不知丢到了哪儿——有可能一直压在衣柜最下层，散发着樟脑球刺鼻的气味。最爱他的母亲在时间的重压下慢慢苍老并渐行渐远在他眼中变成了一个沉默的背影，愈发疏离。而那些在童年时代不停追逐殴打他的同龄人也不知分散在哪所学校哪个班级的哪张桌子上，把身体缩在叠放成堆的书本后面朝着渺茫的目标爬行着。只有这个被他把玩得失去了金属光泽的硬币一直在口袋中，从未离开。他熟悉它的边缘及正反面的每一个角落，用拇指在上面摩擦的同时大脑中就会勾勒出它凹凸不平的纹理和数字图案。它闪亮地悬浮在他脑海之中，与初次见到时没有不同。

小时候的赵青身边已经围拢了一群人，他们屁颠儿屁颠儿地跟在他身后吵吵嚷嚷着。赵青时不时从口袋中摸出三五颗水果糖抛向空中，引发他们如同疯狗一样的争抢。有时候是核桃或者山楂。对这些东西，他还能装作没有看到，唯独有一样例外，那种被赵青称为是从其他国家漂洋过海到中国的花生豆。过年他从别人家吃过一次，自此，在他的心里任何零食都不能与这种脆香的花生相提并论。有次放学值日，他倒完垃圾回到教室，其余值日的同学早跑光了。他把边缘破损的白铁簸箕扔到墙角便向外跑，快要跑出门口时忽然停下了脚步。在他背后是空无一人的教室：倒放在课桌上的凳子，塞在抽屉里的书包，讲桌上用了半截的粉笔……它们都悄无声息地等待着，等他想起昨天赵青带来了一大包花生豆。在他前面是教室的木门，敞开着，绿色油漆也已剥落，下方的门板被调皮的同学踹得快要散架了。木门之外是空旷的校园，几棵碗口粗细的绒花树立在窗台旁，嫩绿色的小叶子随风上下起伏。

这一切似乎在预示什么，那久远的味道忽然浮现并不断刺激着他。他轻掩木门，转身向教室后方走去。在赵青的抽屉里，想象中可以令他不顾一切的东西并没有躺在那里。他疯狂地翻着赵青的书包，心中充满失落。随后，一枚一元的硬币出现了：闪亮，冰冷。他心安理得地把它收在口袋内，没感到一丝不安。这是自己挨揍的补偿，他心想，有总比没有强。

他也说不清无缘无故哪儿来的这么大仇，还好后来搬到镇上，才结束了这种不是挨揍便是逃跑的悲惨生活。当然，大青也保护了他很短暂的一段时间。它的初次露面就给那帮家伙留下了深刻的印象。它挡在他的前面，眼睛盯着人群中个子最高的赵青，龇着尖牙，垂落的尾巴缓慢地摇着，等待着进攻的信号。

他们几个一放学就开始围堵他，眼看就要逮住了，在半路却杀出个多管闲事的疯狗。血红色的三角眼，支棱的耳朵，虽然瘦了些，看上去却是个不好惹的家伙，谁知被它咬了会不会得狂犬病。再加上赤手空拳没拿棍子，其中几人胆怯，悄悄退了几步，只有赵青还拧着脖子固执地站在那里。赵青肯定不会轻易就这么放弃的，一条虚张声势的狗还吓不住他。

赵青的父亲在外开大车拉货，家里有些闲钱，而且还养了两条黑背，常用生肉喂养，长得很是威武。他牵着它们出来的时候，村中的狗见了到都要躲开，不敢挑衅。在村中的这批孩子里，赵青是长得最高、最壮实的——就像他家养的狗一样，打架难逢敌手，这也是他为什么能当上孩子王的部分原因。另外的原因就是他的衣兜里经常装着大白兔奶糖或者瓜子，时不时赏给他身后的小喽啰。他也很想跟在赵青的身后蹭吃蹭喝，甚至提出可以帮赵青做作业，都没能获得跟班的资格。但赵青依旧是个十一二岁的孩子，再自信也不敢徒手和一条脏兮兮的疯狗打架。

"这是你爹吗？"赵青问。

他没有说话，从地上爬起来，站在狗的身后，看着赵青。

"原来你有个狗爸爸啊。好男不和女斗，好人不和狗斗。咱找个日子，让我家的狗和它咬一次。你要是赢了我再也不找你麻烦，怎么样？"

"要是输了呢？"

"嘿，要是输了，你就跟着我，叫我一声爹。哈哈，反正你也不吃亏。"

说完，赵青几人缓慢地向后退去，见他没有让狗扑上来的意思，才撒腿向村里跑，慌乱的脚步弄得小路上尘土飞扬。

我又听到了他们的脚步声，晚上十一点半。紧张但不凌乱，很轻，轻得几乎令人无法察觉。从我所在的位置向北，二十米。"砰"的一声，随后又是两声。这里的人一向如此奇怪，他们很少说话，总是试图悄悄地去做一些事情。有次，我看到几个人在西边操场球门旁的角落里，做着某种剧烈的游戏。可能在游戏之初他们就制定了规则，谁都不能说话，先说话的就算输。不然我无法解释这种现象：他们用拳头猛击别人的脑袋，要么就用膝盖撞向对方的肚子。我能听到骨头和肉体碰撞后发出沉闷的钝响，也能听到他们大口大口的喘气声，但听不到有谁发出任何喊叫。我还能看到他们的脸颊开始变肿，嘴角或鼻孔流出了某种液体，脚步也变得踉跄，但看不到他们有任何要停止游戏的迹象。这沉闷无声的动作一直持续到其中几个捂着肚子缩卷在地上才得以停止。站着的人向躺在地上的吐了吐口水，然后互相搀扶，一瘸一拐地走了。

站在球门的斜后方，我忍受着隔壁垃圾堆所散发的阵阵恶臭，等了许久才看到躺在地上的人慢慢爬起。自始至终他们都未发一言。嘿，有点儿意思。我想着，也离开了这儿。随后，宿舍楼所有的窗口统一变暗，只有宿舍楼前面甬道上的一盏路灯，依然亮着。

他是被一阵拍门声惊醒的，盯着漆黑的上空思索许久，才弄明白自己并没有睡在高架桥下，也没有睡在路边的长椅上。

外面喧闹声越来越响，灯光照进房间在天花板上晃来晃去，像极了在清晨被汽车的喇叭声吵醒后第一眼看到的波光粼粼的高架桥底部。这让他想到太阳升起时的海面，可实际上只是车窗玻璃的反光，它们在由石灰磨成的底部晃动如同水波，他就躺在水波下的草丛里。他早忘了当初这样做的缘由，或许其中不存在任何意义，只有吃饭才有意义。他每天醒来的第一件事儿就是考虑今天吃什么。

从草地上坐起，他发现一对老夫妇正小心翼翼地走在不远处横穿绿化带的小路上，仿佛这条小路不是位于两条宽阔马路中间的绿化带中央，而是在布满地雷的沙滩上。海水抚平了别人的脚步以及爆炸的痕迹，只有这条小路还没来得及抹去而临时保留了下来，除此之外没有任何能给他们提供帮助的东西。他们正在穿越雷区，见他忽然起身，两人被吓了一跳。老头拉了老太太一把，把她挡在内侧，加快了脚步。当他站起来后，两人已走到了马路对面。在他们和这个忽然从草丛里出现的人之间隔了一条宽阔的马路及距离极近的车辆（后面的车恨不得直接贴到前面的车上）。他本想着他俩会回头再看一眼，甚至会伸手指指点点，但他们到路对面之后便搀扶着继续向前走，没有回头。

或许他们是急着到菜市场买新鲜的蔬菜，要么是接小孙子放学——他没注意到这两个想法的时间有所冲突。中午或晚上吃完饭后，他们坐在客厅的老式木椅上，还会说起早上这件事儿："老头子，早晨可吓了我一跳。""嘿，谁说不是呢！"他说，"谁能想到里面还躺着个人呢。"

"不，我说的不是这个。有人躺在随便什么地方可一点儿都不奇怪。"他困惑地说，"不奇怪吗？""当然不奇怪，在城市里，这要饭的多的是。"（瞧！他们以为我是要饭的！他摇了摇头。）老头继续问，"那，要不是他，还有什么事儿能吓你一跳？"她有些恼火（并不是因为老伴），"昨天鸡蛋还三块五，今天就三块八了，涨得也太快了吧！"老头此刻才恍然大悟，连忙附和，"嘿，谁说不是呢！"随后他想，那个人倒是吓了我一跳。（瞧！在他们看来我竟然没有鸡蛋重要。）

　　想到这儿，他后悔没有跟上去向他们解释自己并不是要饭的，而且鸡蛋由三块五涨到三块八并不比自己更重要——至少对于他来说是这样的。只是放眼望去，哪儿还找得到他们。普通不过的一对身影，淹没于再平常不过的车流人群建筑物中，去哪里找？去哪里跟？去哪里解释？自从有过一次跟踪别人的经历后，他就再也不想做这种事了。那会儿，他还没有走到这个城市，应该还在北方，河北河南或者山东山西，反正是某个省的某个不大的城市（时间太久，他想不起来了）。中午，日头正猛——只要你抬头就要闭上眼睛，要是戴着墨镜的话就无所谓了。那个人约摸四十岁，个头不高，脸上厚厚的白色粉底被汗水冲得一道一道的，波浪形的卷发披在肩上，紧身的 T 恤只能遮住腰以上的部位，使得腰间一圈白花花的肥肉凸在空气里。一件黑皮裙随着胯部摆来摆去，然后是粗壮结实的小腿以及承担所有重量的细高跟红凉鞋。也是够难为人的，该不会断掉吧。在这个位于城市边缘的街道两旁尽是屋檐破损的低矮平房，有些则是用钢板建成的简易房，甚至还有用木头苫布搭的窝棚。刚到这儿，他就产生了一种熟悉的感觉，仿佛回到了老家的废品收购站。在他的收购站里码着摆得整整齐齐的各种瓶瓶罐罐，摞在一起两人高的旧纸箱隔板。院子中央堆着他的宝贝：踩扁的易拉罐和废旧家电。这种地方的空气中总是弥漫着一股在水里泡了十天的瓦楞纸或雨季鸡窝返潮所散发出来的怪味儿。尾随对方一路走来，他再次被这种气味包围。他没为自己的处境操心，而是担忧那双红色鞋子：它不属于这个人。它原本是在路边的台阶上晒着太阳等待主人的临幸，没想到却被这个人给顺走了。

红鞋子一出现就引起了他的注意。他在这所学校附近蹭吃蹭喝的时间不短了，正想离开，恰好碰到了它。红色高跟鞋不停地敲打着路面，发出节奏感十足的咔咔声，之后每天中午与傍晚放学的时候都要跟在独自走路的女生身后咔咔许久。它的孱弱与不协调在向他暗示着什么。当它这样连续出现的第七天，他开始向食堂的老马告别："我得走了，蹭吃蹭喝这么久，都不好意思啦。"老马每天都会搜罗些剩菜剩饭，在晚上回家之前拿给他，细算起来有个把月了。两人年龄差不多，闲扯几句也很投缘。得知他要走，老马心中颇不是滋味，毕竟一大把年纪了，再见面就是下辈子的事儿了："唉，老哥客气啥嘞，反正是剩下的，不扔了也要喂猪喂狗，你不嫌弃就好。"他感动得不知说什么，握着老马的手，使劲儿拍了两下。

随后，他就跟踪这双红色高跟鞋，离开了学校。

她注意到有人在身后，便七扭八拐走得越来越快，尽往偏僻的地方钻，没多久，两人一前一后就到了这儿。在一条肮脏的街道上，不会有人关心他们是谁从哪里来要到哪里去，更没人在意他俩是否准备找个隐蔽的角落偷偷摸摸地做些见不得人的勾当。人们都在忙自己的事情，比如让叶片泛黄的吊扇转得更快一些，调整自己躺在床上的姿势能与凉风更大面积地接触；比如在角落里撒上些红色药粉，让苍蝇臭虫老鼠蟑螂或者其他人只要嗅到看到就立马死去；比如往堂屋的腌菜缸里再加点儿盐，或者琢磨什么时候去菜市场能买到更便宜的青菜；比如怎么能让孩子的成绩更好一些，是不是要给老师送几十块钱意思一下……有谁会注意走在街上穿得不伦不类的中年妇女呢——哪怕她戴着一个粉色心型的没有镜片的眼镜。又有谁会关心一个衣衫褴褛鬼鬼祟祟地跟在这个妇女身后的流浪汉呢——哪怕他背着一个鼓囊的编织袋，在编织袋上还有好几片不规则形状的肮脏污渍。

红鞋子终于找到了理想的地方，她闪身钻进这条位于街道尽头左侧的巷子里。再往前是看不到尽头的庄稼地，绿油油一大片，或许能通往地球的另一面。鬼才知道他们走了多远。他把背着的编织袋向上提了提，右手从脖子上摘下挂着的家伙：一个两寸半长的钢钉，严格来说已经不能叫钢钉了。它的前半段略微弯曲，十字形尖端也被人用砖头或锤子砸平——是用暴力在随便某个地方而不是加热后在平整的工作台上砸的，如同弯曲的一字改锥。他把钢钉夹在食指和中指间，钉帽抵住手心，握掌成拳，钻进巷子。

他走过来后，本来围在一起的人很快散了。摊主是个系着白色围裙的妇女，她没好气地扔来一个煎饼同时说道："不要钱，快走！"陈耳歉意地从口袋中摸出几个硬币，放在钱匣子里，拿上煎饼走了。很快，煎饼摊又被另一批人围了起来。他继续向人民广场走去，每天早晨都会有一群衣着艳丽的老太太拿着镶金边的手绢在广场跳舞，那是这座城市唯一吸引他的地方：这里指的并不是那些老太太，而是广场舞。无论是她们脸上藏有灰尘的皱纹，还是早已看不出丝毫曲线的身体，对他都没有任何吸引力。在欲望消失的年纪，他不会再去追求一些虚无缥缈的东西了。他没正经谈过恋爱，或者说他没有爱过任何姑娘。在这从北到南的过程中，他会在经过的每个地方停留，有时是三五天，有时是几个月。年轻那会儿，他也有过几次晨露般的姻缘，不过都未能让他停下脚步。当把废品站的大门锁上并在外面钉了一个"永久歇业"的木牌之后，就没有什么能让他停下脚步了。

他坐在地上，吃着热乎的煎饼，仔细地看着这群人的每个动作：胳膊的伸展、脚步的前进与后退、身体上下的抖动以及手绢飞舞的轨迹。她们身体前倾，稍稍停顿两秒，然后抖动着后仰，停顿两秒，然后再次前倾。胳膊向两侧伸展，甩着金边手帕。乍看去，像是一群穿着粉衣服的僵尸在抽筋。劲爆的歌声从长方形音箱里传出，给她们加油助威，带动节奏。一首歌唱完，他刚好吃完煎饼。想必这群人也发现了这位每天上午都会出现的观众，可惜他沾着淤泥的大脚趾漏在鞋子外面，裤腿上满是破洞，几根杂草还插在乱哄哄的头发上。这幅鬼样，没人愿和他说半句话。他对这些人鄙夷的目光视而不见，当初的经历让他明白了整洁的外表才是最大的危险。

两个身材矮小的家伙教会了他这些。当时他正在公园里寻找能凑合一晚的地方，这之前他在卫生间洗完脸，并用肥皂洗了头发。虽然他收破烂，却是最干净、最体面的收破烂的，这在村子方圆五十里内可是出了名的。他是把收破烂当事业——不是混日子——来做的，得体的衣服，整洁的外表，这个良好的习惯给他带来了不小的打击。头发被夏日的晚风吹干以后，这两个像耗子似的家伙拦住他，说的第一句话就是：把裤子脱了！

他以为自己听错了，愣了片刻，又听他们不耐烦地说，"快脱！别逼我哥俩动手。"他三十来岁，火气正旺，在附近做着相同事业的人群中不算第一，也算第四第五了。谁知刚走出家门就被人拦下让他把裤子脱了。这可忍不了。他把手里的东西砸向对方，同时怒骂道，"脱你妈个X！"接着挥拳猛击对方的脑袋……很快，他被踹倒在地，让人扒了个精光。有个家伙蹲在他面前，用力扇了他几个耳光，嘴里喷着令人作呕的臭气说道："妈的！不知好歹，还让老子亲自动手！"这两个人掸了掸衣服上的土，拎着抢来的行李与衣物融入远处的黑暗之中。

他把装煎饼的白色塑料袋丢进垃圾桶内，继续漫无目的地走着。对这种用来打发时间的把戏，他彻底厌倦了：不仅在有生之年，更在死之后，他都不会像这些人一样在广场上跳大神。行人逐渐多了起来，比平常还要多。今天或许是周末，要么就是节假日，不然很难见到这么多人到这里来溜达。

人多了，也就意味着他要走了。在他的左边，有一家三口在放风筝——父亲向后拉扯着风筝线，被母亲抱在怀里的孩子咯咯地笑着，蝴蝶形状的风筝高高地飘在半空试图挣脱线的束缚。一个穿着脏围裙的老人推着三轮车在路边叫卖："红薯啊，红薯啊，香喷喷的红薯啊。"油桶改造的烤炉稳稳当当地立在三轮车中部，上面摆着已经烤得开裂的红薯。他紧走几步，怕被自己糊弄过去的肚子再次感到饥饿。饥饿太过可怕，比他见过的所有东西都要可怕。肚子仿佛变成了黑洞，想把所有东西的都吞进去。一对情侣，女孩子挽着男孩子的手，男孩子在四处瞅着，视线在他身上停顿了两秒便溜走了——可能是避免惹上麻烦。即将走出广场，他才看到了那个小男孩。

小男孩开始时是坐在电动车上，陈耳并未注意到他，直到他伴随着一道光飞起来。他才知道从早晨睁开眼睛开始，一直走到这里，重复了几十次的场景就是为了这个时刻。如果真是这样，他宁愿自己再睡一会儿，饿着肚子，不来这里看那帮毫无任何美感可言的老太太。要么就丢弃自己所有的行李——棉絮拧成团的被褥，两件只剩下半条腿的秋裤，一件后背被撕开口子的老棉袄，一个从垃圾桶里捡的不再保温的保温杯，还有一条变成黄色的毛巾——马上买火车票回到自己的出发地：穿着柔软舒适的衣服，坐在院子中央用塑料支起的凉棚下，等待附近村子的兄弟们把捡到的垃圾卖到这里。而他呢？他会分门别类地将这些东西归置好。如果有相中的家具，还可以把它搬到屋里，给这个窝增添点儿资产。要是有废旧的家电那就更好了，里面的电路板可是他的最爱。只是这些都是他的幻想罢了，他已经老了，那些年轻的时光都变成了留在路上的脚印、与别人打斗时流下的血液，趴在女人身上发出的低吼……这些都敌不过那个小男孩的一句话，他大声喊道："奶奶，快看！"此刻，他才发现这条短短的甬道已走到了尽头。

　　从校园通往村东头小卖部的路是如此漫长，好几次他都想折身返回教室把裤兜中的这枚硬币再放到铅笔盒里，就让它平稳地躺在那里好了，即便再躺个几十几百几千年又有什么关系呢？就让他们再继续嘲笑殴打自己好了，即便再打个几十几百几千次又有什么关系呢？我跑得不是越来越快不是越来越抗揍了吗？仇不该用偷偷摸摸的形式来报啊应该是正大光明地把赵青踹在地上踩着他的脸问他是不是知道错了才对啊可要等到什么时候呢？离小卖部越来越近了，甚至可以看清它的招牌——一个边长三十公分的方形小黑板，上面用粉笔写着：芳芳小卖部不shē账。歪歪扭扭的，就像老板娘走路的样子，她紧裹在碎花裤子里像桃子似的臀部也是这样扭来扭去的。每次看到她在街上，他都要盯着她——确切地说是盯着她的臀部——看好久。有一股火在他的小腹中窜来窜去找不到宣泄的出口。不过，对比她的屁股，他更感兴趣的是她身上的味道。

　　她在柜台上小小的天平秤后面磕着瓜子，身上散发着混合了饼干花生牛奶——有时还掺杂着酱油醋——的气息，在最中心还有一种难以描述的味道，在记忆的最深处他模糊地察觉到这股气味曾出现过。她接过你递来的几角几块钱，然后把放在货架上落满灰尘的东西拿给你。这就是她的全部生活，令人无比羡慕。他渴望嗅到小卖部中的气味，渴望看到她身子前倾递东西时闪现的白色，更渴望吃到包裹着一层面食的花生豆，但这些都敌不过被他紧攥在手心的硬币。太过用力，刘风觉得自己右手僵硬得再也无法伸开了。

她缓慢地展开自己的右手，柔柔地问道："这是你的吗？"

他是在上完自习后才发现硬币不见了。

高二时他和她分到了一个班，他也知道了她的名字：孟若羽。当他知道这个名字时还在想她的家人怎么会起这么好听的名字。说实话，她的模样和这个名字有些不搭，不，应该说这个名字夺走了部分属于她的美丽。

"对，对，是……是我的。"（她的声音这么好听，清脆中带着香甜，这是世间最美妙的声音吧，像记忆中的花生豆一样美妙）他继续说，"我找了半天……还以为丢了呢。"

"喏，给你。"

那枚硬币平躺在她的掌心，被送到他眼前。他一怔，然后小心翼翼地用拇指和食指从她手心捏起硬币。指尖碰到柔软的手心的那一刹那，心脏慌乱地跳了起来，发烫的感觉蹿上脸颊又蔓至耳根。他觉得头皮奇痒无比，很想用力挠几下。

"谢谢你啊。"他从未和她这样亲密接触过，除了每天跑操之外，两人没有过更多的交往，也没有打招呼说过话。他在默默地等待着某个契机的到来，也就是此时此刻。说完，他攥着硬币走回了自己的座位。似乎在手中握着的不是硬币，而是自己的整个童年。

他还想问问她是在哪儿捡到的硬币，还想问问她喜欢什么喜不喜欢看小说听音乐还有学习怎么这么好自己拼命努力跟她还有十几分的差距她是不是有什么好方法能不能分享一下……其实，他就想再多说几句，随便说些什么，可是他不敢，白白浪费了这么好的一次机会。

她会怎么想呢。他可想象不出她的感受。即便在同学的指导下，他已经成功登陆网站破解了女人身体的奥秘，但在揣摩她们的心思这一块儿，仍缺乏经验，也可以说是空白，大片大片在天上飞舞的空白。

高中一年级，他们班负责的是教学楼到操场之间的卫生区域。高二则变成宿舍楼后面。他被安排的值日时间是周四，跑完早操之后。换卫生区的头一周，课堂上的气氛十分诡异，即便是最不惧怕老师的男同学都坐在位置上不再打闹，不去拽前排女同学的头发或踹她们的板凳，即便邻座用铅笔捅他的胳膊都无法打断他的思绪。这种情况一直要持续到吃过午饭，值日的这批人才像重新复活一样，又变得生龙活虎。

和他分到同一组的张业也注意到了这种情况。"不知道新划分的区域怎么样，是不是这么难搞。"说这话的时候张业的肩膀上还扛着扫把。他也有些糊涂，去过的同学都摇着头说"到时候你就知道了"，然后紧闭嘴巴。"这不马上就要知道了么，"他说，"着急你就跑过去看看哪里是不是有怪物。"张业不屑地回答道，"我不着急，我又不傻。"

在那个九月份的上午还刮着惹人厌的大风，之所以说它讨厌是因为你好不容易扫到一起的垃圾会被它轻易地吹到各个角落，你不得不一边打扫一边用簸箕收起来并马上倒入垃圾桶内。他拐到女生宿舍楼后面就见到了令他难以忘却又无比尴尬的场景，一阵旋风在垃圾出口的墙角旁撕扯着从通道内滚出来的塑料袋，地上全是白色的垃圾，这一块儿那一块儿，还有许多在地面不停翻滚着，散发刺鼻的怪味。有人说，"这阵势可真不小！"张业补充了一句，"要不能让你负责吗？"等他们走近，才发现那翻飞的哪里是什么纸张而是一块块涂满了颜色的卫生棉，几人看了一下，都从彼此的眼中发现了些许慌张。有人咳嗽一声，"赶快清理吧，弄完了还得上课呢。"在他们将无数片卫生棉用扫把归拢到一起并装到小推车上的过程中，没任何人说话。他甚至都不知道眼睛该往哪里放。向下是一片片质地为白色或蓝色的染着深红色的纸片；往上看是洗完后挂在窗外晾衣杆上的白色黑色粉色红色内衣内裤外衣长裤。在把小推车运往校外的垃圾坑的过程中，几个人用扫把将车子盖了个严实，生怕被人注意到里面堆的是什么，更怕小推车经不住狂风的袭击而掀翻在校园里，如果真的被掀翻，那场景简直不敢想象……他肯定会在第一时间丢下扫把跑得远远的。他们像是护送黄金一样在校园里穿行了三次，才完成任务。恍惚中回到教室坐在自己的座位上，他听到同学们的声音变得很模糊，嗡嗡的，像从另外一个遥远的世界传来。

同桌苗不可好奇地问，"什么情况？"他愣神片刻才反应过来，慢悠悠地回了一句，"到时候你就知道了。"每当想起第一次打扫卫生区所带来的震撼时，他都觉得这丝毫不亚于孟若羽当着全班同学的面亲了他一口——当然，她从来没在教室亲过他，也没在其他任何地方亲过他。

教室的门锁上了，他没法把这枚硬币放回去了。刚刚在教室的豪情不知跑去了哪里，此时满心都是懊恼，想到有人指着自己嘲笑说："看啊看啊这家伙偷钱真不要脸！"仅是想想他就恨不得钻到地缝里了，可这儿没有那么大的地缝，即便有也解决不了问题。第二天上学，赵青肯定会站在板凳上大声说有人在放学之后拿了他放在铅笔盒里的钱，这时同学们肯定会想是不是最后一个离开教室的人偷的。毫无疑问，是他偷的。

等回过神他才发现自己不知不觉已走到了家门口。两扇黑色的木门紧闭着，母亲还没回来。他徒然坐在地上等候着母亲，并未发现今天肚子不是那么饿了。

她回到家的时候，正看到儿子无精打采地蹲在角落里，像是睡着了。

她搞不清他为什么不拿钥匙开门，非要等自己回来。她弯腰在门轴后方的砖头下摸出钥匙，开锁。伴随着吱扭吱扭的声音，他抬头喊了一句，"妈。"她走过去摸了摸他的额头，又摸了摸自己的额头，自言自语道，"不烫啊，没发烧。"她牵着他走进院子。一辆落满灰尘的拖拉机停在门口，上面用半块砖头压着几个塑料袋，显然是想遮挡灰尘。这些细小的尘埃总是同时间一起落在任何可以容纳它们的地方，让人防不胜防。院子中央是一条青砖铺成的小路，通往堂屋，其余的地方还都是土地，墙根处一丛丛青草在雨水的滋润下长势正旺。看到儿子一直耷拉脑袋不说话，她猜孩子是饿了，做饭时多加了小半勺米，在菜里也多放了些葵花籽油，没想到他只吃了半个窝头就说饱了，跑回西屋躺到了炕上。她注意到孩子紧攥的拳头一直没有打开，心想肯定又是和同村的人打架了。那些风言风语她听得太多，也不在乎，可难为了孩子。她默默地收拾碗筷，放在灶台的铁锅内洗涮着。刘风趴在炕上，借着橘黄色的烛光发现母亲的身影变得更佝偻了。他闭上眼睛，心想，天很快就亮了吧。

每当饿得睡不着时他都会这样说：天快亮了，天快亮了。可这次他却盼望夜能再长一些，最好永远都不会天亮才好，天亮以后赵青就会知道这个消息。或许……或许自己可以早点儿去，趁着人少，把那枚硬币放回去。那时你还能有个盼头，而现在呢？明天孟若羽就会知道这个消息。她会怎么看你她还能怎么看你她和你有什么关系吗？

他从床头摸出那枚硬币，在指间翻动着。从她手里拿到这枚硬币之后，他就发现了它的异常。并不光滑的边缘，过于突出的纹理，还有闪亮的光泽。显然这不是躺在赵青文具盒里的那枚，也不是在自己口袋里装了好多年的那枚，也不是在某个早晨偷偷地跳出他的裤兜然后不知滚去了哪里又被谁捡起的那枚。这是她送给他的。他真想站在课桌上大声问：是哪个乌龟王八蛋偷了我的硬币？

　　他刚跑到教室门口，就看到了这一幕。他连忙停下脚步，迎来的却是众人带有疑问的目光。他本想早到教室，谁知事与愿违，而且他刚刚想起那一块钱被自己忘在了枕头旁边——便于提醒自己不要忘记带上它，结果还是忘了。赵青跳下桌子，走到他面前问，"你是不是偷了我的钱？"他的眉毛黑得有些过分，还往上斜挑，一看就不是好惹的主儿，他心想。一路跑来，心脏还在扑通扑通地剧烈跳动着，满脸的汗水正好遮掩他的尴尬。他深吸一口气，无视对方比自己高出半头的身形，用一副毫不在乎的口气说："就是老子拿的怎么样！"谁知话出口就变成了："怎么会是我？"赵青轻哼一声，"我猜就不是你，你小子可得有那胆量啊。"

　　真想跳起来给家伙一个耳光，告诉他，我就是有这个胆量。不过现在可不是冲动的时候啊。在跑来学校的路上可把你吓得不轻。本来他们就喜欢嘲笑你，如果承认，别人就找到了更好的借口：看这个有爹生没爹管的小崽子，都开始偷东西了。你甚至都已经知道他们会说些什么了。他没有怀疑你岂不是更好，别紧张，走回你的位置上。对，就这样，满不在乎，装出谁再多说一句你就要为了维护自己的名誉而不惜一战的样子。反正打了这么多次架，你的经验不是很丰富了吗。他们肩膀一动，你就知道是伸胳膊抵挡，还是弯腰，还是护住脑袋。对，你已经不怕打架了。坐在自己的位置上，想想今天上午的第一节课是什么。数学，哦，是数学。还好那一块钱被你忘在了家里。从抽屉中拿出数学课本还有作业本，拿出铅笔拿出橡皮拿出尺子拿出所有东西唯独那一块钱除外，它不在这里它还老老实实地躺在炕上的枕头旁此时即便是想拿也拿不出来啊，那就不要想拿了也不要想它了什么一块钱不一块钱的都见鬼去吧你根本就不知道这件事儿！隔壁座位的同学在看你，不要理她。这个浑身都是病菌每天都要吃药的女生不会给你带来任何威胁。她有在笑吗？没有，没有，她只是偷偷瞥了你一眼然后便扭头看着讲台了她没有说话也没有表露出想说话的意思，只是你在瞎想罢了。好了，上课铃响了。赵青也不再叫唤，那一块钱对他来说不算什么，他的零花钱可比这多太多了。很快他就会忘掉这件事儿，同学们也都会忘记，你……你很快也会忘了。把那一块钱交给母亲，就说在路上捡的。嗯，以后那枚硬币就会变成你身上的小块布料变成沉在碗底的几粒小米要么就变成书包里的练习本……不久这事儿会被所有人遗忘，仿佛它从来没有发生过一样。对，从来没有发生过。老师进来了。起立，坐下。别瞎想，慢慢都会过去的。天很快就亮了，你不是总这样说吗。心脏怎么还是在使劲儿跳，浑身像着火一样。千万不要去看赵青，他在你的左后方，稍微一扭头就能看到。这个阴险的家伙肯定在盯着你等你回头看他，这样就能确认是你偷的了。不要看他，抬头，看黑板看老师看那些模糊不清的粉笔字看最上方"好好学习天天向上"的红色标语。装出一副认真听讲的样子。天很快就亮了。唔，那个小铁钟竟然响了，当当当急促而清晰。这么快就下课了吗？想必是的。不然老老实实在校园东南角挂着的小铁钟是不会自己响的，放在它旁边木架上的铁锤也不会主动跳起来撞在钟身上的。值日生手里拿着老师给的电子表，时间上最多差几秒。电子表可真漂亮啊，戴在我的手腕上正合适，可惜老师没让自己当这个值日生。当个敲钟的值日生还需要什么条件吗，不是个人就行吗，为啥不让我当？虽然自己伸胳膊够不到钟，但跳起来总可以够的到啊跳起来也够不到的话找个长棍总是能敲到的吧。真搞不懂为什么要把破钟架那么高，不怕掉下来摔坏了吗。也真搞不懂这节课怎么变短了，希望那几个混蛋不要找我麻烦。走出去，不要害怕，装作一副问心无愧的样子。你不是最爱靠在墙上晒太阳吗，就像村子街道上那些坐在石墩上的老头老太太们一样。以前都是如此，今天也不能例外。抬头看向天空，上午的阳光真好，柔柔的，像棉花一样。咦，她怎么过来了？这个浑身病菌的家伙难道不知道她很讨厌吗？虽然是同桌，但你很少同她说话，更是毫不掩饰对她的厌恶，她过来干嘛？她走来说了什么，真是太讨厌了！她竟然说相信不是我偷的。嘿，我还需要你相信吗，本来就不是我……不对，是我偷的。还是别搭理她啦，扭过头去，随便她说什么好了。为什么会这样呢。她对我没有任何恶意，我为什么要故意不理她呢。莫非就因为别人说她得了某种传染病你就这样对她吗？别人这样说你就信了？那别人还说你是狗崽子呢，怎么不见你信？嘿，从这儿点来看，你跟那些嘲弄你的家伙没有两样，你挨揍也真是活该。对她讲话时，你还故意屏住呼吸或扭过头去，也够可以。不过看她除了脸色有点儿苍白之外，也没什么不正常啊。她得的什么病，"白雪病"吗？这是传染病吗？不过话说回来，究竟什么是"白雪病"，难不成是让人变白的。要真是这样，那还是晒晒太阳的好。这家伙怎么只说了一句话就走了，我也没赶你。再随便多说两句也没关系啊，尽管我没说话，可这并不代表我不喜欢听啊。再说旁边这么大的地方呢，你也可以多晒晒太阳嘛，至少脸色不会这么白了。倒是赵青那个家伙应该得上这个什么白雪病，让他更弱一些才好，那他就会忙着晒太阳而不是找我麻烦了。可怎么样才能让赵青得上这种病呢？她应该也没得这白雪病吧，要真是像那些混蛋们说的那么严重，老师早就让她退学了，也不可能让她当课代表吧。如此看来，同学们肯定是在造谣瞎说无事生非无中生有无法无天无恶不作……这群狗崽子！畜牲！嘿，仔细看的话，这个同桌长得还是挺漂亮的。上课铃响了，赶紧回教室。赵青在这个课间没顾得上找你的麻烦，倒还是不错。唉，什么时候你才能摆脱这个恶人啊。坐在自己的位置，低声对你的同桌说一句"你可以多晒晒太阳，像我一样。"她笑了，嘴角边上还有两个梨涡，真好看。

虽然头发短了点儿，只到耳根，却也称得上好看了。她还郑重地点了点头，不错，用老师的话来说叫孺子可教也。刚才同她说话时你一直在呼吸，也没发生什么。看来其他人肯定是嫉妒她长得好看，功课又好，故意污蔑她的。还好我聪明，识破了他们的诡计。可赵青这么针对我是为什么啊？我又没有偷他家的鸡蛋，再说他家那两条狗我也打不过啊。谁知道这家伙是怎么想的，搞不明白。放学了，和她打声招呼"我先走了，多晒太阳。"就赶紧跑吧，不然再被人堵住。多亏自己跑得够快，跑出教室门口跑出校园栅栏门跑过池塘跑过这段上坡的小土路跑回自家的屋里，它还待在枕头旁边，摸起来有些凉。把它藏在哪里好呢？对了，藏到自己放着邮票和香烟纸的铁盒里，然后搁到柜子底下。等今天过去就好了。

听到砰的一声后我原本以为今天与往常没有不同，我仍在等待着第二声，就像在干旱夏季知了烦躁的叫声中等待一场如约而至的暴雨。空气凝滞在曲卷的槐树叶上不再四散游走，我蹲在墙根下的阴凉处瞅着地上的蚂蚁有条不紊地爬行着，天空中见不到一片云彩，显得愈加深邃高远。我猜在这穹顶之上肯定有双能洞彻世间万物的眼睛在凝视着这一些，看谁先坚持不住选择放弃。某种味道，越来越近。我仔细闻了闻，并不是自己期盼已久的雨，遂不再理睬这股陌生的气息。他穿着一身破烂的衣服，站在那里，打量着我身后的一所破败院子。在院里长满了死不了、臭蒿以及各种乱七八糟的杂草，院子中央的大坑里积攒了足够多的污水能让它们在这个时候还显得生机勃勃。我倒是有点儿羡慕它们。

第二声，同往常一样出现的第二声，紧接着是第二声之后的第三声。有人发出了低不可闻的呻吟，像是从被卡住的喉咙中发出的呼喊。我本想站起来出去看看，可想到门还锁着，躺在床上的人没有任何反应，于是便按下心中的好奇，静观其变。透过门上的窗子可以看到几盏孤零零的路灯站立在黑夜中散发着昏昏欲睡的暗光，冬天凛冽的寒风像刀子一样刮着焊接在围栏上的铁丝网，发出令人毛骨悚然的吱吱声。鬼才想出去站在黑漆漆的夜里一探究竟呢，我可不想出去。心中莫名的慌乱，如同被针刺破了的鼻子，让我在这个寒冷的夜里嗅到了一丝血的腥味，这可不是个好兆头。我把耳朵贴在地上，希望能得到更多的信息。

02

昨天下午三点左右他回到家想拿上那件绿色的大衣以便值班使用，却发现杨雨韵没上班而是在放有拖把洗衣机储水桶以及诸多洗漱用具的狭小卫生间内的梳妆镜前吹着还有些湿漉漉的头发。

她身体微倾，脑袋摆向一侧，纠缠成缕的头发垂落在旁，偶尔可见几滴在发梢凝聚的小水珠无声地滑到地上，空气中弥漫着洗发水及沐浴露的清香气味。他看到她被包裹在大花绒布睡裤中的臀部随着吹头发的动作而轻微地颤抖。见他开门进来，她并没表现出任何的好奇，还是在专心致志地摆弄着垂至腰间的长发。

他把钥匙丢在沙发上，走到卫生间内，从后面搂住她，将耳朵贴在她的后背上说，"晚上要值班。"

"哦。"漫不经心的回答被温热的风包裹，听起来好像是说了，又像没说。他的手不安分地伸到她胸前，隔着毛茸茸的布料摸索着。

她扭了扭身子，试图躲开，但最终还是被他攀上了高峰。挑逗下，很快便面红耳赤，呼吸声也加重了些许。她把吹风机放到旁边，手伸到背后他两腿之间轻蹭着。他正吸允她的耳垂，她忽然问了一句，"不去上班了吗？"

"很快，来得及。"他心想，半个小时候应该足够了，路上来回各十分钟，战斗十分钟。想到这儿，他感觉到一股无法抑制的冲动在体内乱撞，迫切地想找个地方宣泄。不再啰嗦，开始向下拽她的裤子。

她配合着弯下腰，俯低身子压在盥洗池洁白的瓷质台面上。

洗漱台稍微有些冰凉，也可能是身体太热的缘故。她看着镜子中被凌乱头发遮住面容的女人，忽然产生了一种想脱光的念头，最好在这寒冷的季节到外面一千米长的操场上，赤身裸体地跑个七八圈。她渴望着，渴望着背后这个男人用力拽着她的头发，进入她的体内，用沉稳而有力的撞击把这个念头击碎。

"快！"她说。

话音刚落，放在一旁的手机震动着转起来，嗡嗡的，在这要紧关头听起来像是冲击钻在水泥墙壁上打孔发出的噪音。她飞快地拿起手机，按下了拒接键。

"怎么不接？"他问。

"陌生号码，不认识的不接。快点儿，还来不来？"她变得有些不耐烦，想在操场上奔跑的念头越来越强烈了。她想，分明刚洗完澡，怎么身上还是刺痒。

他神情恍惚地看着站在女人身后的自己，欲念顿消，思忖着曾如火药一般的欲望跑到了哪儿呢？他在她的臀部上捏了一把，失落地说，"改天吧。"提上裤子，在衣橱里翻出那件军绿色大衣，对她说，"明天上完课才能回来"，随后推门走了出去。

通常来说，处于这种关键时刻的欲望并不是轻易就能消散的，也不是一个手机所能打扰的，只是当他站在后面扶着她温润滑腻的腰部看到镜中的自己时，仿佛看到了那个依旧未能被完全抹去的人。

她们两个人的名字是如此相像，以至于当他听到介绍人说出这三个字，甚至觉得是杨雨颜换了名字从几百里之外的城市跑到这个她只来过一次的小县城好给他个惊喜。他同意了这次安排，并暗暗祈祷能在相隔数年之后再次见到熟悉的面容。巧合只能是巧合，她的面容透着一股未经人事的淳朴，与另外一人全然不同。两人能走到一起，让他心动的不仅仅是这股等待打磨的淳朴劲（当然这是最为主要的），也不只是她和她名字的相似，还有她那像大洋马一样高挑的身材。对，像大洋马一样。之前他就是这样对杨雨颜说的，于是，她转守为攻骑在他身上，胳膊伸高挥舞着，手中像真的有一根套马索似的。伴随上下前后左右的晃动，她嘴角挂着得意的笑容："你说，现在谁才是马？"他看着她胸前晃悠的小白兔，把胳膊垫在脑后微笑着不发一言，沉浸在无边际的海洋里。每当这个时候，他总是渴望在海洋中遨游的时间能久一点，更久一点。在旅店的房间内，他们乐此不疲地玩着这种游戏。她俯身弯腰趴在盥洗台上看着面前的镜子，她说要记住他脸上的每一个表情。他在草原上肆无忌惮地奔跑，左冲右突，寻找其中的神秘，并未考虑太多。现在再次想起，才发现他们就这样在奔跑的过程中不知不觉地滑向终点。

懒散地走出门口，寒风迎面扑来，激得他打了个冷颤。他连忙戴上口罩，把大衣抱在怀中，向不远处的自行车棚走去。刚下完一场雪，他不敢开车去学校，即便你在路上万分小心也敌不过别人的粗心大意。推开楼梯入口处冷冰冰的防盗门，向西走一百二十八步（有时候是一百二十七步或一百二十九步），然后向左拐再走一百五十六步（有时候是一百五十五步有时候是一百五十七步），就到了车棚。中途会路过一道比他高出两头的围墙，墙头上牢牢地沾着绿色或白色的玻璃。对这些玻璃所能起到的作用他一直没搞清楚，没准只是个摆设。学生都能轻易处理掉这些装饰物。雾蒙蒙的天空悬浮在围墙上方，空气都被冻成了微小的颗粒，随着时不时蹿出来的风而流动飘散。遇到云层稀薄的地方，能看到在极远处游移的灰白色圆盘以及它如刀般锐利的边缘，可很快又隐匿在厚厚的云层中。沿着这条甬道径直走出小区，然后右拐，在第二个红绿灯路口左拐，骑到人行天桥下再向右就到了目的地。整个路程需要花费十分钟，如果下雨的话是十三分钟，如果像现在地面有薄冰或淤泥的情况下是十七分钟：这些时间经过几年的校验，断不会出错。错误只会在他精神恍惚的瞬间才出现。比如他在镜子中看到了杨雨颜，而在她身后的那张脸却不是自己。再比如他给学生批改作业或试卷的时候忽然发现某些字迹就像她的签名——即便当时他只是随意一瞥而此刻却仍能记起它们凌乱又蕴含特殊规律的笔迹……于是往往本该是对号或叉号的红色标识被涂抹成一个大大的斑点，如同割破皮肤后后血液滴在纸上的痕迹。一次他在批改日记时注意到有位女同学在日记的结尾处莫名其妙地引用了刘禹锡的《竹枝词》：东边日出西边雨，道是无晴却有晴。他只扫了一下便挑出了其中的几个字。他对这个女学生有些印象，她从高二分到了这个班，个子不高，坐在前几排，成绩很好。听其他老师说这学生古灵精怪十分欢实，这点儿他却没有发现，反而觉得小女孩安静得有些过分。盯着这篇结尾略显突兀的日记，他思索片刻，批注了个优字。他难得给日记打优，良已经算不错了。若不是这篇日记的缘故，他肯定不会再想起她。只是无意中掀开了记忆的一角，剩余部分就如刚愈合的伤口被揭去深红色痂块后粉嫩的肌肤一样，让你忍不住去看去挠去再次撕裂。

他推着车子经过小区门口，捧着黑色塑料热水杯的看门老大爷笑呵呵地向他打着招呼："哟，孟老师今儿晚上值班啊？"

"嗯，是啊，值夜班。"他的嘴巴藏在口罩后面含糊地回答到。自己捂得这么严实都被他认出来了，小区每天进进出出的人不说上千上万，几百个总有的吧，一眼就能把自己认出来也是够不容易的。

"这么冷的天儿，不戴个帽子扛得住吗？"看门人拍了拍自己脑袋上那顶帽檐上翻露着绒毛的雷锋帽。这种帽子不要说戴了，看上一眼都让人觉得暖和。

"也没啥事儿，就溜达几圈。您歇着，我先走了。"

看门人坐在小马扎上，往大衣里缩了缩脖子，双手紧捧着水杯，看孟海稳当地向西骑去。他嘴里哼哼着，"是个踏实的小伙儿。"

他小心翼翼地向前骑着，在这个寒冷的清晨，要是在路上摔一跤可不是闹着玩儿的。那件大衣不在他的车后座上，而是搭在办公室的椅子上。办公室内有张两米长的行军床是给值夜班的老师准备的，只是巡查完宿舍，他本打算批改这次月考试卷，可坐在椅子上没多久便失去了意识，等一个激灵睁开眼，窗外已由漆黑一片变得灰蒙蒙了。他站在窗前望着肃静得有些萧条的校园，合计好了办法，快速地向外走去：可以先将他带到自己班主任家中，具体会怎么处理，也不是自己能决定的了。他走出去的时候完全忘记了在寒冷的夜晚陪伴着他的那件还散发樟脑味的大衣，留它在空无一人的办公室内看着书桌上批阅了一半的试卷发呆。这会儿，需要的时候他又想起了它。没有地方放，可以穿在身上啊！哪怕笨重了一些，却也不会妨碍他骑车！万不得已还能让后面的那个小子抱着，再不然两人走着总是可以的吧。这条路能走多久，半小时够不够？最多半小时，比骑车慢不了多少，就差这几分钟？

实际上就差这几分钟。她本来是当天晚上就要赶回去的，坐四个小时的火车。在他带路赶往火车站的途中出了几次不大不小的失误，先是他把7路车当成了1路车，坐了两站地才发现方向反了。打车的时候他对出租车司机说的是到火车站所在的东环路，而不是火车站广场，下车两人还跑了几百米，终于，到检票口的时候，还剩一分钟发车，早就停止了检票。他假装着急地和票务人员交涉，结果自然不用多说。

她愠怒地问，"说实话，你是不是故意的？"

当时刚入秋，她戴着一顶白色小帽子，一条长长的马尾辫垂至腰间。说话时，一双栗色的长筒靴还在地面跺着，一副又急又气的模样让他想起了刚从水里捞出来的红苹果。

他强忍笑意，一本正经地说："怎么可能？谁能想到咱们能做错车呢，谁能想到司机不知道咱们着急赶火车呢，谁能想到检票的人这么不通情理呢，谁能想到……"

"少来！"她娇喝道，"改签改签！"

"下趟车要晚上十一点了，要不咱们先找个地方吃个饭，晚上再赶过来？"

"嘿！可算了吧你。"她环顾四周，看着在县城火车站广场上无所事事游荡的人们，觉得一个个都很可疑。她拽着他的胳膊，缩紧身子离他更近了些，压低声音说："要不……明天再走吧。"

"好。"他痛快地回答说。

"那明天你得送我回去。"

"好！"他又说。心里乐开了花。

他早就在县城唯一一个还说得过去的宾馆订好了标间（其余的地方他提前看过，只有这里的设施还比较干净整洁），在前台办理完入住，他一本正经地说道："一人一张床，谁也不能越界啊。"旋即一阵痛感从腰间传来，他被拧得差点儿叫出声，赶紧老实下来，不敢再打趣。这是他俩第一次见面的情形，她从那座城市出发坐了四个多小时的火车（他从未坐过比这趟更慢的绿皮车，或许在整个世界上都找不出比它更慢的火车了。在那段时间，跟她一起坐火车是他生活中为数不多的乐趣之一）来到这个到处都是灰尘和落叶的县城。

她说："你不来，我就过去。"

总有人要先走。

就像梦一样，就像这个冬季阴沉的天空一样，阳光照进来的瞬间，一切被遮挡之物都无所遁形，一切泡影都要破碎。他的胸口堵了一块沉重的石头，他想将其搬开，却发现自己不能（或是不愿）这么做。他把空调的温度调到最高，以便她洗完澡出来不会着凉（最好是不穿衣服都没事）。她围着白色的浴巾，头发已经逃离了发卡的束缚，如瀑布一般铺散在她的背上，当她躺到靠近窗子的床上钻进被窝后，他把亮得耀眼的日光灯关了。她的锁骨可真好看，他心想，还有光滑的肩膀，真想咬一口。

其余的地方都被浴巾遮挡，他无从判断是否同样想咬一口，只能在脑中胡思乱想。她伸手拉开了白色纱质窗帘，唰，银色月光从窗外跃进屋内，落在她的那张单人床上，落在她匍匐的身子上，落在她裸露于空气中的肩膀上，落在铺满她脊背的黑色长发上，落在摆放于阳台的一盆四季都纵情绽放却结满蛛网的塑料盆栽里，落在他（距她一米远躺在另外一张床上）的眼中。他看到一条在水中遨游许久的美人鱼疲倦地躺在月光笼罩的青石上等待海洋的再次召唤。而他就躲在岛屿的密林深处，透过树干枝桠间狭小的缝隙窥视着她的一举一动。待月光消失海浪席卷号角再次响起时，她纵身一跃，扑入浩瀚的墨绿色海洋里，潜至冰冷幽暗之处，难觅踪迹。而自己只能在这座孤岛边缘，看着她入水瞬间溅起的浪花落在海面形成一圈圈逐渐扩散的涟漪却无能为力。他沉溺于眼前的幻象之中，胸口一阵绞痛。

她说："我们会在一起的吧。"

　　他恍然惊醒，快速跳下，披着月光半跪于床前，在她的肩膀轻轻地咬了一口。她自始至终都没有转过头，一直背对他。随后，他以更快的速度返回自己的床上，蒙起头，不知怎地，无声地哭了。

　　他抱着她的腿，在地上又哭又闹连带着打滚撒娇都使了出来，还顺带蹭了她一裤子眼泪和鼻涕，都没能使她改变注意。她自始至终都是那两个字："不行！"直到他说，"难道要让我被打死被狗咬死吗？"她怔了一下，随后坐在堂屋前面半圆形缺了几块红砖的台阶上说，"瞧你这出息，想养就养吧。"他松开手，高兴得跳了起来。在大门口下的那条狗也感受到了喜悦，摇着尾巴走到他身边，低下脑袋蹭了蹭他的小腿。

　　见孩子这么高兴，她也笑了。希望这条狗能给他带来一点儿快乐就好，不能说吃饱，总归饿不到就是了。在台阶上坐了一会儿，她扶着自己的腰慢慢站起来，继续忙其他的活计去了。他满地找砖头和木棍，还有破烂的编织袋与苫布，想给这位新伙伴搭个窝。征得母亲同意后，他在下房屋内抱出了一大把麦秸，铺到简陋的狗窝里。他觉得睡在麦秸上总归要比睡在地上好。

　　他没有给新伙伴栓上绳子，以免让它觉得被束缚了。聪明的大青能听懂他的指挥，比如蹲下、跑、跳，还会追着尾巴转圈逗他开心。在那条通往校园的小路上，再也不是只有偌大的麦场以及大大小小土堆，充斥着青蛙聒噪声的池塘以及十几棵如同行将就木的老人一般围在池塘边沿的垂柳，也不只有那些人的辱骂与追打了，还有嬉闹着的一人一狗。他在前面走着，大青在后面跟着。他停下，它也会停下并抬起硕大的头颅不解地向四周张望。他忽然奔跑，它也会飞快地追上，甚至会超过他，吐着舌头在前面等他。当他好不容易追上，它又向前跑去。他走进校园后，它就守在院墙外面等他下课或放学。有不明情况的人恰逢放学时路过，就会看到这样一幅画面：一个十一二岁的孩子发疯似的从大门口跑出来，本来卧在墙根下一条精瘦的大狗蹿了起来，跟着他向前跑。旋即有三五个孩子从校园里跑出来，叫嚷着向一人一狗追去，但很快便放弃了。有那条狗在，即便追上了，他们也不能奈何，总不能跟狗打一架吧。

赵青对他说了许多次，让他牵上狗找个时间一决雌雄。而他像是忘了这件事，放学就带上狗跑得远远的。赵青不敢在学校里明目张胆地动手，放学后又追不上这小子，恨得他牙根痒痒。没什么特别的理由，他就是看这小子不顺眼。看到他一副营养不良的样子还经常站到讲台上领奖状，赵青就想揍他：你说你吃都吃不饱都要饿死了咋还有时间学习呢？抓紧时间帮你那受苦受累的老娘干点儿农活不比啥都强，还上学干啥？如果只是每次班级考试都考前三名倒也无所谓，关键那群狗屁不懂的黄毛丫头都叽叽喳喳地围着这傻小子问些简单得不能更简单的问题这可就太讨厌了。如果说这群脸上全是崇拜之情的傻丫头必须围绕在某个人身边的话，那这个人也只能是他赵青！可实际呢，他身边只是一群傻乎乎的永远吃不够喝不饱不知满足的跟屁虫。如果只是一群黄毛丫头的话倒也无所谓，可还有他们的课代表——本来老师指定的是刘风，这小子嫌累不当——那个长得像美少女战士的女孩儿也时不时向这小子请教些问题，这就太可恨了！真想代表月亮消灭他！有不会的问题你不向我请教还说得过去，但你不请教老师反倒问一个如耗子一样在地里翻找遗落的花生玉米红薯的家伙，这就有点儿过分了！上面这些情况赵青觉得也没什么毕竟都不是什么大事儿还不足以让他痛恨这家伙，最可恨的是人家问你问题，你知道就说知道不知道就说不知道吧为啥别人一来你就像躲瘟疫似的避开？为啥放学后你就往外跑却不愿意跟别人多说两句？当课代表收发作业你觉得浪费力气，给别人解题你觉得浪费力气，怎么跑得恁快你不怕浪费力气呢？真是不知好歹！赵青觉得自己有必要教给他一些道理，最直接的方式就是揍他。揍他两次他就明白为什么了，如果还不明白就说明挨揍的次数还不够。在赵青的家里这种方法屡试不爽，无论是对他家的狗，还是对他，亦或是对他的母亲，他父亲都是这样做的。

当赵青不再重申已经坚持了好几天的要求后，他很快就发现了异常，尤其是对方这个身体像畜牲一样强壮的家伙却请了病假，他彻底明白了"事出无常必有妖"这句老话不是骗人的。那天他比任何时候跑得都快，甚至特意改变了路线，不再走那条经过柳树林的小路，而是走南边一条距离更远的大路，可还是没有躲开赵青。他身后是两个同样请病假的跟班，在他们三个前面是两条威猛的黑色大狗。刘风听别人提起过它们：一个早就惦记赵青家钱财的小偷曾不怀好意地在他家门口窥探，差点儿被突然冲出来的黑背给咬死。还好赵青的母亲发现及时，喝止住了咬向喉咙的黑背，并命令其咬住了对方的脚踝。反正村里的人都是这样谣传的，至于那人为什么在白天而不是晚上去盗窃，则无人得知了。

这俩家伙可是天天吃肉的啊，他心想，日子过得真好。他甚至觉得当这样一条威风凛凛的狗都比自己强。一身黑色的毛发散发着油光，肌肉结实有力，微微有些弓背，头颅高昂，杏仁般的眼睛沉稳地盯着跟在他身后的大青。大青比这两条条狗稍微高了一些，却很瘦弱。

见他走到近处，赵青不再多言，解开了栓狗的链子。他只听到"呼"的一声，黑背向他扑来的同时一个影子从自己身旁冲出迎了上去。事后再回想起当时的情形，他只记得那片挂在西边天空上被撕碎的晚霞，鲜艳如血。以后很长一段时间，只要看到这种晚霞，他都会发现自己正站在广袤的农田中央，冰凉的渠水在脚下蔓延。他光着脚在柔软的泥土上拖行，逆着水流向突突地冒着黑烟的拖拉机走去，手里还拎着一根串满蝗虫与蚂蚱的狗尾草。在它毛茸茸的尾部还沾着一粒粒小水珠，随着蚱蜢在枝干上的挣扎时不时滴落水中。他走到水渠旁边，站到拖拉机橡胶轮胎上，感受着发动机带来的颤动的同时把那根狗尾草放进了注水口。早已沸腾的冷却水在拖拉机上方形成了一片小小的蒸汽层，同时还散发出一股浓烈的柴油味儿。他把它们放进水里煮了三五分钟，然后拎出变得柔软的狗尾草，将煮熟的、全身通红的蚱蜢一个个放进嘴里，慢悠悠地咀嚼着，谈不上好吃难吃，能填饱肚子就行。不知为什么，看到大青那流着血的肚子在不停地抽搐时，他想到了被自己放进嘴中的那些蚂蚱的长长的、带有环节的腹部。

把它们都吃光，并把完成使命的狗尾草丢入水里，他发现了那条一尺来长的草鱼。它终于摆脱了水泵的吸力，在他眼前一闪而过，沉入水底，沿渠道继续向前游去。他先是一怔，随后在岸边跑着追去。他边跑边脱下背心丢到渠边茂盛的草丛中，"扑通"一声跳进水里，一个猛子扎下。柔嫩的青草在水底弯着身子，指明了大鱼逃离的方向。他眯着眼睛，紧盯那条愈来愈远的草鱼。它在水中摆动着灵活的躯干和尾鳍，很快就没了踪影。他蹬着两条孱弱的小腿浮上水面大口大口地呼吸着掺杂着翻耕后泥土味的空气，同时注意到高远的天空已由蓝变灰，远处一些矗立于天地之间的树木轮廓也模糊得变成了一团难以名状的东西。他从水中爬上岸边，早已看不到自己跳下水的那片田地。柔和的微风从皮肤上轻轻拭过，带走了身上的水滴，那条打着补丁的短裤依旧紧贴着他的大腿，他慌张地往回跑去，幻想着被随意脱下丢在岸边的衣服还在原地等他。仔细搜寻了每个草丛他都没找到自己那件带有汗渍和泥土的衣服——他想不通除了当抹布以外它还能有什么用处。他光着上身，垂头丧气地向家里走去，仿佛看见母亲用又气又恨的语气对他说，"你个小兔崽子什么时候才能让我省点儿心啊？"

　　什么时候才能让母亲省心呢？他也不知道啊。他只知道三亩六分的棉花地长得望不到尽头，母亲弯着腰拾棉花已经走了三个来回，而他还是在离地头五十米远的地方缓慢前行。一袋沉甸甸的棉花挂在屁股后面，走一步便撞一下他的小腿，像是抽在黄牛脊背上的鞭子，又像是落在苍蝇身上的拍子，更像是故意拖慢脚步的千斤坠。在太阳下忍了近两个小时，他终于按捺不住心底的怒火，把袋子从腰间解开，铺到两株棉花之间硬邦邦的地上，躺在袋子上面睡着了。等到日头落山看不清棉花时，她才想起有一会儿没有看到这个小家伙了。她从地头捡起一根柳枝，沿着他的一行走着，随后就发现睡得正酣的小家伙。她用柳枝捅了他两下，没有反应，于是就摸索到他的耳朵，拧着拎了起来，说道："小兔崽子你什么时候才能让我省心啊。"他讪讪笑着，扛起地上的半包棉花向地头走去，口中还高兴地喊着，"回家吃饭喽。"她无奈地摇了摇头。黑纱逐渐将整片大地笼罩其中，在田间忙碌的人们放下手里的活计，拖着疲惫的身子返回不远处亮着三五盏灯的村庄。平淡的一天就这样过去了，只待休憩几个小时，它便会以同样的姿态返回。日复一日，年复一年。

　　"我本来是想抓那条鱼的，它有那么大。"他用手比划着。

　　"鱼呢？"她往灶台里填着柴火，背对着他，随口问到。

　　"跑了……"他小声说，"我没它游得快。"

　　"哦，你现在知道没它游得快啦？"火苗从灶膛内冲了出来，舔着黑黝黝的灶台，她用烧火棍向里推了推柴火，然后扭过头，看着光着上身的儿子说，"你早干嘛了？"（唉！她在心中叹了一口气。）

　　"逮鱼之前，我本来是捉蚂蚱来着。它冷不丁地钻出来，吓了我一跳。那么大一条，我琢磨着能逮住吃了它呢……"

"衣服呢？"（她觉得又好气又好笑，真不知该拿这个小家伙怎么办。）

"丢了。"怕她着急，他连忙说，"我回去找了，可是没找到。丢了就丢了吧，反正现在天也不冷，不穿也没事儿。"

"唉～"

（他心中一颤，最终还是听到了这个声音。）

每次听到这个声音，他都想跑得远远的，要么就找个地方躲起来。他想起了那些在田野里撒腿狂奔有着褐色毛发的兔子，它们能随时隐匿于任何一簇草丛里，并能完美地与之融为一体，不被人察觉，更不要提它们拥有人类难以企及的速度了。有时候，他就幻想自己变成了一只野兔，奔跑在人迹罕见的荒野上，他甚至能感受到风贴着脊背滑过，身边的植物变得如黏稠的水流一般缓缓倒退。只是无论跑到那里，他都能那群狗的叫声。这群狗在后面如箭一般向他冲来，越来越近的同时酝酿着最后一击。

结束的时候，看着像是一截枯木似的家伙躺在墙根下，他没有任何感觉，仿佛是抱着无所谓的态度在旁观一场早已注定结局的闹剧。在街道上空耀武扬威的太阳也遗忘了这条满地垃圾的小巷，没有一丝光亮照进这儿。

阴冷，黑暗。刚踏入这里，他打了个冷颤，起了一身鸡皮疙瘩，如同被人兜头浇了盆凉水，畅快淋漓。他已经很久没有这种感受了，往前要追溯到在他被人扒光之前，回到那个位于公路旁、在门外竖着一块写有"大饼馒头炒菜"招牌的小饭馆，那里给他带来了不少欢乐。

一面被人摸得发亮的黑色棉布门帘长年累月地挂在门框上，哪怕阻挡不了蚊蝇飞蚁，拦不住流浪猫狗，至少能阻挡别人好奇的目光。当然，一些道貌岸然的司机或路人是不屑于用干净的手掀开门帘的，更不会对隐藏在它后面的世界有一丝兴趣。他们从本能上就拒绝这藏污纳垢的地方（至少表面上看似如此），宁愿吃干巴的方便面或毫无滋味已开始掉渣的馒头，也不想进入屋里喝上一杯热水，来一份美味且能填饱肚子的炒饼，也不想看一眼这个如狼似虎的老板娘丰腴的身子。用她的话说："凡是路过却不敢进来的家伙都不能算个男人，充其量只能算两条腿的畜牲。"

他在她的身后，双手搂着她水桶一样粗的腰——只不过它比水桶软几百倍几千倍且更有魅力罢了，卖力耕耘的同时颇为自得地问，"那我呢？"她趴在床边，承受着从后面传来的一下下撞击，看到印在床单上的牡丹花从白色变成粉色再变成红色并逐渐绽放。她喘着粗气断断续续说道"你？你……就……一条腿，我看你……还……是不要……叫陈耳了。""那叫什么？"他嘴角挂着坏笑。当她说出他的新名字，便猛然刺入最深处，感受着那股颤栗沿一片包裹他的湿热地带传至四肢末梢传至脏腑最深处传至他的天灵盖之上，最后融入无穷的虚空之中。他趴在她宽阔而柔软的后背上，紧贴她布满细碎汗珠的肩膀，听到心脏"砰砰"的跳动声，宛如战鼓。

他爱她肉球一样的身体。软、白、多汁，如同熟烂的桃子，散发着难以遮挡而且诱人的甜腻味儿。他拎着自己的行李包——当时他是有行李包的：棕色皮革，闪亮的不锈钢拉链，里面还装着一小叠人民币——走到这个小饭馆前，除了油烟与调料，他还嗅到了别的东西。这股令人心痒的气息在诱惑他，仿佛这就是自己所缺少的。摸到门帘的瞬间，他更加肯定自己的想法：对，就是这儿。走进门内，六七张黑色的方桌站在地上同时打量着他。很少有饭馆用黑色的餐桌，不过这并未吸引他的目光。桌子上方一米多高的半空中悬挂着一盏螺旋形的日光灯泡，让从窗口进来的风吹得摆来摆去，随时都可能掉下来。有五六只苍蝇被惊扰从吊灯的电线上嗡嗡叫着起飞，这也未引起他过多的注意。他感觉到那股湿润的气息，正从柜台后面散发而出，逐渐充斥在这间开着窗户的小饭馆前堂的每个角落，一张如同花妖般精致的脸正带着好奇的表情看向他。

随后她（像枚鸭蛋一般）站起来，问："吃点儿什么？"

她的声音不像脸庞一般年轻，还有些沙哑。他问，"炒饼多少钱？"

"十块。"

"鸡蛋汤呢？"

"十块。"

"炒菜呢？"

"十块。"

他忍住没问：你呢？接着说想找个地方洗洗脸上的灰尘。

她向后门指了指，然后继续问，"吃点儿什么？"

他说，"都要。"

浅黄色的头发拢在一起，在头顶盘成一个偏向左侧的发髻，两道细细的眉毛微微下弯，整个人显得很清爽（如果不考虑她圆滚滚的身体和高耸于胸口的山峰）。他发现有股不受控制的冲动正沿着小腹上蹿，来得很是突然。随手把行李包扔在柜台上，他急匆匆地向后门走去。

后面是一个不大的院子，一根长长的晾衣绳从东头扯到西头，绑在两棵细细的榆树上。他瞄了一眼，看到有红色的大号胸罩搭在上面，还几件很小巧的蕾丝内裤，在阳光的照射下晃着眼睛。他走到阳台旁边，拧开水龙头，伴随着"哗哗"的水声和冰凉的冲击，火焰变小了。墙上钉着两个钉子，搭着两条毛巾，白色和粉色。白色毛巾长时间无人使用，已变得干燥硬挺。他伸手拿过粉色毛巾，蒙在脸上，一股淡淡的劣质化妆品的香味从鼻孔钻进体内，肆意游走。陌生而遥远的味道呀。擦完脸，他把毛巾在水龙头下冲了两遍，拧干，展开，搭回原处。进屋前，他又做贼般偷偷地瞥了两眼那几条女式内裤，仿佛瞅这几眼就能让他们之间发生某种实质性的接触。

他回到前厅，见到桌子上摆着盘油滋滋的花生米，上面撒着一层晶莹的盐粒。一盘切成椭圆形的火腿片，在火腿最上面的一层还放着几瓣用来去除油腻的大蒜。还有一瓶半斤装的四十二度牛栏山二锅头。另一侧的厨房内传来噼啪的炒菜声，从飘至前厅的香味儿他能判断出里面至少有一道木耳炒鸡蛋，甚至还可能有酱牛肉。他瞟了一眼放在柜台上的提包（没有翻动的迹象），有些拘谨地坐在桌前，等候着。等什么呢？或许是酱牛肉吧。他自我安慰着。

满桌的各式小炒，约摸有八九个。他心想，这顿饭还不知道会吃掉多少钱，包里的钱虽然不少，却是给遥远的将来预备的。哪怕撑不到最后，好歹有个适应的过程。这一桌子菜他吃完是没有一点儿问题，可吃过之后呢？难道就再也不需要吃饭了吗？如果吃完这一次，后面半个月都不饿的话也不是不可以，但更大的可能是四五个小时后（都不用等到明天）他肯定又饿了。

唉，谁知道要多久才能把这顿饭钱补回来，要怨也只能怨自己。

"你不是说都要嘛。"她坐在对面娇笑着说，同时靠近桌子挺直了身子。胸前傲然的双峰顿时吸引了他的目光，他想到了刚刚见到的在阳光下晾晒的胸衣，还有窄得无法遮羞的布条。一阵携带着海水味道的季风旋转而至，他闭上眼睛贪婪地呼吸着。间或有几辆重卡在饭馆外的省道上呼啸而过，轮胎碾压得飞起的小石子噼里啪啦地砸向地面，砸向路边的招牌，砸向刷着白色石灰的墙面，砸向他的头部，在脑海中如同烟花爆破绽放。通常他都是跟在车尾后面闻着这种带有芳香气味的柴油废气，眯着眼睛穿过扬起的灰尘，要么躲在路边等这些无视任何阻碍的重卡变成黑色小点再继续上路。现在他却坐在这里，面前摆满了可口的饭菜——至少对于走了近千里路的人来说是这样的，还有一个等了他许久的、美丽的——哪怕有些胖——女人坐在对面。他搞不清她出于什么目的，也懒得多想，自己就应该像门帘一样默默地承受一切，听之任之。

于是，在酒瓶变空以后，他俩就滚在了一起（他早就预料到会发生这种事情，也可以说是一直在期待着。为避免尴尬，那些蒜瓣他一个都没吃），在里屋一张宽大的、铺有两层褥子的木板床上。床边还有一个搭着毛巾的木椅子，一个底面印着两条金鱼的搪瓷盆。盆内的凉水随着大地的震动而在表面形成一圈圈的纹路，荡来荡去。他没有细想这些东西是不是为自己准备的，草草清洗一下，便急不可耐地向她嘴上啃去。

她笑着扭转身子，用手挡住他的嘴巴，问道："都要了，你能给什么？"

他把她紧搂在怀里，一双粗糙的大手毫不客气地撩起她的衣裳胡乱摸索着，温润滑腻的触感烧得他没了神智。"都给都给……"随即又凑上前去，一张喷着酒气的大嘴混着唾液亲在她美丽的脸蛋上。

刺入对方身体时，他体会到了一种久违的快感，特别是听到痛苦得几近扭曲的呻吟声，他更加了一把劲儿，没多久，对方就如烂泥一般瘫在地上，不再挣扎，也不再叫唤。迈进小巷的那一刻，就已经注定了有人会永远地留在这里，被装满垃圾的黑塑料袋压在最下面，血液从伤口缓缓流出，与地上的脏水污泥融为一体难分彼此。当天下午就会有苍蝇嗡嗡叫着盘旋而至，在逐渐结痂的伤口上，在开始变得僵硬的身体上，用蘑菇般的口器吮吸舔舐。相对胆小的家伙们会等到外面的阳光彻底消失了才会顺着墙根偷偷地跑出来，先用鼻子在空气中嗅几下，确定彻底安全了，才踩着小碎步，钻到垃圾下面，用凿状的牙齿悄悄撕下一块儿肉，饱餐一顿。他当然不喜欢无力地躺在地上看着天空在眼前旋转旋转然后变成漆黑一片，所以他提前取下了那枚铁钉。它跟了他很长一段时间，在诸多打斗中，从未让他失望，甚至会因为自身的不起眼而达到出乎意料的效果。要是再次遇上在公园里扒他裤子的那两头猥琐的畜牲，他会让他们知道什么叫君子报仇十年不晚，什么叫悔不当初，就像他即将对这个穿红色高跟鞋的变态做的一样。

刚进入小巷，眼睛还未来得及适应光明与黑暗的急速转换，他便听到了棍棒袭来的风声。他判断不出对方是自上向下敲，还是横扫，习惯性地向下蹲去，同时举起胳膊上挡，只要能接下第一次偷袭，等适应这儿的环境，后面的就好办了。没容他多想，从小腿中部传来一阵钝痛，他听到了木棍与骨骼接触后发出的声响。

疼。看来波浪卷也是经常打闷棍的狠人啊。见一招得手，波浪卷的攻势更猛，又是一棍兜头砸下。这时，眼睛适应了陡然变暗的环境，在棍子落到头顶之前，快速地举起鼓鼓囊囊、装满破烂家当的编织袋挡在头顶。趁对方收回棍子再次挥动的空隙，他身子一矮，向波浪卷怀里撞去，右手攥着的钢钉直刺对方下半身。

"噗"的一声轻响，得手后他猛地向外一挑，随即朝墙根滚去。等他靠着墙壁喘气的工夫，那人用双手捂着下身，痛苦地叫喊着，在地上滚来滚去。他刺的这个地方，只要得手，对方非死即伤，很难再有还手之力。刺其他的地方要么是脖子，要么是脐下，他牢记这几处，根据实际情况出手就下狠招。波浪卷的嚎叫声越来越大（应该是想引起其他人的注意），都快赶上以前在村里杀的公猪了。在没转行之前，他当过一段时间的屠户，多是劁猪杀牛之类，对付这种叫唤的家伙可以说是经验十足。倘若有把刀，找准心脏，刺进去，攥着刀把一搅，哪怕你是神仙也得老老实实的，更不要说人或者畜牲了。他现在手上没刀，只能拖着腿走过去用胳膊勒住波浪卷的脑袋，在喉咙处轻轻一划……对方向上翻着充血的眼睛，两手紧紧地拽着他的胳膊，没一会就停止了挣扎。两腿间流出的污血在身下形成了一片小小的水洼。他扯下对方的假发扔到墙边的垃圾堆上，然后将对方拖到巷子最深处，在他身上堆满了各种散发着酸臭味的生活垃圾。忙完这些，他捡起装有全部身家的编织袋，走出了小巷。临走前，他瞅了一眼，发现对方用的是订木箱的棍子，一米来长，挥起来正合适。在木棍的一端是三个露尖的钉子。

"好悬。"他心想。

只要他不惹我，我就不找他麻烦。我是这么想的，也是这么做的。对雨水的渴望让我对其他任何人任何事都提不起兴趣。在以前，这个穿着一身破衣胡子拉碴的人早被我赶跑了。村子里的每个人我都无比熟悉，甚至连他们家的狗我也很熟悉。而站在自己眼前的这个家伙浑身都是陌生的气味儿，一看就是个外来户。

他两手空空，没带什么东西。从这点儿我能判断出他应该是附近村子的人，虽然我没时间到零散分布在周围的村里闲逛（那里不是我的地盘，倘若引起误会或者战争就不好了。我的帮手不是很多，一个个还都是懒洋洋的，争夺食物还勉强算得上是个帮手，打架抢地盘什么的就不要提了。假如他们有胆量站在旁边给你加油助威就算是对得起往日的情分了，你还能指望他们做些什么），但也可以从他的样子判断出来。这里的人长得都很像。没任何特色的扁平的五官，高低差不多的身材，甚至连胖瘦都差不多。脸上都爬满了道道皱纹，长年累月在日头下干活而被晒得黢黑的皮肤。毫不客气地说如果年龄相仿的两个人站在你面前，你甚至会怀疑他们是孪生兄弟——男女都是如此，完全没必要刻意区分。

还好，他也没有理我。

他只是盯着我身后的院子，时不时摇摇头，眼睛有些发红（或许是失眠所致）。这个院子我进去过无数次，里面没有值钱的东西，多是些废弃的沾满了蛛网的破烂家具，除了当柴烧，你拿它们没有任何办法，要么就丢在这里不管。院子的外墙用土坯垒砌而成，不知怎么就坍塌了多大半，已经不能称之为墙了，随便哪个八九岁的孩子抬脚便能跨过去。院子里面是三间坐北朝南的瓦房，屋顶上青灰色的瓦片几乎全被风掀了下来，摔在地上，七零八落，这里一小块瓦片，那里一小片瓦片。不知道的人可能会觉得是调皮捣蛋的小家伙爬到屋顶上故意往下扔的呢！天地良心，我可以作证，从来没有哪个孩子这样做过。他们想，但是不敢。父母已多次告诫过他们这样做的后果：屁股上挨一顿皮鞭是免不了的，更可怕的是摔下来会变成个瘸子傻子瞎子聋子或什么什么子。毫不夸张地说摔下来的概率几乎是百分之百了。除去堂屋，两侧的屋顶都破了一个大洞，折断的房梁斜搭在山墙上，掺在墙皮里的麦秸和黑色油毡也脱落得到处都是。

我倒是挺喜欢这里的，夏天在里面待一会儿还是蛮凉快的。莫非……我忽然有种不好的预感，眼前这个邋遢的家伙与我有同样的想法？想钻进黑洞洞的屋里乘凉？要不要拦下他呢，但这里的三间房我不能都占啊，即便把我的朋友们叫来也只能占满一个屋子。另外两间还是有地方留给这家伙的。我唯一的要求就是，他不要占西边的屋子，我最喜欢那间了。不过，他如果非要进西边的房间，那我该怎么办，跟他打一架（打得过还好，打不过就麻烦了）还是直接搬到东边呢？

我正在思索着，他竟然抬脚要跨过院墙往里走——他怎么不走大门？哦，大门早就没了。我还没有考虑好，他就行动了。

"喂！新来的，你要干啥？"我站起来恶狠狠地对他说。

他刚走进院子，听到我的声音便转身看了看，接着喝道，"滚！"

我脑袋里嗡嗡直响，妈的！这家伙竟然让我滚！我在这里待了两三年还从来没人敢让我滚呢。他到好，来了没三分钟，抢我的地盘不说，还想让我滚？差点把我气晕过去，要不是感觉到他的语气里没有明显的（这还不算明显？）恶意，我早冲过去揍他了，非得让他知道我也不是好惹的！不过，在没弄清这老东西的目的之前，我还是静观其变吧。让我滚是不可能的，让你单独进去也是不可能的。我跃过院墙，远远地跟在他后面。我倒要看看这家伙准备做什么，要是敢让我走，那怕肚子再饿天气再热，也要舒展舒展筋骨一试身手了。村里都是熟识的人，平时还要向他们讨吃的，我一直装出老实善良的模样。细算起来，自己有日子没活动了，希望等会儿动起手来别给村里人丢脸才好。吃了这么久的白食，还被一个外来的老头给抢了地盘，那真是没脸见人啦。

他走到院子中，又停了下来，四处看看摸摸，像是在寻找宝贝。这里怎么可能会有宝贝呢。在夜深人静（以免引起别人注意）的时候，我早就翻遍了三间屋子，都没找到一口吃的……不，都没找到宝贝。地上是我挖的一个个大大小小的洞，基本上是翻了个底朝天。除了散发着霉味的破烂货，别的什么都没有。

　　一个黄色的木柜子靠在西屋的墙上，木柜里空无一物，盖子也不知让谁拿走了，或许是因为柜体腐烂得一碰就会散架，所以才没人费力气搬它——当然，也有一种可能，它是被人从别的地方扔过来的，这我就不知道了。墙上还掏着一个放东西的方形耳洞，里面积满了灰尘和虫子尸体。阳光穿过连窗棂都没有的窗洞跑进屋内，因为老东西的贸然闯进，惊得无数微小的灰尘在光束里上下翻腾着。往上，一个水缸般的大洞在屋顶上看着他。晚上在这里睡觉，我能透过这个眼睛看到外面一闪一闪的亮点，它们因触不可及的遥远而显得异常美丽，只是不知凑到跟前之后是否还能保持如此诱人的姿态。我偶尔会想，有时间自己一定要走出村庄，朝随便哪个方向一直走，在离尽头还有三米的地方加速奔跑、起跳，争取一下就能跳到它们面前——如果一次跳不到，那我可以多跳几次，三五次足够啦。踩着浮在空中如同台阶一样的云朵，要么借助风的力量，让它们送我一程，这样便能窥见亮光的真实面目。要是它们像我躺在屋里透过房顶上的窟窿看到的一样，那我毫不介意在它们身边多待段时间；如果——我说的是如果——它们的表面布满砂石放眼望去是看不到头的沙漠以及骇人的狂风在胡乱撕扯着而那些亮光只是被搅起原本隐藏于沙土之下的金属小片的反光，那我会躲得远远地，头也不回地离开这个鬼地方，再也不相信它们。晚上睡觉时我也要背对着它们，以免睁眼就会看到这骗人的东西。

03

想到那群离得越来越近的狗，我忍不住回头看了一眼。还好，它们不在，只有月牙状的转盘迎接着我的目光。月牙下方是个灰色的圆球造型，对于转盘上这对奇怪的组合，我一直没能弄明白它们的含义是什么，莫非是月亮和地球的组合？要么是月亮和太阳的组合？要么是月亮和其他星球的组合？

我问过苗不可，位于县城正中央的转盘造型有何寓意，听完他的讲述只觉得连标点符号都不能信。苗不可从小酷爱打乒乓球，初中在县城的比赛得了第三，上了高中就大言不惭地说自己在县城已经没有对手了，甚至在全市几百万人里比他强的一只手也数的过来。他这些吹牛的话我无法辨别真假，不过在这所高校内，是找不出打乒乓球比他更厉害的家伙了。成为同桌后，苗不可大大咧咧地给我讲解了他名字的由来，他说自己刚生下来的时候，老爹看到是个儿子，就很开心地给他起了个名字叫苗可（完全不明白有什么可开心的）。只是随着持续了近一年之久的百日咳差点儿要了他宝贝儿子的小命。老爹才意识到起名的失误，于是把名字改成了苗不可，寓意不咳。解释完后，他把身体靠在后面的课桌上，双手交叉在后脑勺上，颇为无奈地说，"唉，这名字起得真是随心所欲啊。"抒发完感情，他接着说，"你小子的名字倒是不错啊。兵法有云'疾如风，徐如林，掠如火，不动如山'，组成物质的四大元素有'地、水、火、风'，由此可见你们家起名字还是很讲究的嘛。"

我皱了皱眉头，没好气地说，"当然讲究啦。我还有几个叔伯弟兄，他们叫刘雨刘雷刘电。"苗不可收回胳膊，坐在位置上，一边打开物理练习册一边说，"咱们还是研究一下这道数学题吧。"稍后，他又小声嘀咕道，"没看出来你还是个神仙……"

每次想到他这种满嘴跑火车的臭毛病，我都恨不得一巴掌给他拍飞。

他神神叨叨地说，"弯的呢当然是代表月亮，而那个圆形，不是你想的地球，也不是太阳。而是圆满的寓意，圆融无碍。这个造型整体的寓意是越来越好，心想事成。这可是请高人设计过的。关于转盘还有个传说，不知道你听说过没有？"

"没听过，你讲讲吧。"我心想，这都哪儿跟哪儿啊，我有九成把握能确定他是在瞎扯。

"这个故事说起来可能有些俗，我姑妄说之，你姑妄听之吧。"

我一巴掌拍在他脑袋上，"快说吧，真他妈啰嗦。"

"咱们这儿民风尚武，你知道吧。"

"不知道。"

"那咱们这儿民风好赌，你知道吧。"

"这我知道。"

苗不可清了清喉咙，继续说道，"之前有个三四十岁的浪荡货，整天就知道吃喝玩儿，这也没什么，关键这货还好赌。也不知他是怎么娶到老婆的。有次三岁的孩子病了，要交住院费。可家里东西让他输的只剩下锅了，好不容易求爷爷告奶奶借来一千，谁知在去医院的途中鬼迷心窍又拐进了麻将馆。他也知道这转盘的寓意，路过的时候还特意拜了拜。据说……据说啊，拜得很心诚，跪在路边磕了三个响头，每个都能听到响儿。你猜后来怎么着？"

"赢了呗，还能怎样？"

"怎么可能，没几局这家伙就输光了。他出来的时候已经是晚上，想着老婆孩子还在医院等着，救命钱就这么没了。这家伙就把自己挂在月亮上了。"

"怎么挂的？"这点儿引起了我的好奇心。

"还能怎么挂。之前月亮的两头可是尖的，发生这事儿之后才磨圆的。"

我没有细看过，也无法确定它的两端是不是圆的。但听苗不可这么说，便觉得有些悚然。自己经常路过转盘，从没想到在它上面还死过人。

"你小子该不是编故事骗我的吧？"

"嘿！骗你干嘛，我这是在证明它许愿的灵验啊。那家伙打牌的时候就说，如果自己输了就磕死在转盘上。最后他输了，也死了，你说灵验不灵验？"

"那他老婆孩子呢？"

"你管那些干嘛？"他笑着说道，"还是你有什么想法？"

"放屁！我就随口一问，能有什么想法。你知道就说，不知道别瞎扯。"

"听说让医院给赶出来了，吃点儿退烧药，睡一觉，好了。"

听他讲完这个故事后，我也问过其他住在县城的同学，却没人听过这事儿，由此可见百分百是他胡诌的。只是再次路过转盘的时候，我总会不由自主地想到，一个绝望的人在阒寂无声的深夜站在县城中心这个古怪的造型下方，头顶之上是一片凝结而厚重的黑暗，所有亮光都躲藏在沉重的帷幕之后。昏暗的灯光下小小的影子缩卷成团匍匐在他脚边。他看着这条路两侧的六层小楼以及远处望都大酒店高耸的身影，想到了自己位于县城边缘的矮小平房以及里面稍微翻身就吱扭作响的木板床上肮脏的被褥，顿时觉得它真是灵验啊。他摸了摸月亮冰凉的尖端——正好到喉咙不高不低像是特意为他设计的——然后用力撞了上去。皮肤被刺破后发出的声响微不可闻，他的指甲在月亮的金属表面抓了几下才徒然垂落，身体也停止抽搐重归于静。他停在了这里，半抬头，以一种诡异的姿势看向黑漆漆的夜空。想到月亮的尖端已被磨平，我觉得有些可惜：做同样打算的人还要浪费精力跑到别处，才能实现愿望。

我的愿望是否能实现呢——我在这里说的不是挂在月亮上，而是那只油腻腻的烤兔。从这里向后看，经过转盘再向西，它们就挂在深南一集的铁钩上，随摊主的拨弄而转动着，散发勾人香味儿的同时能让你从各个角度看到老师傅的高超技艺。每次路过这些小摊，我都要紧走几步，甚至故意扭过头不看。并不是我对兔子有好感看到它们的另一副模样能引发伤感，而是怕自己抵制不住诱惑，会买一只尝尝它是什么滋味儿。在庙会深处还有更大的诱惑等着我，我不能把自己从牙缝里省下的几块钱浪费在兔子身上。

太阳懒洋洋地挂在半空，试图给下面这群穿着棉袄棉裤的人们增加些温度。每个人的嘴巴都喷着热气，用力地在集市上蹭着挤着，像是从未见过这些寻常的物件：锃明瓦亮的铁锹头，盘在一起的沉甸甸的铁链子，装着木把手黑乎乎的斧子，印有牡丹花的粉色红色床单被罩，各式挂在架子上的服装，卖板面油条的简易木棚，漂着油花冒热气的大铁锅……都是随处可见的东西，当它们都聚集在一起也不会变得更加有趣。其中最特别的就是驾驶着厢式货车从千百里之外的城市来赶庙会的艺人们，放置在车顶的电子喇叭正循环播放着一个女人造作的声音：大千世界歌舞团来这里表演啦，各位乡亲快来看看啊！快来看看啊！大千世界歌舞团来这里表演啦，各位乡亲快来看看啊！快来看看啊……她的声音并不悦耳，经过喇叭高分贝的转换几乎与噪音无异，听起来就让人异常难受。可是，我想进去看看。

一个临时建成的谷仓形的舞台伫立在庙会外围的宽阔地带上，谷仓顶部罩着一层青色蛇皮篷布以隔绝偷窥的目光。我和张业绕过冒着热气的饭摊，嗅着混合了葱花鸡蛋打卤面、汗液以及猪肉味儿的空气，从人群中挤开一条小路，向着帐篷前进。即便隔了无数个攒动的脑袋，但隐约间我已经看到了印在入口门帘上裸露着大腿的女人画像，还有一条巨蟒吐着猩红的信子盘在她身上。张业的家就在县城，消息比我灵通得不是一点儿半点儿。中午吃饭他神神秘秘地对我说，"下午带你去看点儿好东西。"我还寻思大白天能有什么好玩儿的，正想回绝，只见他用手比划着从大到小再到大的两个括号，我瞬间明白了。在院墙之外我已经看过许多张图片，但在现实生活中始终未亲眼见过，倘若真如张业所说，去看看也无妨。

"你以为只有这些吗？"张业一脸猥琐地说，"光是这样，还不值得咱们过去一趟。"

"哦？还有什么？"（他比划的一个动作已经完全勾起了我的兴趣，莫非还有比这更有吸引力的？）

正在这时，孟若羽和同班的女生说笑着从我们旁边走过，见我在看着她，还十分"亲切"地摆手同我打了声招呼。我忽然觉得肚子好饿。

张业仿佛不满意谈话轻易被一个路过的女同学打断，故意对我说，"那个丫头片子有什么好的，除了头发长点儿，没胸没屁股的，真搞不懂有什么劲，让你变得跟狗一样。"

"你小子这么说就不对了，我看上的女人也轮不到你在这儿点评吧。再说，你喜欢有胸有屁股的怎么不去找头母猪啊。"这些话我都没说出口，毕竟自己还指望着他带我去看两个括号呢。"嘿，萝卜白菜，各有所爱啊。"我装作毫不在意地说，"我喜欢我的孟若羽，你喜欢你的小母猪，各取所需。"事后想起来，我当时应该为了维护孟若羽的美好形象，而和张业干一架才对，这样我们就不会去深南一集，不会到那个顶着歌舞杂耍的名号而骗钱的鬼地方。

在人群里一心想赶快挤过去的我，并没有考虑到这次庙会之行会无法达到自己的目的。我只是在祈祷着门票不要太贵。我的口袋里只有二十块钱，这还是连续半月只吃馒头和榨菜省下来的，多一分都没有。我是再也无法忍受只有红色辣椒末和海带胡乱搅在一起然后封进小袋里的榨菜了，闻到都想吐。半个月里，我无比怀念食堂大师傅用水和盐煮出来的白菜帮子。本来这二十块钱还有其他的打算，但相对于解开这个令人心痒的谜团其余事情都可以放一放。我迫不及待地想掀起帐篷外的门帘，冲入其中，在里面找到期盼许久的答案。

关于这个答案，我可是找了相当长的一段时间。当从远方漂流来的花生对我不再有吸引力之后，我就开始思考这个问题。小卖部老板娘带着一股奶香味从街上走过，而我则躲在门洞的阴影之中偷偷瞅着她的背影，试图从丰腴的腰肢和臀部扭动的频率来破解藏在那层薄薄的布料里面的究竟是什么，是什么在吸引着我。除此之外，我什么都做不了，只能吞着口水远远地跟在她后面，看到她拐进别人家中，随后那扇忠实的大铁门便紧紧地关上了，向我关上了。我实在是不甘心，也搞不清是什么在令自己如百爪挠心一般的难受。

我曾就这个令自己困惑的情况问过得了"白雪病"的女孩儿林静。在我的建议下，她下课后不再闷在教室里，而是到院中晒太阳，还有意无意地和我站在一排。我们马上就要转到希望小学上五年级了，继续当同桌的时间已经不多了。所以，在一个阳光灿烂的下午，我从校园的绒花树上折下一片叶子，朝站在不远处的林静走去。

我咧嘴笑着对她说，"你看，最近这段时间你变黑了不少，看上去健康多啦。"

她笑了笑，洁白的牙齿在阳光的照耀下显得很是可爱，就像挂在槐树枝头的一串串香甜的槐花。见她心情不错，我连忙把绒花树叶递过去，两排嫩绿色的小椭圆形树叶散发着柔和的光芒，每次看到这种树叶，我的心情总是无比舒畅，我是真心地想把这份快乐分享给她——当然，更希望她在心情舒畅的同时能解答我的困惑。

"咱们马上要去另一个学校了，也不一定还能当同桌，这片叶子就当送你的礼物吧。"说完这些话，我觉得有点儿尴尬，送别人树叶当礼物也真是够可以的，你怎么不捡个石头当礼物呢，不容易坏，保存的时间也长，没准还能当传家宝呢。等她有了孩子，孩子也有了孩了，她就可以对她孩子的孩子说：孩子，这是奶奶小时候的同桌送的礼物，你别看这是块儿石头，但是俗话说得好，礼重情更重啊，你替奶奶好保管，一代一代传下去，可不敢弄丢了。

她没料到我会来这手，接过树叶后轻轻地说了句谢谢。她嘴角两侧浅浅的梨涡可真好看。见她收了自己的礼物，我连忙趁机说，"有个问题困扰我好久了，想向你请教一下。"

她没料到我会趁机向她请教问题，慌张地回答道，"嗯，你说吧。

要是不太难的话，我应该能告诉你答案。"

我连忙说，"不难不难，你肯定知道答案。咱们村子中间的小卖部你知道吧？"

"嗯，知道。"

"小卖部的那个老板娘你知道吧？"

"嗯，知道。"

"她家卖的花生很好吃你知道吧？"

"嗯，知道。"

"那你知道她裤子里藏着什么吗，不知道为啥我总是想……"

沉默。我看到她的脸变得更白了，很快又变红了……

还是沉默。我咳嗽了一声，提醒她马上就要上课了。听到我的咳嗽，她拿着树叶的手握成拳头，把我刚才送给她的礼物攥在手里，怕是已经烂了。

"你在耍我吗？"她似乎是生气了，脸色有些难看，说话的声也变大了。

我还没来得及回答她的话，上课铃就响了，匆忙向教室跑去，寻思着上课后可以给她写小纸条继续这个话题。可等我跑到门口回头一看，她还站在那里晒着太阳。这家伙不会是变傻了吧，我向她挥了挥手，喊道："林静，快跑，上课了！"听到我的喊声，她极不情愿似的朝教室走来。

"你是不是傻啦，磨蹭啥呢？"我没好气地说。

他依旧站在入口盯着帐篷上五颜六色的宣传画及三五个钻入其中

的人们，并未回答。电子喇叭还在循环播放着机械而单调的噪音，距离远的时候不太明显，现在才觉得这声音真是难听到了极点，与工地上切割钢管发出的刺啦声没多大区别。

"风子，我看都是大人进去，咱俩进去……你觉得合适吗？"

张业身高一米七多，肩膀宽大厚实，看上去很壮。这段时间他总是穿黑色的皮夹克，翻在肩膀上的衣领表面还有一层绒毛，再加上这家伙走起路来喜欢低着头，从背后看活脱脱一个直立行走的狗熊。要是这张黑乎乎的脸上再多几道褶子，完全就是养育着五个孩子的老父亲啊。没想到这家伙走到入口却变卦了，不管他怎么想，我终究是要进去。于是故意刺激他说，"你是不是怂了？要是不敢进，就回学校去吧！"

张业皱着眉头说，"我怎么会怂？我张业在县城纵横这么多年什么没见过，什么大风大浪没经历过，什么大事没……"

我连忙打断他，"那你琢磨啥呢？"

我怀疑继续这么站在门口，肯定会被噪音震聋，用力推了他一把，催促说，"别发呆了，赶紧走！"入口的牌子上写着"门票15元/人"，也在我的承受范围内，只想早点儿进去看看究竟有什么奇妙，是不是像张业形容的那样可以满足我的愿望。他也不再发呆，向里面走去。买票的人打量了我们几眼，嘿嘿笑着说，"两人，三十。"我们把钱递给他，走了进去。

我本以为里面是一个大舞台，上面有人在表演杂技，甚至在一片口哨与叫好声里还能看到穿短皮裙的美女扭动着身子将衣服一件件儿脱下。可眼前的景象与这些完全不搭边。在我们前面进来的人也不知藏在了哪里，反正是没了踪影，电子喇叭的噪音也听不见了。一个指示牌戳在地上，画着一左一右的两个指向箭头。左右两边都是同样的弧形通道，看不出有什么区别，可以说这个标识牌完全没起到指示的作用。值得注意的是，左边的箭头是红色，右边的箭头是黑色。我正想着是往左走，还是往右走的时候，张业却说，"咱们分开走吧。"

我疑惑地问，"干嘛要分开？"（第一次来这种地方，心里有些发憷，谁知道会发生什么事儿。有个狗熊一样强壮的家伙在旁边，打起架来也方便。）

"这两条通道走到头肯定都是出口，咱们要是走其中一条，那另外的就看不到了。要么就重新进来一次，你身上还有那么多钱吗？"

"你这不是废话吗，我有几个钱你还不清楚？我吃了半个月的榨菜你不知道？"（这家伙，现在跟我装起傻来了）

张业一边看着标识牌一边说，"当然知道，我不是也吃了嘛。这样吧，你左我右，出口集合。"说完他头也不回地向右边走去。

这个混蛋走倒是挺快，进来之前还在犹犹豫豫，现在倒变得利索了。不过，凭什么我走左边，你走右边？不对，你什么时候吃了半个月的榨菜，我怎么没看到……胡思乱想的工夫，张业拐过通道的弧形圈，很快就看不见了。整个帐篷里仿佛就剩下了我一个人。通道上方是一排悬挂的十五瓦灯泡，每隔两三米远一个。这会儿外面是白天，帐篷里却开灯了。一个个灯泡像是长在软体动物腹部的眼睛，一眨不眨地盯着我。我看着标识牌上的红色箭头，想起门口售票处写的"概不退钱"几个字，鼓起勇气向左边的通道走去。

很快，我看到一扇浅红色的木门，与其说是门，不如说是一张刷了漆的木板更为贴切，粗糙而简陋，摸上去有黏糊糊的触感，或许是为了赶工，油漆都没来得及风干。由于甬道是弧形的，站在这里向后看，已无法看到入口处的指示牌，也看不到其他人进来。我轻轻推了一下，木板吱扭吱扭地叫着，极不情愿地打开了。我在门外等了几秒，发现没有危险，便好奇地走了进去。

这个房间约有四五平方大小，四周的墙壁上都贴着粉色的壁纸，在中央的木桌上放着一个装满水的小型玻璃箱，三四条手指般的金鱼在里面游动着，除此之外，再也没有其他东西。这是什么鬼，花十几块钱就让人看金鱼？这钱花得真是够冤枉的。我想找他们理论一番，却发现门不知什么时候关上了。门上没有把手，沿门缝扣了半天也没能打开，我用力踹了门板两脚，心想是不是把玻璃箱给砸了，又怕人家让自己赔钱，只好作罢。花了钱也不能白来，看看金鱼戏水吧。我围着鱼缸转了几圈，找了个合适的角度。水箱里有座用腐蚀得千疮百孔的铁块胡乱摆成的深褐色假山，我仔细看了看，发现假山的下面还藏着只乌龟，要不是它的脑袋轻轻摆动了一下，还挺难被察觉。它身上覆盖了一层厚厚的泥沙，脑袋向上昂着，如同假山的一部分。几分钟后，一条小鱼游到了底部，轻盈漂亮的尾巴摆来摆去。当它游到假山前方时，只见乌龟以极快地速度探出脑袋，叼住小鱼后又飞快地缩回龟壳内。被水流卷起的泥沙缓缓下降，少部分落在了它的背上。这看起来慢吞吞的乌龟捕食速度竟如此之快。我愕然地看着另外几只鱼儿，心想它们该不会是剩下的吧，或许开始不是这么几条？这时，我听到了门板打开时的吱扭声，不是进来的那扇，而是在墙壁另一侧。我用手敲了敲水箱，想把乌龟惊扰起来，让其他的小金鱼注意到，可它依然是缩着脑袋藏在沙土下，一动不动。见没有效果，我不再理它们，起身向打开的门口走去。来到另一个房间后，我仍然盯着身后的木板门，想知道是不是有人躲在后面偷偷关上了，但它还是打开状态，没有关闭。

这第二个房间的大小与上一间差不多，壁纸的颜色由粉色变成了红色。在中央竖着一道厚厚的钢化玻璃，将空间一分为二。玻璃上有几个圆洞（或许是用来传递声音的）。玻璃另一侧布满水渍的地面上放着一个大号水箱，目测有一米多宽，两米多长。一个小女孩正趴在水箱边沿望着我。她身上穿着体操表演用的紧身衣，稀疏的长头发湿漉漉地贴在脑袋上，一部分散乱地没在水中。透过玻璃我能看到她的腰部以下是长有鳞片的鱼尾，时不时在水中摇摆着。好家伙，还弄了一条假人鱼，大冬天的在水里不冷吗？这小女孩也真够辛苦的。我看了两眼，就想继续往前走，前面的墙壁上的木板门已经裂开了一道缝隙，随时等待我过去。这时，水箱中发出一声巨响，小女孩用鱼尾在水面拍了一下，然后借力猛然蹿起，胳膊高举，挂在半空。从屋顶上垂着一对吊环，她借鱼尾拍打水面的力量向上跳起握住了吊环。

吊环的高度约两米五，这小女孩从水中跃起再抓住……好大的力气。她在空中做着各种动作，摆动翻转单手……我真担心系在她腰部的道具会不小心掉下来，一系列大幅度的动作结束后，她双手撑着吊环，倒立在空中。吊绳紧紧地绷着，也不再晃动，一切都静止了，只有下方同我差不多高的水箱里的水在晃来晃去，时不时会有水花越过玻璃的束缚跳到地面上。我忍不住向她竖起了大拇指。她松手垂直落入水中，在脑袋撞到底部玻璃之前向上拐弯冲出水面，与我刚进来时看到的动作一模一样，下颌压着胳膊，趴在水边看着我。

"你真厉害！"我这是说的实话，人没事儿，鱼尾没掉，表演毫无破绽，很不容易，尤其还是个十一二岁的孩子。

"你不想问问我是真的假的呀？"她脸上带着恶作剧得逞之后的笑容，声音听起来很清脆，让我想起了挂在窗台叮当作响的风铃。

"嗯，真的，我相信你是真的。"（当然是真的，我也是真的啊）

"哦，那你要走了吗？"她用手拢了一下贴在脸颊的头发，将它们夹在耳后。我才发现，她竟然没有眉毛，却让人感觉不到丝毫违和，仿佛有眉毛才是不对的。

"后面的我还没看呢。"我说着，指了指已近打开的门。听我说完，她把身体完全沉入水箱，头发在水中摆动着，一串细小的气泡从嘴巴钻出浮向水面。显然，她生气了，不想理我。

我用铅笔捅了捅她的胳膊，小声问道，你怎么不理我了？

她从文具盒里拿出削铅笔的鱼形小刀，对我比划着。看意思我要是再有什么小动作，她就不客气了。我又不是没见过世面，岂能被这小小刀片吓住？给她个面子，不再问她，开始专心致志地听老师讲课。不一会儿，她丢了一个小纸条到我课本上。我拆开纸条，见上面一笔一划地写着两个字：流忙。我没理解字面的意思，瞥眼看去，她一本正经地望着黑板。流忙流忙……这家伙不会写错字了吧。我拿出削得尖尖的铅笔，在"忙"字上画了个圈儿，用箭头引出去，写了个"亡"字，给她扔回去。看来这小丫头还很有想法，竟然打算流亡。

在我指出她的错误之后，有相当长的一段时间她都没有同我说过话。等我们到希望小学上五年级不在同一班了，彼此更是从未有过联系。现在我知道她为什么会生我的气了，假如有女同学这么问我，我肯定也会生气。要是有机会向她说声"对不起"就好了，这机会永远都不会有了。要说对不起的人很多，不止她一个。比如说让张业在外面等我一个多小时，我就感到很抱歉。走出帐篷后我四处张望着，想看张业有没有出来，很快就见到他吃着煎饼果子走过来——闻着真香啊想抢过来咬两口——问我怎么才出来，都快两个小时了。我有些恍惚地说，才两个小时吗？我还以为过去了一天甚至一年。张业看出来我也饿了，三口两口把煎饼都塞进嘴里，嘴巴鼓鼓地说，"咱们赶紧回去吧，被老师发现就麻烦了。"

　　这家伙还挺仗义，没有自己跑回学校。在往回走的路上，他问我在里面干什么待了这么久。

　　本来十分拥挤的庙会上人少了很多，摊贩们忙着收拾东西。他们从村里赶到县城，回到家怕是要到傍晚了，少部分不急不忙的想必是本地或附近的人家。浪潮裹着人群急匆匆地向外退去，在他们脚下无数个被风吹得鼓起来的塑料袋和沾着油渍用来包裹食物的褐色草纸不停地翻滚着，几条土狗溜到附近，贴近地面嗅着，偶尔能找到几根扔在地上骨头或沾土的糕点，引来一阵哄抢。

　　一个带着雷锋帽推着自行车卖冰糖葫芦的老大爷眼巴巴地看着我们，三串糖葫芦孤零零地插在麦秸绑成的靶子上。红色的山里红裹着一层晶莹的冰糖片，一看就很好吃。我连忙转过脸看向别处，生怕禁不住诱惑从而把口袋里仅剩的五块钱浪费掉。相对于冰糖葫芦，我更想念食堂的盐水煮白菜，还有韭菜馅、咸得发苦的大包子。每周四的晚上都是吃包子，距下课还有五分钟，苗不可就像坐在钉板上似的，不停地挪来挪去，一只脚迈到两列课桌间的通道上，屁股只余一小半搭在板凳上，左手伸进抽屉里攥着饭盒，盯着他毫无用武之地、只能用来接收天气预报信息和看时间的黑色 BP 机上不断跳动的数字。在此之前他已经提醒了我三次——分别是上课前、上课中、下课前：今天晚上吃包子，今天晚上吃包子，今天晚上吃包子。让我紧跟在他身后，不要掉队，即便是掉队，也不要离得太远，不然我们四个人的包子他自己可拿不了，拿不了的意思就是，他会只拿他一个人的。我郑重其事地点点头，让他放心，哪怕是累死也要死在吃完包子之后。苗不可从小在乒乓球案前蹦跶锻炼身体就是为了此时此刻能在打饭的时候跑得更快跳得更远挤得过人以便排在前面。后面的只能吃馒头，包子的数量是有限的啊。还好他从没让我们失望过：十三阶楼梯两步就能跳完着地，路上的速度更不用多说，校运动会百米跑经常第二、偶尔第一、很少第三的成绩可不是吹出来的。当我跑到餐厅后，所有的窗口前已经排了三万多米长的队伍，在我们常去的靠着墙的打饭窗口，苗不可一边嚼着一边向刚从拥挤的人群中挣扎着冲到门口的我挥手，含糊不清地喊着，"唔……风子……包子……这里……"相距还有十几米远我就能看到贴在他门牙上的韭菜是那么惹眼。我连忙跑过去，端起满满一盆白白的大包子，拿起一个张嘴就吃。嚯～真够烫的！食堂里五六十岁的老师傅们的做菜手艺令人不敢恭维，唯独包子除外。永远都是韭菜馅，无非是韭菜鸡蛋与韭菜猪肉的区别。个儿大，皮儿薄，馅儿多，油儿足，一口下去烫得你上颚掉一层皮儿也不舍得吐出来。你唯一需要小心的是，总会有那么几个放盐放的很多，我估摸应该有整整一箱子盐放进了一个包子里面，吃到嘴里感觉不到咸，只有苦。之前有一次竟然做出来一整批的苦包子，我怀疑负责调馅儿的师傅在外面开着个小卖部，把经年累月堆积在货架最底层卖不出去的盐都卖给了学校，一股脑全倒进了馅儿里。

　　坐在车子的后座上，才几分钟，我就感觉不到耳朵的存在了。现在要是能给我来两个，不，来一个热腾腾的、咬下去满嘴流油的韭菜鸡蛋馅儿包子，简直是世界上最美好的事儿了。在我小时候这种美好的事情曾发生过一次，那是在跟自己玩儿得比较好的朋友赵雪虎家里。我们在玩儿一种赌博游戏：发三张扑克牌，然后比大小。与叼着香烟坐在牌桌上的大人们的唯一区别就是我们的赌注是杏核而不是钱。吃完杏后我们通常会把杏核留下来，晒干放在袋子里储存，等到冬天，敲开坚硬的外壳，把扁平的杏仁在凉水中泡个三天三夜，等褐色的皮儿脱落、苦味变小，放到锅里煮，熟了捞出来撒上盐巴当菜吃。虽然苦涩味儿不能完全消除，但脆脆的嚼在嘴里也挺好吃。

　　刚开始，我向赵雪虎借了五个杏核并再三保证如果输了第二天肯定会还给他六个。双方都有了赌注，我们坐在他家的门洞下玩儿了起来。时间溜得很快，不知不觉中我的面前已经攒了一小袋杏仁，外面的天色也渐渐变暗，牌面很难看清了，要是继续下去很可能会有弄虚作假的嫌疑。同样让人看不清的是赵雪虎脸上的表情，他靠墙坐在阴影里沉默着不发一言，他输完了所有的杏核。发现这个状况，我连忙从小袋子里拿出五个，递给赵雪虎，问他还要不要接着赌下去（其实我是不想再继续了，但毕竟赢的人是我，不好意思开口）。我正在等着他的回答，一股馋人的香味儿从下房屋里飘出来，这股味道混合了面粉的香甜、水汽的湿润、韭菜的辛辣和鸡蛋的香气。我的目光穿透了朦胧的夜色，穿透了三十公分厚的墙壁，看到赵雪虎的母亲掀开锅盖的瞬间一大团热气从锅底迫不及待地冲出来，很快消散在上方支撑屋顶的一根根被烟熏得发黑的横梁之间。我的肚子不争气地叫了一声，估计赵雪虎也听见了。

　　他一把抓起那五个杏核揣进兜里，接着说，"不玩儿啦，我吃包子去咯。"说完跑到了下房屋里。我扭头看了看敞开的大门，月光静静地铺在回家的路上；回过头，院里是温暖的灯光和诱人的饭香。两边都是一片寂静，赵雪虎和他的母亲以及忙完农活回家的人都蒸发了，只剩下叠放在箅子上的包子在锅沿旁冒着热气。我贴着墙根蹭进厨房，看到赵雪虎正坐在马扎上捧着一个包子啃，还时不时地吹几下。我听到了他的牙齿与韭菜和面皮相碰时发出的摩擦声，灶膛底部未燃尽的木柴发出的噼啪声，还听到了自己吞咽口水时喉咙发出的咕噜声。我右手攥着那一小袋杏核放到背后，尽可能地贴紧墙壁把自己藏在灯光照不到的阴影里，同时暗自期盼着他或者他的母亲能发现我。

　　可能我刚一进来她就看到了我，也可能等了一万年才注意到我。

她说，"你怎么还没回家吃饭啊。"我咬着嘴唇盯着白乎乎的包子没有说话。"你娘还没回来吗？"她拿起一个包子递给我，"快吃吧，别饿着。"我差点儿哭了，接过包子说着谢谢就跑了出去，难道自己在这儿就是为了等这一刻？烫，烫得我心疼。躲在无人的小胡同里，三两口把它吞进肚里甚至没来得及品尝一下是什么滋味就吃完了。真好吃啊，怕是仅次于漂流来的花生豆了。摸着依旧发瘪但暖哄哄的肚子，我拎着那一小袋战利品回到了家里。从那以后，赵雪虎再也没有跟我玩儿过赌杏核的游戏，我再也没有吃过他家的包子。

再也不可能了吧，甚至连学校的包子都有可能吃不上了。它们就这样从我的生活中消失了，还有待在水底等待金鱼的乌龟以及趴在水箱边沿歪头看向我的小美人鱼，还有在她之后的一个个房间，一扇扇越来越红的木门。我坐在他的车子上，朝迷雾前行，而他们则从沙滩上慢慢消失，消失在同样浓重的迷雾之中。

我摸了摸口袋，想找到那枚带有体温的硬币。他忽然非常严厉地说了一句，"别乱动！"动作放轻，不在裤兜里，也不在上衣兜里。果然，它再次消失了。我清楚记得离开宿舍时把它放进了口袋，还顺手把玩了几下。现在跑去了哪里？哪怕它不是当初的那一枚，至少还能留给我一些关于孟若羽的念想。想到陪伴了自己许久的硬币会在她的文具盒里，甚至有可能在她身旁，我又很开心，好像自己每时每刻都与她待在一起似的，在她的宿舍里，在课堂上，在她回到家中那间属于她的房屋里。她打开文具盒，用手指摸了我一下，随后拿出蓝色圆珠笔在练习卷或作业本上写下一行行清秀的文字。我甚至能听到她坐在书桌前从鼻腔中发出的均匀的呼吸声，伴随呼吸，她略显单薄却充满青春活力的身体有节奏地起伏着，额前的发梢也随身体的起伏而轻微颤抖着。我仔细打量着这所房间：墙上贴着一张明星海报，海报旁边立着书架，上面摆满了数学物理化学的练习题与课外书，有一本三毛文集《雨季不再来》被英语课本压住了半个身子，从侧边可以看到里面用来记录阅读位置的折页缝隙。她有时会向往那个在沙漠里行走的女子，还悄悄地幻想过会有人像荷西一样爱她。每次想到这些，她总是红着脸摇摇头，将这些乱七八糟的想法赶走，以便继续和试题战斗。挂在墙上的熊猫形钟表告诉她已经十一点半了，她才会合上书本，收拾好桌面，把我握在手心里上床钻进被窝。我安静地躺在枕旁，闻着她身上淡淡的少女体香久久不能入眠。关灯了，我看不到粉色被罩上可爱的小熊图案和搭在凳子上的蓝白色校服，也看不到随手丢在床头的胸衣和黑漆漆的天花板……我只能看到她，看到她扭向我一侧的脸庞：恬静，没有忧愁。这一切真实得仿佛触手可及，又梦幻得如同遥远的泡影，无法碰触。我还没来得及对她说"我喜欢你"（实际上就算不发生这件事，我也不会说这句话），或许，等我们考上了大学（我不知道自己是否还有这种可能）相隔千里之遥，我才有胆量这样做。

她坐在我前面第二排，只要抬起头就会无可避免地看到她，令人可惜的是大多时候只能看到她的侧脸和长发。在经过多次观察之后，我闭上眼睛都能看到她真切的面容，小巧耳廓旁搭着几根柔软的头发，偶尔会有几缕调皮的头发会垂落到脸颊一侧。遇到难题时总是习惯性地咬嘴唇，用圆珠笔敲自己的额头。有时我会觉得坐在她位置上的是另一个女孩，她们的身影慢慢融合变成了一个。她的脸色是病态般的苍白，头发也并没有这么长，但谁知道她长大后会不会改变呢，变得与孟若羽一样。这样想的时候，我愈发渴望坐在孟若羽的旁边，就如同坐在小学课堂里。如果当同桌无法实现的话那坐在她后面一排也不错，彼此之间离得也不算远。可是，坐在她后方的是个什么东西啊？

班主任带着他走进来的时候，我一眼就认出了这小子。他与我记忆中的大相径庭，看不到威猛与凶狠的劲头，一张过于肥胖的脸蛋上还带着怯懦。唯独粗密的眉毛斜向上挑，与童年时相差无几。我本以为搬到镇上就不会见到他了呢，没料到才过了四五年就再次遇上。呵，真的是好久不见啊！整个教室在我眼前急剧缩小，反衬得这个站在讲台上做自我介绍的家伙异常高大。他或许是发现了我的目光，朝这个方向看来，瞬间的愕然之后是意味深长的一笑。见自己被发现，我连忙低下头，忽然有些害怕，心中的愤怒与惊恐纠缠在一起，让我不知该怎么办。这时，老师给他安排在一个长期请病假的同学的位置上，恰好在孟若羽身后！他向这里走过来，坐下后还转身向我点点头。他的脸上布满了浅褐色的小斑点，一片片，多数分布在鼻翼两侧，再配上高耸的颧骨，真是要有多难看就有多难看。我的胳膊止不住地发颤，真怕控制不住拿铅笔盒砸他的脑袋。苗不可发现了我的异常，用胳膊肘碰着我悄声问道，"咋啦风子，羊癫疯又犯啦？"我平息了一下心中的紧张，长呼一口气，回答他道，"没事儿。"说完才想起来，妈的，我什么时候犯过羊癫疯！还又犯了？班主任走到讲桌上，翻开语文课本，看情况马上就要像没事人一样继续每天的课程。见到他理得像被推土机仔细平整过的坟地一样的发型，我没由来地产生一种厌恶感。而现在，他正好背对我，路两旁也几乎没人，要是自己手中有板砖，正好可以朝着他天灵盖狠狠拍下，让他的脑袋变得更平！

　　沾满冰霜的枝桠和光秃秃的路灯依旧站在旁边，似乎从未向后移动。被雾气笼罩之处看起来还是无比遥远。在他的印象里很快就会骑到，应当用不了这么久。这时，一个庞然大物缓缓地出现在他的视线之内，他终于确定已经走了一半的路程。快了，一切都要结束了。在这多是六七层楼房的县城里，近三十层的大酒店完全可以称得上是庞然大物。

从侧面看去，它像是一个被放大的括号，外立面贴着蓝色钢化玻璃，这种相似的造型及装饰仿佛在唤醒他与另一座城市有关的记忆。他想起了通往另一座城市的绿皮火车，在这个世界上怕是不会存在比它更慢的了。

第二天下午，他们赶去县城车站。在私人承包的公交车倒数第二排的双人座位上，她坐在靠窗的一侧，他坐在外侧。大概是昨晚没睡好——他们是分床睡的，什么都没有发生，也可能是车厢内污浊的气味令人头晕，上车后她一直靠着他的肩膀，迷迷糊糊快睡着了（在这期间用手搂着他的胳膊）。车厢里坐满了人，一个拎篮子的大婶甚至坐到司机座位后的台阶上，面对整个车厢。她穿着一身方格深色毛呢外套，卷发，脸上有红色晒伤，严肃地看向面前的所有人，最后选好目标，便一直盯着他俩。他快速地瞥了她一眼，看到篮子里有一捆被削去叶子的大葱，随着车子的颠簸而在篮子里起伏。里面只有这一捆大葱，它有足够大的空间可以摇晃。在车厢里，这位大婶同样有足够大的空间可以摇晃。在他右侧是两个穿黑色皮衣的中年男人，其中一个是秃头，两人自上车后就抱着胳膊缩在座位上未发一言，他却总能感觉到坐在边上的在偷偷打量他和杨雨颜。如果说哪里有什么不对的，那就是她明显不属于这里。

为避免不必要的麻烦，同时为避开中年妇女挑衅的眼神，他扭头看向窗外。玻璃上落满了灰尘，中间一小块不知被谁擦出了个圆形，刚好能看到外面。刷着白灰的细树苗，荒废干涸的水渠，收完玉米等待播种的田地，一闪而过压着纸钱和塑料花的旧坟头，弯腰在地里干活的农民……他想不明白县城火车站为什么要建这么远，距离县城中心至少有一万公里，至少！怕是到了地球的另一面。再怎样抱怨，这事儿也不是他能解决的。他唯一能解决的就是想办法离开这里，却还是没有实现，不仅仅没能实现，反倒与它的关系更进了一步。带孩子在广场公园散步的时候，他经常会遇到同他打招呼的学生家长。他们热情地帮他从存储在脑海里的无数张面孔中找到他们的孩子，然后从他忘记的某次家长会里引出他们自己。几次过后，他已能得心应手地"想起"这些人，客气而疏离地回应他们。为躲开这种令人尴尬的场面，他减少了去广场公园散步的次数，更主要的原因是那里什么都没有，除了一座假山，一个做引体向上的单杠，以及一个用来屈伸双腿的蹬力器，剩下就是大片的空地和用青砖刻意铺得七扭八拐的甬道。在这里他唯一感兴趣的地方就是刚出现在路边的望都大酒店。

他嗅着她身上的香味看向车窗外无边无际的田野，从未想到自己再也无法离开这里。温和的太阳在秋季明亮的天空上看着他，已然看透了一切，却保持沉默不发一言。被枝桠分割成小束的光线穿透肮脏的玻璃轻柔地落在他的肩头，让他想闭眼睡去，这时，售票员说道，火车站到啦，要下车的赶紧下车了。他轻声叫醒她，拿上背包，走出车厢，在这过程中，随大葱一起摇摆的中年妇女仍在直勾勾地盯着他俩，腮帮鼓起，跟随他俩的脚步而转动的眼睛里隐含怒火，如同遭受了莫大的侮辱。

冷，刚走出车厢还有点儿冷。这次是她带队走在前面，毕竟到了她的地盘。她早就表现出了对这座城市的熟悉，隐藏在小巷深处的美味餐馆，各个有趣好玩之处，只要歪头一想就能规划好路线，他真想知道她的小脑袋瓜是不是藏着张地图。出站口外面围着一群热心的人问你需不需要导游——这么晚了，他也想不通要导游干什么。如果你摆手示意不需要导游，他们会问你要不要吃饭——你确实有点儿饿了，但是吃饭也没必要在车站附近吧。如果你仍然不需要，他们还会问你要不要住宿——你不要导游，你不吃饭，总要找地方住的吧。他还没来得及拒绝那群缩脖子叼着香烟或裹着头巾的人，就被她拉着穿过了人群。

"你今晚住这家旅店吧，"她指给他做公交的地方，并告诉他做几路车几站地在哪儿下。"千万别坐错了，明天要是有时间，我过去找你。"说完，她踮起脚尖在他脸上轻啄了一下，然后朝另外的方向走去。在火车上她告诉他，家人会到车站接她。

这次他们俩到车站的时间比较早，可惜的是没买到坐票。上车后，他在两节车厢连接的中部占了很大一块儿地方，铺上准备好的报纸，把自己的背包放在报纸上，让她坐着背包。这里还算得上宽敞，不好的是挨着吸烟区。直到另外一对没买到坐票的情侣上车才把他们两个解救出来，在这之前，总共有九个人到这里抽烟，都是男性，其中一个二十多岁理着圆寸的青年一连抽了三根，靠在通道那边，一边抽烟一边看着孟海，脸上布满愁云，他想说些什么，但鼓起勇气的时候，星火都燃到了烟蒂，只好拿出打火机重新点上一根烟，当做继续留在这里的理由。

他注意到了对方欲言又止的表情，也注意到了他用的塑料打火机，这种打火机一元一个，在村里的小卖部或任何一个小超市内都能见到。他还注意到那人在脖子上挂着一个金色佛像——也许是燃灯古佛，也许是释迦牟尼，也许是大肚弥勒，距离稍微有点儿远，看不太清。终于在这个人点上第三根烟之后，向他点了一下头，问道，"你吸烟吗？"他察觉到杨雨颜拽着他胳膊的手僵了一下，很快便恢复正常。于是他冷漠地回答说不吸烟，随后沉着脸不再说话。那人没注意到他的反应，继续说，"能打听个事儿吗？"他没理他，转过头和她说着悄悄话。圆寸没继续追问，把剩余的多半根香烟捻灭，丢入放烟蒂的小铁皮盒内，走回车厢。随后他再也没见过圆寸来吸烟。

等寸头走了，她小声对他说，"这人真有意思，不理他，脸还挺大。"

"嗯，看见他我就觉得不舒服，懒得理这种人，指不定是神经病呢。"

下一站，那对情侣就上来了，一个超大号红色行李箱，两个背包。他们迅速占领了车厢连接处左侧的空地——也就是吸烟区。两个人进去后，将行李箱放在过道一侧，并把背包摆在上面，形成了一个隔档。她偷偷地竖起拇指，他也颇为赞同地点着头：想不到行李箱能有这么大的作用。只是刚逃离了呛人的烟味，他们马上又陷入另一种尴尬的境地。隔壁的情侣没有坐下，而是背对过道站着。已经十点多，伴随着火车单调的咣当声，旅途的疲惫，再加上封闭的环境，多数人打起了瞌睡。他们找到能让自己稍微舒服些的姿势，依靠着座位，或趴在小餐桌上，要么就靠着同伴的肩膀，陷入半睡半醒之间。唯独还能保持清醒的只有沿轨道顺时针转动的车轮，以及那对情侣。

他本来也与杨雨颜靠在一起打着盹，忽然被她轻轻推醒了。她向他示意朝隔壁看去，他扭头一看，顿时来了精神。不知什么时候女的把双腿盘至了男的腰间，臀部借着车窗的台阶支撑在哪里。虽然只是搂搂抱抱，并未做过激的事情，但这个动作看得他面红耳赤。两人还时不时亲几口，小鸡啄米一样，嘴唇碰触后马上分开。他咽咽口水，收回目光，调整着坐姿，身体的某个部位有了反应。他轻声咳嗽着，提示对方还有两个人在他们隔壁，谁知对方毫无反应，男人的手趁势攀上高峰，揉捏着。他没了脾气，老老实实地坐在地上，不再向隔壁看，同时抬起小腿，用膝盖遮住两腿间撑起的帐篷。她偷偷笑了笑，把垫在背部与车厢隔板之间的外套拿回来盖在他的腿上，然后靠着他的肩膀闭眼睡觉。不一会儿他发现不对，一只小手借着衣服的掩护在他腿间摸索着，终于调整好角度，握住了不肯安分待着的东西。他有些慌张，又不敢阻拦（或许是不愿），生怕惊扰到别人。

还好他很快就适应了现状，恢复了平静。

他蹑手蹑脚地回到床上，钻进被窝。拿到房卡走上这个小旅馆楼梯时，他就有些懊悔。在公交车上他一直念叨着她说的站名，可到了终点站都没有听到报站。他问过司机才知道自己坐反了方向。这里已经远离市中心，跑到了北外环。停放公交车的地方是一处大院子，向四周望去，早已没了一路上的灯火通明，只有停车场隔壁的加油站还有点儿亮光。司机拎着保温杯下车了，这是最后一班。见他背着包在四处张望，就好心地给他指了个能住宿的方向，要徒步走半个小时左右。前一秒他们两个人还依偎着坐在火车上亲亲我我，下一秒就剩他自己一个人走在陌生城市最外围的马路上，踩着从货车车斗里蹦到地面的石子和从轮胎上甩下来的淤泥，沿灯光传来的方向前行。在风变得让人无法忍受之前，他终于找到了位于马路旁边的三层楼高的小旅馆。入口处一米宽的木门上挂着一圈忽闪的小彩灯，门口前竖着一个长方形白色广告箱，上面写着"来云客栈"四个楷体字。周围静悄悄的没有声音，偶尔有几辆车从路边经过。他摸出手机看了下时间，十一点半，有几条未读信息，是她发来告诉他自己到家了，问他在哪里。他按下返回键，将手机装进口袋，握住门上的铜制把手，拉开走进去。

前台服务员见有人进来，连忙暂停手机播放的电影，微笑着问，"你好，是需要住宿吗。"他没好气地说，"要不然呢？这里能吃饭吗？"服务员依旧笑着回答说，"能吃啊。"他趁服务员在登记身份证信息偷偷地打量起来，十七八岁的样子，黑色正装，短发，一副干练的样子。她收了三百押金，把房卡和身份证一同还给了他，脸上仍挂着同刚才一模一样的笑容，向他说道，沿楼梯上二楼左手边第一间。他走上楼梯前回头看了一眼，服务员趴在桌子后面又看起了电影。

楼道内白色的墙壁上满是涂鸦，他扫了一眼，多是示意某男某女来过这里哪怕地老天荒宇宙爆炸也要永远在一起生生世世不分离的话，还有人即兴发挥画了两只青蛙一样的东西。他想不通那个人画青蛙是要表达什么，青蛙又有何寓意（莫非是在祈祷一个风调雨水的丰收年）。在这条逼仄的楼梯里，他一直小心翼翼地注意着脚下，台阶上沾着的黑色油渍踩上去很光滑，如同几百年没有打扫过的厨房地板，还散发着一股剩菜剩饭的馊味儿。他可不想从台阶上滑倒后脑勺着地把自己的小命交代在这里，所以走得很慢很轻，轻得他都听到了鞋底落下时与台阶洋灰面接触所发出的碰撞以及抬起时的黏连声。有那么一瞬间，他甚至怀疑整个客栈只有他和前台服务员两个人，要不然怎么没人打扫卫生，还这样安静。真不该坐错车，三更半夜住在这种鬼地方。值得庆幸的是那个不大的房间的床还比较舒服，他洗漱完很快就睡了。直到一阵女人的呻吟声把他吵醒，他睁大眼睛躺在床上，缓了好半天，中断的思维再次飘回来。等记起了自己在哪儿，他已明白是什么吵醒的自己，很快便平复了心情。隔壁传来的女人叫声愈演愈烈，简直就在耳边一样。伴随着床板的吱扭声，他起身，趿上一次性拖鞋，轻轻地走到墙壁前，屏住呼吸，将耳朵贴上去。本来与男性粗重的喘气声糅在一起的呻吟顿时消失了，什么都听不见了。他暗自奇怪，莫非被那对正处于干柴烈火中的人给注意到了吗？没有道理啊。当耳朵离开墙壁的时候，那围绕于四周的声音再次出现了。他愣在原地，借着电视机按钮上红色的小灯看着黑洞洞的屋子，随后目光落在自己的床上……仿佛他们此刻就在这张床上吸吮，攻守，冲刺，练习着万物被创造之初就已然明悟的本能动作。随后，伴随一声低吼，一切归于寂。他只觉得无比疲倦，好似提枪杀敌的人是他自己，颓然地走到床上，钻进被窝，迷迷糊糊地再次昏睡过去。

　　等他再次醒来，看到墙上的表针指向了四点四十，灯亮了一夜，没关。他睡了将近四个小时，这是自参加工作以来，睡的时间最短的一次。即便往常批改作业到凌晨一两点，但第二天都是早上八九点才会起床，他的课都在下午，晚去一会儿倒也不碍事。把办公桌上的作业本整理好，放在右手边的文件夹上——这是放批好的作业本的固定位置，每天上课前，课代表都会将放在这儿的作业本或试卷抱回教室。把椅子推入课桌下，他起身向外走去。他想起了自己高中的班主任，他在另一所学校，和他住在同一个小区。自己能做的事情已经做了，以后的事情怎么办，还是由这小子的亲舅来决定吧，他无奈地笑了笑，没曾想到自己竟然将了班主任一军。

走到办公室门口，看着距离出处位置最近的女同事那无比凌乱的桌子以及还维持着她离开这里状态时的椅子，他皱起了眉头。这不是他的位置，距离他的办公桌还隔有两排，再不入他的眼也只是经过门口一瞬间的事儿。他皱眉头是因为每次看到这没有归回原位放入课桌下的椅子他总是会想起那个女教师令人不舒服的面孔，她的整个脸庞还算得上端正清秀——如果戴口罩的话，唯独不好的是她的两片薄薄的嘴唇一直在吧唧吧唧吧唧吃零食或说话，由于这种缘故，导致她的下嘴唇要比上嘴唇长半公分，犹如一直在生气抱怨。这些也还好，在办公室里只要他不抬头还是看不到她的。但最让他无法忍受的是，她每年每月每天每小时每分钟每一秒都在习惯性地清理着喉咙，咳咳……嗯哼……咳咳……嗯哼，轻微但准确无比地传入办公室每个人的耳中。也许她的嗓子里有异样，也许这只是个人的习惯，他很想诚恳地对她说：抽空去医院看看吧，别再折磨别人也折磨自己了。当她走出去，笼罩在整间办公室上空的愁云以及轻微的雷声瞬间消失，所有人——特别是他——都长长地出了口气。他越想越郁闷，似乎这一切都是她造成的。于是，在走出门口之前，他使劲儿踹了她的椅子一脚，"咣当"，倒在地上。"操！"他难得地骂了一句脏话。

　　妈的！他从床上爬起来拉开了窗帘，这次把他吵醒的不是男女亲热发出的呻吟，而是两个男人，他们明显是喝多了，在外面大声说着话。其中一个听起来比较年轻的人一直在追问："你是不是看不起我？你说实话，你是不是看不起我？你说实话，你说实话，你是不是看不起我……"这家伙的嘴巴装了循环键，一直在重复，而且音量调得越来越高，直到把他再次被吵醒。他拉开窗帘向外张望，想找到那两人的方向，然后大声骂一句：赶紧去死吧，傻逼！老子就是看不起你！你自己都看不起自己，还他妈指望别人看得起你？真是欠揍。可窗户外面看不到一个人影，只有长方形广告牌还戳在路边。难道是在楼房另一侧？没找到人，他拉上窗帘，用被子蒙住脑袋，试图阻挡吵闹声。另外一个粗哑的声音则在说："没有没有，我哪里敢看不起你。"年轻的声音说："我知道你看不起我，是不是？""没有没有。""是不是，你是不是看不起我？""没有没有，我没有看不起你……"听得愈加清楚了，他推测客栈隔墙用的应该是特殊材料——对外界声音起吸收放大的作用，以便两百公里之外的噪音也能精准地传进房间内让住客能听个清清楚楚仔仔细细不会有任何遗漏之处。实在不行就打一架吧，他嘴上虽然说没有但心里真的看不起你，你虽然嘴上这样说但心里却希望得到另一种回答。打一架吧打一架吧打一架能解决所有的问题……他的眼睛涩痛难忍，眼皮也无比沉重，就是睡不着，只能听着那两个人在枕头旁边不停争吵，围绕着一个看得起与看不起的问题。难道他们不困吗？对啊，难道他们不困吗？想起这几名同学上课打盹下课睡觉放学后就跑，他心里也是有这种疑惑的，难道他们不困吗？别人的状态他无法猜测，他自己还是有点儿困。推车走出校门的几分钟里，他差点睡着。坐在后面的小子不老实地动了一下，车把一拐，吓得他一个激灵清醒过来，呵斥道："别动！"冬天路滑，摔在地上可不是好玩儿的。这样一对比起来，昨天下午路面也有碎冰和融化的雪水，可情况要比现在好得太多。

　　第二天一大早，他就起床到前台去结账，想早点儿赶到约好的地方。"昨天晚上可真够吵的。"他向客栈的服务员抱怨道。她在拿着黑色计算器算账，心不在焉地说，"不吵啊，再也没有比这里更安静的地方了。"他注意到她的左耳上有三个耳钉，镶着三颗闪亮的小碎钻，昨晚倒是没有看到。"这客栈生意怎么样，客人多吗？"他随口问了一句。"多，能不多吗？这周你还是第一个顾客。"把找的钱递过来，她埋头趴在桌子上继续睡觉。

　　走出客栈，看清周围的环境，他才明白服务员的意思。这座客栈是个三层高的小楼，面积并不太大。客栈后面是五六棵长得极高的白杨，左右两侧是被推土机清理过的土地，几小堆破砖头随意地摞在地上，乍一看和坟头有些相似。附近没有其他宾馆饭店之类的，昨晚在这里一直争吵看得起与看不起的两个人呢？他把这些乱七八糟的事情抛出脑外，沿马路继续向南寻找公交站。远处，城市中的高楼大厦在一片雾霾中若隐若现。

　　还是昨天拎着塑料水杯的公交司机，他一眼就认出了给自己指明旅馆方向的人，对方却对他毫无印象。他投了两枚硬币，在最后一排靠窗的位置坐下。庞大的城市中无数栋由钢筋水泥构建的楼房在他眼前闪过，车窗下蔓延至远方的路面扑入他眼中又再次消失。这两天内发生的事情如同画卷一般徐徐展开，显得无比漫长且不真实。除了保存在通讯簿里的号码，他找不到其他可以证明这些实际存在过的东西。而现在，背得烂熟的号码也成了空号，留给他的只有逐渐模糊的记忆。想必再过些时日，他什么都记不起来了。

　　他想不起来自己回到县城后是否有些失落，也忘记了这里与他想象中的生活是否不同，他只记得自己再次出发时内心无法言表的快乐。

在那条贯穿整个城市的主干道两侧多是富丽堂皇的商店，她在两米多宽的人行天桥上蹦蹦跳跳地走着，像个没长大的孩子。他跟在她后面慢慢走着，打量着两侧的人群，指不定就有靠小偷小摸才能活下去的人混在其中。在他身后，是一群走得更慢的、牵着孩子和狗的人。天桥的中央摆着几个摊位，有下班路过的人围在旁边挑挑拣拣。摊位旁立着一张硬隔板纸，贴的白色 A4 纸上打印着"商场倒闭一律十元"。铺在地面的绒布上堆着几十、几百个红色首饰盒，从打开的盒子可以看到里面装的是仿造的玉手镯。他还注意到，站在摊位后面倚靠着护栏的摊主手中攥着厚厚一叠人民币。

这地方人群中鱼龙混杂。她本来也想围上去，他小声说，"便宜没好货，都是骗人的，不看了。"

她还没回答，就听到有人附和，"嘿，可不是吗。小兄弟来这儿看看，不便宜不骗人。"

他扭过头，发现一个坐在马扎上头发花白的老爷子，穿着大背心大裤衩拖鞋，乐呵呵地看着他。老爷子身边同样竖着牌子，上面写着：算命，一百。

见他被人抢白一句，她则笑着打趣说，"要不咱们算算？"

虽说不想被这些混江湖的骗了，但总是拒绝别人——尤其是她——的提议终归不好。他说，"行，算算。"他蹲在老人摊位前面问是看手相还是生辰八字，都能算啥。老人没回话，看了看他，又抬头看了看站在一边的杨雨颜，忽然拍脑袋说，"不行，刚想起来水还在炉子上坐着呢，我得赶紧回去。"说完，拎起马扎夹着就走了。他愕然地站起身，朝老人离开的方向望去。这时她走过来，牵着他的手说，"走吧，正好省钱啦。"他心想，也对。于是牵着她的手继续往前走。让他觉得奇怪的是这么热的没有风的晚上，她的掌心有点儿冰凉。

　　走下天桥，他很快就看到了摆放在影楼橱窗里的白色婚纱和贴在玻璃上的字。她本来走在他的右侧，突然蹦到前面抱住他，然后贴着他的耳朵轻声说了一句。夏天的傍晚，路上挤满了人群，他们在这座城市宽阔却拥挤的主干路和人行道上焦急地往前赶，迫不及待地想回到七八十平的房屋里或者赶到与朋友恋人约好的地方。他们会在擦拭得干干净净的厨房里把从超市或菜市场买来的蔬菜洗净切好放入炒锅内，在双层锅底的不锈钢电饭锅里注水熬一锅小米粥。他们会一边吃饭一边谈论今天发生的事情：小张下个月五号结婚要随五百块份子小李要生了要不要买点儿礼物表示祝贺弟弟的孩子该上小学了要找关系进个好点儿的学校六姨住院了抽空要去探望一下这个季度又该调薪了是不是向领导表示下心意……吃完饭后，他们会坐在客厅看电视，其中一人会盯着孩子写作业，然后洗澡睡觉。他习惯性地躺在床的左侧，以便向右翻身能从后面抱住她。如果起了别的念头，他会在被窝里摸索着脱下她的睡裤不用调情直接进入十几分钟后彼此相拥着沉沉睡去……他也抱着她，把她紧紧地搂在自己怀中，看着贴在玻璃橱窗上的几个字，他又轻声复读了一遍："我们结婚吧。"

　　她像是受到惊吓，"啊"地叫了一声，晃着他的胳膊问，"真的吗真的吗……"

　　他笑了笑，"嗯，当然是真的。"

　　他已经做好接受刚刚出现在脑海中的画面的准备了，不，确切来说，他是习惯了，习惯千篇一律每天重复的生活。激情褪去，妻子已入睡，他还在胡思乱想，生活不知什么时候才能到头。他并不是想改变什么，因为改变之后还是要重归于此。

　　早晨起床，他站在镜子前，看着里面的人（他经常会怀疑镜中的是另外一个人而不是他自己，当他离开后，那人依旧停在镜子之中），身体渐渐发福，长时间缺乏锻炼，养出来一个啤酒肚。愈加明显的眼袋，满是油光的面部。他稍微低头，看了看头顶，还好，没有脱发的迹象。相对学校里其他年纪相仿的同事来说，他的状态还算不错。只要有机会，他就会骑自行车上班，锻炼身体。再走慢一点儿吧。速度真的变慢了，不过庞然大物终究还是溜了过去。这条路走了多半，再有几分钟他就能见到班主任了。提前碰面也好，不然每次都是过年去拜访，显得生分。对于高中晕倒那件事儿，他心中还是十分愧疚的，主要是他好几天没吃早饭，饿得实在顶不住才会晕倒——当然不是由于紧张、激动、害怕诸如此类的原因，那不过是谣言罢了，想想也不可能，至少他自己是这样认为的。他天生脸皮薄，也不好意思过多地向别人解释，只好将错就错，倒是省去了不少被提问的麻烦。

卧室的床头挂着他和老婆摆拍的结婚照，两人僵硬的笑容定格在 36 寸的相框中。恍惚间他总是会看错，以为那是另一个人和杨雨颜：在这个世界的某个房间里就挂着一幅类似的照片，里面就是她。

他最后一次来这座城市是为了找她，凭借印象到她家附近，心想着哪怕能远远地看上几眼也好。有次他执意要送她回家。那天路况很不好，一共遇到了三次小事故，一次是两辆小轿车追尾，还有一个骑电动车闯红灯被车蹭倒，第三次是一辆破旧的 SUV 停在十字路口中央，四扇车门大开，看起来就在等着别人撞它。车主也不在，不知跑去了哪里。车子磨磨蹭蹭地开了将近两个小时，他们才到站。她说从这个站点再走十分钟就能到她家，并直接让他坐反方向的车回到旅店。现在他按她的提示，以十分钟路程为半径画圆，在圆里的小区蹲点儿，就不信遇不到。等他到附近准备探索一番，才发现附近根本没有小区。从下车的地方向前走十分钟，是长满荒草的空地，这个急速扩张的城市还没来得及吞噬这里，在土地的尽头有一片树林。他走上去，踩着松软的草地在树林外围徘徊着。没找到她所在的小区，显然不在他的计划之中。十几分钟后遇上这么大一片荒芜地带，更是出乎他的意料。他在琢磨要不要钻进树林去看看。树林在他的记忆里算得上是恐怖地带，里面有吐着信子的青色长虫，有躲在树叶下眼睛乱转的老鼠，还有在树枝上一动不动的看枣虎和巴掌大的黑蜘蛛，甚至还可能有老虎狮子鳄鱼蜥蜴等无比可怕的东西。虽然他长大了，却仍然没做好与这些动物搏斗的准备，怕是永远都不会做好这种准备了。

这些记忆都源于他的童年时代。当时，人们会把成捆儿的麦秸拉到麦场中再用石碾脱粒，码在拖拉机斗上的麦子会禁不住高低不平的路面的诱惑，总有一小簇不安分的家伙挣脱勒紧的绳子跳到路上。大人们忙着收割以避开即将到来的雨季，自然没空理会躺在路边的麦子，这些任务就交给他们这样的半大孩子。孟三海就背着布袋，剪下麦穗装进袋里。等他注意到天色变黑才发现自己不知不觉已走到村北的树林附近，他没有慌张，也并未多想树林里为什么会有麦穗，而且是一把把的——或许是风吹过来的呢，谁知道。他四处看看，依稀还能见到来时的路，便朝外走去。这个树林他来过多次，毫无特别之处，如果必须要找点不同的地方，那就是其中一棵年岁较长的歪脖树上的小枣很甜、很好吃，旁边树上的枣个头很大却一点儿都不甜。在这片树林里还有三棵榆树，嫩绿色的榆钱一度是他的最爱：母亲会把榆钱和面粉搅拌在一起上锅蒸，很是美味。他唯独不喜欢的是树林后方有一片坟茔，其中最高的坟墓前还立着一块刻满小字的石碑，上面的字他认不全，有次和几个玩伴在石碑上撒过尿。母亲听说后，还拿着笤帚追了他一条街，嘴里骂着要打死他这个不知轻重的兔崽子。本来在坟头上撒尿也不是大事，等到另外两个玩伴生了场大病，他才有些害怕，是不是招惹了什么不干净的东西，还好他身体一直健康，没生大病。在傍晚时分，背着一个装满麦穗的白色编织袋再次走进树林，他首先想到的就是那座比自己还要高的坟头，以及戳在它前面的墓碑。事后，他想刚一走进林中转身就走，则什么事儿都不会发生了。他未料到这里会有一捆麦子藏在灌木丛之中，足有一抱之多，都赶上他半天捡的了。麦子是如此地诱人，距他只有三四米，几步之遥。抓起来就跑还能发生什么？

在这片荒野尽头的树林中会不会也有同样的坟茔呢？要是有的话该怎么办？

他飞快地跑过去，在草丛里抓起那捆麦子（沉甸甸的），转身向外跑去。他跑出树林，呼呼地喘着气，庆幸着还好什么都没有发生。知了仍在树梢不知疲倦地叫着，与躲在草洼里的蛐蛐蟋蟀比赛看谁能坚持到天亮。一团小飞虫围着他打转，试图钻进他的耳朵眼睛鼻子嘴巴里。没有风，一切都很正常。到了晚上就容易自己吓唬自己，人啊鬼啊的。他自我安慰着，同时把一整捆麦子塞进编织袋，完事儿后他发现在自己面前的不是通往村里两边长满杂草的小路，仍旧是树林。他慌了，附近只有一个树林。他向前跑，看到那几个坟头正拦在路上，其中最高的上面还用土坷垃压着几张纸钱。没有风，纸钱却自行扇动着。刹那间，汗毛都竖了起来，方向没错，村子就在树林的南边，只能硬着头皮闯进去。当他再次经过刚才捡麦子的地方，发现灌木丛里还有一捆，他没有停留继续往前跑。等待他的仍是坟茔，无风自动的纸钱，一捆诱人的麦子。他尝试往别的方向跑，同样会回到此处。不会是迷路了吧？鬼神妖怪之类的东西他谈不上信与不信，他更相信的是手里的剪刀，它可不是吃素的（为了便于剪麦穗，他还特意在石头上磨了磨），关键时刻给自己来一下还是管用的。他喂喂地叫了几下，声音被黑夜笼罩的远方所吞噬。向前能看到附近人家窗户上的亮光，但没人听到他的呼喊出来看看。他心中充满了委屈，自己就是想捡点儿掉在路边的麦穗，招谁惹谁啦。都怪母亲，嫌自己年纪小不让开拖拉机，要是坐在拖拉机上还能有这事儿吗？拿个破编织袋就把自己给打发啦，还说什么要是能捡满晚上有炒鸡蛋吃。想起家里人可能坐在饭桌上在吃属于他的香喷喷的炒鸡蛋，他忍不住地哭了。一边呜呜哭着，一边把口袋中的麦穗都掏出来丢在地上，使劲儿踩了几脚。他一手攥着空编织袋，一手攥着剪刀，脸上全是眼泪，愤懑地朝前走去，暗自发誓再也不来这种鬼地方了。哭着哭着，他才发现不知不觉已站在了自家门口。大门仍然锁着，父母还在地里忙着没有回来。他浪费了整个下午，什么都没得到。

进入树林之中会有什么呢？她说的小区是否在树林后面？他正琢磨着要不要穿过树林去看看时，一个佝偻身子拄着木棍的老太太蹒跚地从树林里走了出来。她的头上裹着一块方格布巾，小心地躲避着藏在杂草里的砖头和树枝，一步步朝他走来。空旷的天地之间只剩下他们两个，没有风，没有虫鸣，连汽车发动机的噪音都被隔离在边缘之外。杂草耷拉着脑袋，等待老妇人落下的脚步，远处凝成一体的树林安静地望着她的背影。蔚蓝的天空中没有飞鸟，没有飞人，甚至没有云，只有不知何时悄悄滑过的喷气式飞机画了一道变淡的白色弧线。

当看清她的模样，他恍然觉得自己变成了被遗落的弧线，逐渐涸散。紧凑地挤在一起的五官，一条条肆无忌惮的皱纹爬在脸上，在岁月的推动下又回到了最初皮肤还未张开的皱巴巴的状态。多年前一天的下午，她就裹着同样的一块头巾，在人行天桥看到他，连忙停住，一只手压在膝盖上，看着他说，什么时候回来的？原来她变得这么老了。看到满脸的皱纹，他心里生出一股恐慌。"刚回来，"他假笑着说，"奶奶，我扶您下去吧！"说完就要去搀她的胳膊。这个小村子被一条从南向北的高速公路隔成两部分，多数在西头，少数在东头，连结整个村子的就是这座逐渐布满红褐色铁锈的人行天桥。无论是人，还是牛羊猪狗都得从一边爬上，再从另一边爬下。时间一久，桥上全是各种动物的风干粪便。她慌张地说，"不用不用……"把胳膊藏在背后躲开他的手掌，然后说，"你忙就赶紧去忙吧。"他是要忙，他要走到桥对面的派出所，把名字里的一个字给去掉。

因为瞬间的失神，她从身旁走过时，他下意识地伸手去扶她，却被对方躲开了。她迷惑地看着他，搞不清这位站在荒地中的年轻人脑子是不是坏了，怎么话都没说半句就动上手了呢。说是拦路打劫的吧也不太像，自己的亲戚中也没有这个人（如果没记错的话）。这么多年走南闯北经风经雨她不是没见过世面，倒在她掌中长棍下的疯狗不说十条八条，一条两条总是有的。"小伙子，你想干啥？"老太太紧攥木棍，十分警惕。他一时语塞，记起自己来这里的目的，连忙说，"老奶奶您别误会，我在找人，迷路啦。"她向左右看看，又朝他背后望了望，不远处是繁华的都市。早知如此，就不瞒着儿女悄悄跑出来啦。可谁让祖坟就在这里呢，即便被推平了，但逢年过节来看看总能让她悬着的心有个着落。"你别瞎找了。"她的口气稍微缓和了一些，毕竟自己不年轻了，假装一会儿还行，挺的时间久了，腰和膝盖就隐隐作痛。她把棍子支在地上，身体又恢复了令人舒服的姿势。"这附近没人。"她又补充，"时候不早啦，小伙子，赶紧回去吧。"说完便拄着木棍走了。"那……树后面呢？"他焦急地问了一句。当初没送她到家门口，这次却再也找不到了。"还是树。"老妇人并没有停下脚步，随意回答到。

还是树……他嘟囔着，莫非这是一片大得没有边际的树林？突然，他朝地上啐了一口，这不是废话吗？

老妇人走到了这片荒地的边缘，再一拐弯就会消失在他的视线里，届时，这里将只剩他一人。他匆忙向回走去，既然别人说这是一片无穷无尽的树林，那肯定是一片无穷无尽的树林，又有什么值得怀疑的呢？对方没任何骗自己的必要。脚下的大地踩上去软得像是铺了一层厚实的地毯。他往回走的速度比来时快许多，不一会儿，再次听到了城市中熟悉的声音，它混合了自行车电动车汽车火车飞机火箭宇宙飞船猫狗猪羊飞鸟恐龙巨蜥上古沧龙等诸多事物所发出的响动，这要比阒寂更令人心安。或许该找到老妇人再仔细确认一下，附近就没有小区吗？除了这片长满杂草和隆着土堆的荒地以及像星空海洋一样浩瀚的树林之外，没别的东西吗？当然有。会是什么呢？他对这里一点都不熟悉，假如是在他长大的村庄，他可以准确无误地告诉你它的各个角落里都藏着些什么样的宝贝，甚至是用青砖砌成的房屋的地基隔层麦秸中插着几根生锈的断针，都可以给你一个数目。至于这些针是从何处而来，则不在他的回答范围之内。因为在他发现这个秘密的时候，断针已在密密麻麻的蜂窝状小孔里了。这不是他长大的村庄，他回答不了与这座城市有关的任何事情，甚至来时坐的公交车，在哪一站换乘他都要刻意记住，以免回去坐错车。拄着拐杖生在这里长在这里甚至会埋在这里的老太太肯定知道一些情况。她在哪儿呢？

他距离荒地边缘还有几十米，而老太太早不见了。她是趁他不注意的时候把木棍丢掉拔腿狂奔的吗？不扔下的话，它会碍事，降低她奔跑的速度。本来是在林中随手捡的，再随手丢弃也无所谓。许久前，它还是好好地长在树上，十余根小枝桠从身体上长出，又有无数片叶子从枝桠上长出。阳光穿透上方浓密的树冠，稀落落地照在它身上，落在树叶上。它本来在打着瞌睡，却被几个孩子的吵闹声音弄醒了。他们肆无忌惮地在树林里打闹，爬到这棵树上，蹿下来，又爬到那棵树上，像猴子一样。遇到过于笔直无法爬上的树干，他们还会踹几脚来发泄不满。其中的一个小家伙看到它，叫嚷着爬到树上把它弄断。

在脱离树干的一刹那，它还很高兴，想着终于有机会离开熟悉得已经腻烦的地方了。刚过两秒，悲伤随之而来，它听到围绕在身边的兄弟姐妹们的不舍。还好，小孩很快将它丢在地上不再理睬。它还在这里，在长大的家庭旁边，不同的是改变了一下位置。从这个角度看，世界与以往大不相同，日益递增的腻烦情绪消失了。它躺在地上逐渐由青色变成枯黄，逐渐被落叶覆盖身躯，有许多不知名的昆虫从身边爬过，还有一条小花斑蛇。身上的淤泥一次次地被雨水冲刷干净，太阳与月亮依次在头顶变幻，它的意识渐渐消散，即将睡着，甚至想不起最初待在树上的情形了，仿佛亘古以来它就是在这儿，躺在地上。直到一双粗糙而柔弱的手把它从地上捡起来，挂着它走向树林外，又被丢弃在外面的荒草之中。这里的一切是如此新奇，视线不会被枝叶所阻挡，它再次活得了新生，这种感觉还不错。于是，它就躺在草丛里开始欣赏周围的景色。一双沾着泥土的运动鞋停在了附近。莫非要踏上新的旅程吗？它正想着，那双鞋子离开了这里，不知去向何处。

透过门上的窗户向外看，只能见到一个模糊的圆形轮廓在玻璃外面摇晃着。他收回游荡的思绪，从床头摸起外套披到身上，趿着棉鞋走向门口。陪伴他许久的老伙计正蹲在墙边。他打开门，凛冽而清爽的空气猛地撞到身上，然后继续朝屋内钻去，很快便与里面的温暖交融，难以区分。有两个人站在门旁边，一高一低，一胖一瘦——也许是衣服的缘故，实际上并没有这么胖。

在他们身后是一列光秃秃的柳树，树枝低垂，覆盖着寒霜。在这队沉默的士兵旁边是一道向南延伸至远处的铁网，守护着这小小的一片天地。再远处是团阴影，依他这么多年的经验来看，应该是三层高的教学楼。他向大门走去，不由得想道：今天可真够早的。

这个时间确实有点儿早，他回头看了一眼被门帘遮挡的入口，比起他初次见到时少了几分神秘，多了些许温暖。不，是这夏日的晨风所带来的错觉。它轻轻地擦拭着他的每一寸肌肤每一根毫毛，让他觉得异常惬意轻松。长出一口气，他把站在路边的两间平房丢到脑后，连同颇合胃口的家常饭菜以及如同棉花一样的白花花肉体全部丢到脑后，同时还把与他同行了一段路、装有全部身家的手提包"忘"在了这里。在床头柜的下方，里面有他换洗的衣物以及能支撑他相当长时间的一叠崭新的、散发着油墨香的钞票。这些都留在这里吧，再置办同样的东西对他来说不是难事。他是这样想的，也是这样做的。停留一个月的时间，陈耳终于明白了自己要舍弃的是什么东西。不久之后，他在公园中遇上让他脱下裤子的两个家伙，才能弄懂这究竟是不是错的。只是在当时，对与错不再重要，重要的是赶紧找条裤子。

在这里你根本不需要裤子。

初次听到这句话，陈耳还没有弄明白具体情况。两三天时间，他彻底懂了她要表达的意思。她扭动着过于丰腴的身子，插上门栓。两个人足不出户待了一个月。还好陈耳终于从梦中惊醒，趁她还在沉睡，走出温暖的房间，逃离了这充满体液、喘息与呻吟的天堂。

出来后，他的第一个感觉就是冷，尤其是摸着沉甸甸的铁锁，寒冷刺骨。颤栗着拧开锁扣，把栅栏门拽开一扇。握着门把的手指已变得麻木，不再感到冰凉，隐约还有些炙热，仿佛在这个寒冬的早晨他攥着的是烧红的铁块。门轴转动的声音在空旷寂静的校园内传出很远，一直围绕着低矮的食堂以及隔壁操场上相隔百米远的两个刷着白漆的球门转了三圈才消失在校园上空，与这个刺耳的声音一同消失的是即将走到马路上的两个身影，还有拦在他们中间的自行车。看着他们渐行渐远，陈耳体会到一种久违的轻松之感。如果非要形容这种感觉的话，那就是自己该做的已经做了其他的交给老天爷吧。多年以前，走出阴冷的小巷，朝着由庄稼组成的绿色海洋深处扎下去的时候，他就是这样想的。

没人注意到他从巷子里走到了街上，也没人注意到他消失在街道的另一头，就像没有人注意他是怎样来这里的。令人燥热难耐的下午，人们更关心的是这该死的倒霉天气什么时候可以变得凉快些，如果不会改变的话，那该怎样度过有苍蝇陪伴的夜晚。如果只是苍蝇的话倒还好，毕竟贴在墙壁上的捕蝇纸或放在桌角的红色药末足以解决它们。令人困扰的是长脚花斑蚊，它们窄细的翅膀快速扇动着，发出微弱却清晰无比的嗡嗡声。你总是能于诸多响动之中捕捉到这丝声音，然后在大脑里勾勒出它的大致方位和模样并让你回忆起往昔的仇恨，让你觉得每寸肌肤都奇痒无比，恨不得一直挠，一直挠，把皮肤抓破，把隐藏在下面的肌肉以及包裹的骨头统统挠个稀巴烂方解心头之恨。可是，你不敢。另一个好办法就是追寻声音，待你确定了大致的方位，迅速探出两只手掌，把一小块空间夹在中央，再以迅猛龙捕猎的速度击掌，"啪"的一声脆响——力气之大，令自己的掌心都开始发麻。那该死的声音终于消失了，你心里庆幸着，打开手掌，想把带有红色粘液、已被拍得粉身碎骨的肮脏尸体给清理一下，才发现你的掌心空无一物，那只可恶的蚊子没在你手里，而是从你身体的左上方或右下方或其他什么方向再次发出轻轻的嗡嗡声，是挑衅，更是炫耀。你还能怎样，不如，就这样把衣服脱光，躺在逐渐温热黏湿的竹席上，四肢大开，让它们随便咬、随便吸好了。反正一百多斤的分量，还能让一只小小的蚊子给吸光吗？可是，你不敢。无奈之余，你只好采取另一个办法，落下搭在屋里的白色蚊帐，将它的边边角角都压在床铺下，确保任何地方都没有缝隙，确保任何地方无法钻进一只蚊子，而这样你可以放心地躺在床中央，再也不用担心被咬到了。但是那烦人的声音啊，你还是没有办法。所以你一直在祈祷天气尽快转凉吧，最好倏地一下跳到冬天。冬天是没有蚊子的啊，除了稍微有些冷之外，是再好不过的了。在耐寒的蚊子被研发出来之前，你还有大把的盼头。

住在巷子正对面的女人就在期盼着冬日。因为只有寒冷的时候她才能停止咳嗽，属于她的这所矮房子才不会终日浸泡在中药的气味里。夏季呢？每天她只能坐在屋里靠窗的木凳上一边咳嗽一边熬药。现在，她却异常地没有发出一声咳嗽，整间屋里只有砂锅内的诸多长方形正方形圆形三角形不规则形的药材不停地翻滚着发出咕咕声。含有药味的白色雾气透过窗户的缝隙飘到明晃晃的街道上，再往上飘去，最终消失不见。在雾气消失前，这个女人就借着它的掩护，直勾勾地瞅着对面的巷子。瘦弱佝偻的身子，脸上交错分布的片状斑点，让人难以辨别她的真实年龄：应该不会超过一百岁，也不会小于二十岁。当背编织袋的家伙进去后，咳嗽就神奇地停止了，直到他再次出现一瘸一拐地消失在街道尽头，咳嗽才再次恢复。或许整条街道上只有她注意到了这件事儿，或许街上的所有人都注意到了这件事儿，无论怎样都没有人发出询问，更不要提露面阻拦了。天色渐黑，她终于确定先前进去的人再也不会出来了，她边咳嗽边痛苦地说："我一直在熬药啊……咳咳……火候不能过啊……咳咳……我一个瞎老太婆能知道什么呀……"

一块一块的土地平整地连接在一起，无数株玉米秆伫立其中，等待岁月的召唤变得枯黄，然后倒下。现在还没到时间，它们伸着剑一般锋利的叶子，交错地拦在陈耳前面，试图给这个贸然闯入的家伙一点儿颜色看看。生来就脆弱的它们无法阻拦执意前行的陈耳，哪怕他是一瘸一拐的也不行，它们能做的仅是在他裸露的胳膊或脖颈上划几下，留下浅浅的红色印记。当陈耳钻入最深处，汗液流到这些微小的伤口上，他才会晓得它们的厉害。穿过这片玉米地，是另一片玉米地，然后是另一片。也不知走了多久，他披着一身花粉钻出来，此时的天空已缀满繁星。这里不是停留的地方，他踏上地头的羊肠小道，朝最初定好的南方走去。

至于开始决定的为什么是南方，则要追溯到他曾经放过的山羊身上。年幼的他还不能在田里出什么力气，只好赶着奶奶家的那群羊在村子四周的树林及荒地上窜来窜去。那几只毛发已被粪便染脏的山羊低头老老实实地啃着地上的小草，他躺在一旁的斜坡上看着在田里劳作的大人发呆。当时他有五六岁，或者七八岁，应该不会超过十岁，不可能更大，也不可能更小，不然记忆不会如此清晰。他们扛着锄头或铁锹，裤子卷到小腿中部，光脚踩在灌溉的农田里，长时间低头弯腰盯着脚下的土地，偶尔会直起身体向远处眺望一下。有条不紊，不慌不忙，似乎亘古以来他们就是这样生存的，在以后漫漫的长河中还将如此存在下去。男人戴着被汗水浸透的草帽，妇女则裹着灰色或土黄的方格头巾，徒劳地阻挡着日头的猛烈侵袭。与他们比起来，躺在树荫下的陈耳不是幸福一点儿半点儿。他还有什么可忧愁的呢。那会儿的陈耳可不知道什么是忧愁，一如现在的他同样不知道什么是忧愁。当他百无聊赖地把目光从辛苦劳作的大人身上转到头顶的天空时，他看到一群如同小型炮弹似的麻雀，它们不知被什么东西惊扰，从不远处的树林里冲出来，朝北方飞去。这群蠢鸟，他心想，都该弄死，他实在想象不出这群蠢货除了偷吃庄稼和站在院里的枣树上瞎叫唤之外还有什么用处，可惜他的厨艺——如果拢一堆火烤麻雀也算厨艺的话——不够精湛，费尽心思用箩筐罩住的麻雀没一会儿工夫就变得和木炭一样焦黑，散发着烧糊的气味，令人食欲全无。

什么东西惊扰了它们呢，他向这群麻雀起飞的地方望去，眼睛不经意地扫过归自己管辖的几只山羊，很快便发现不对。他从草地上跳起，用手点着仔细数了一遍，其实不用数他也知道，那只长着一对弯犄角的老家伙不见了！不久前陈耳还骑在它身上，晃晃悠悠地跟在另外几只山羊身后，手里拿着用树皮编成的鞭子，好不威风。现在那只老家伙竟趁自己不注意跑掉了。把剩下的几只羊拴好，他疯了似的朝树林跑去。还没等他跑到，老山羊就冲出来，四蹄捣地，奔跑如飞，瞬间跑到了南边的土路上。他也赶紧提速，伴着呼呼的风声，朝老山羊追去。一条看起来并不太宽的水沟正拦在他前面，眼见那只山羊要变成斑点消失在自己的视线里，陈耳未加思索，蹬地跃起……摔进沟里。等他爬上来，用手擦去脸上的沙土，曾驮过他的性子温顺的老山羊已没了身影。见没希望追上这个突然爆发的短毛畜牲，他只好放弃，狠骂两句，耷拉着脑袋往回走。现在，他倒是羡慕起在田地里忙活的大人们来了，他们多好，只需要完成眼前的农活就好，不用担心羊会不会跑丢，更不用担心回家会不会挨打。

他搞不清它为什么要逃跑，莫非村子以外的青草会更美味吗？他知道自己把羊弄丢，一顿暴揍是肯定躲不掉的。以后有机会相遇，他肯定要问问它为什么跑。可惜在他一直往南的过程中，始终都没有遇到这只山羊：它的右眼眶上有一个黑色胎记，只要看到，他肯定能认出来。它会不会在向远方逃跑的过程中遇到了流浪的野狗被咬死吃了，要么遇到其他拿鞭子的牧羊人被轻松制服了，要么遇到了同它一样出逃的山羊，它们结队而行，昼伏夜出，躲开一切能给它们带来伤害的东西，同样躲开了十几年后追过来的陈耳。当然，种种可能之中最为现实的是它早就死了，在十几年前。离开的时候它算得上是羊群中的奶奶辈儿了，如果再活十几年、几十年岂不是成了精？

假如再次相遇（就算它变成了妖怪），自己是否会用绳子拴着它的脖子把它拉回那个遥远的小村庄呢？躺在两排木棍搭成的窝棚里，他胡思乱想着。他是在一条宽阔的大河岸边的树下发现这个窝棚的。一棵枯死的老树，粗大的树枝上没有一片叶子，连树皮都没了，只余枯朽的枝干大大咧咧地指向四面八方。在窝棚的两侧搭着变黑的枯草、晒干的花生秧，多数被风雨吹得七零八落，无声地对路人诉说着它的可怜与破败。不过，附近怎么会有路人啊，只有同陈耳一样的破落户会经过这里，发现它。这些人丝毫不会同情它的遭遇，毕竟相比起来，谁也不会比谁更好。

在他的口袋里还有几个硬邦邦的馒头，摸出半个，混着口水，咽进肚中。肚子不再咕咕叫唤，至于吃饱，他是不再奢望。距他逃离都是破烂垃圾的小巷已过去了相当长的一段时间，他的腿也好了，没留下任何毛病。在多年的行走中，多亏了这两条竹竿般坚韧的双腿，让他走了这么久，走了这么远，不发生意外还能继续走下去，比如再往西边走十几公里就能到达的城市边缘。

海，他能肯定自己是在海里，而不是在刚才看到的十几米宽、已然凝固的河水中。四周是透彻而温暖的海水，或许是深水区，看不到一条鱼从身边游过。不仅没有常见的摆动着鱼鳍的鲫鱼，也没有宽大如蒲扇或窄得如面条一样奇形怪状的鱼，也没有大得一口就能把他吞入腹中的白鲨、虎鲸或者沧龙，只有黏稠得像胶状物的海水在托着他，让他可以悬在此处。向上是白茫茫一层，看不到海面；向下是黑黝黝一片，深不见底。他低头看的时候才发现自己是赤着身体的：不是往常在刺骨的寒风中曲卷着能感受到的瘦骨嶙峋的身体——一具蒙着人皮的骷髅，长有老年斑的暗黄皮肤上布满了污渍，如同在阳光照不到的角落中自行蔓延的片状霉菌。悬浮的这具身体光滑、健康、充满活力，那根萎缩得不能表达任何欲望的小草，此时又恢复了之前威武雄壮的模样，在他两腿之间昂首挺胸指向前方。他看了看摊开的手掌，是同样粗壮有力的手指，血液在手背隆起的青色血管内沸腾地涌动着。脚下发力，他轻踩海水，身体向前冲出，两条胳膊熟练地划动，仿佛从来到世上的那一刻他就学会了游泳：优美，自然。而实际上他除了能在水渠里扑腾两下，哪儿会什么游泳，说是十足的旱鸭子也毫不为过。简单的讨生活就把他折腾得够呛，怎么会有时间去特意练习游泳呀。现在呢，他是切切实实地正在海里游泳，自由翻滚前进后退莫不如意。这感觉真是太奇妙了，地面以及空气对他的约束消失了，他可以做出任何在大地上无法完成的动作。尤为让他满意的是两腿间的昂扬之物，如鲨鱼的背鳍，只要它威风凛凛地存在着，则生命依旧强悍。

在这片海洋深处遨游着，恍惚间，他觉得自己变成了天上的飞鸟。从他身体表面滑过的不是水而是空气，他前后摆动的双臂也长出羽毛，化作翅膀。他斜向上游去，向高处飞去，试图飞到白茫茫的屏罩之上。在他的感知里，笼罩在上方的穹顶不是海面（也不会是曾经熟知的人世间——如果当时他能想到这一点儿，很可能会朝下方的幽暗处游去），在穹顶之上是没有任何束缚的宇宙，在那里他才能摆脱重力，向点状分布在遥远之处如同萤火虫尾巴上微弱的光斑一样的星体打招呼，彼此问候。他可能会这样说：我叫陈耳，来自地球——说这些话时，他会用手指指在自己背后变成亮点的星球。这些虽然看起来很小实际上却是地球千万倍的星体并没有理他。不是它们不想说话，更不是用沉默来表达对他的蔑视，是因为它与他相距几百几千几万几亿光年，等陈耳的声音传到它们耳中再得到回应，已无法想象需要等候多久了。刚开始他还想说打算去它们的家乡看看，可他走出地球就花费了几十年，更不要说走到几百光年之外了，所以这句话他没说出口。看到自己发出的问候化作水面上的纹路飘向远方，越来越小越来越淡直到彻底听不清也看不见，他才收回望向远方的目光，继续向南飞行（假设还有方向可言），在太空中不考虑呼吸与食物，飞行真的是再简单不过了。还有另一种可能，穹顶之上并不是旋转的天体星云，而依旧是清澈的海水，他抬头看到的顶部其实是海水的底部。进到那片区域，向下仍是黑漆漆一片，向上仍是白茫茫一层，他依然被海水包裹着。即便如此，他还是要飞过去看看，至少不会后悔。后悔？为什么会这样说，这个词是如何突然出现并跳到自己头脑里的呢？

他是临近傍晚来到这个小村子的，从窄得只能容一辆车通过的马路另一侧翻过来，才看到坐落于山脚下的小村庄。放眼看去零散地隐藏在山坡阴影中的房屋约有二十来户，有几间在山壁上掏洞而建，这几户人家给他带来了莫大的安慰。沿马路侧面用石砂砌成的斜坡滑下，再跨过一条弯弯曲曲的泄水沟，在他面前是一片长满荒草的田地，田地中间有一道南北走向的沟壑。他站在这片被杂草占领的庄稼地上，心中生出了不详的预感，希望怕是要落空了。在初秋的田地中应该是结穗的玉米或挂满果实的树木或其他等待收获的农作物，这些在锄头下苟延残喘的杂草没有理由生长得如此茂盛。假如在地头或坟茔里它们长成这样还能说的过去。看到自己在地上的影子被拉得越来越长，他思忖着这个村子的人肯定很懒，只要有吃的不被饿死就好，懒得去清理地里的野草，懒得去种夏收后的第二茬庄稼，懒得去想以后的日子该怎么过，能凑合活着就好，他们要的并不多。他要的就更少了，几个窝头或者玉米面饼，能把肚子糊弄过去的食物就行，实在没有，一碗白开水也足够。只是，他想不出拿什么去换，一件让树枝勾得破烂的衣服，捡来的皮革斜挎包——拉链坏了，他用绳子在包上缠了几圈，以免捡的几个废电路板从包里掉出来。这么看起来还能值一个窝头的就是脚上那双网面运动鞋了，其中一只的大脚趾位置破了个洞，需要在里面塞上塑料，等冬天至少可以保暖御寒。如果别人非得换这双鞋，他也只能忍痛割爱，鞋没了还能去捡，一旦饿死在这儿，鞋同样保不住。

　　经过草丛中蜿蜒的小路，又翻过两个土坡及同样一片被杂草覆盖的田地，他终于来到村庄的入口。一条坑坑洼洼的土路将村庄分成两部分，几户在北侧靠着山脚，几户在南侧挨着田地，还有几户在路尽头，附近看不清是什么地方，或许是片被芦苇围住的池塘。在四周飘荡的衰败气息迅速将他包裹，经由鼻腔钻入肺部在体内各处肆意游走。这腐朽的气息与他以往在垃圾堆里翻找被放错地方的东西所感受到的有所不同，它比腐烂的食物、人类与牲畜的排泄物或其他肮脏的垃圾所散发的气味多了一些模糊不清的东西。他向路两侧的房屋看去，青色瓦房，被炊烟熏黑的檩条上满是灰尘，悬挂在房檐上的蜘蛛网也被撕扯得这一缕那一缕。房屋没有院子，木门都向内敞开着，要么就虚掩着，可能是人们走得过于匆忙而忘关，要么是根本没来得及想关门与否的问题。在风雨腐蚀的门板后方，黑洞洞的屋子张大嘴巴，等待他进入一探究竟。

　　他站在门外，探着脑袋向门洞看去，莫名地打了个冷颤，壮起胆子喊道：有人吗？果然，没有丝毫回应。走了这么久才碰上这个村子，当然不能就这样被自己吓到。无人的老屋不足以让他退却，别说门是开着的，哪怕锁上，他想进去也很轻松——要是里面拴着狗，就另当别论了。他并不是害怕狗的撕咬（一脚踹上去就老实了），而是不希望看到狗叫声引来的人类的警惕目光。这种事儿他不知碰到了多少次，狗以为你是坏人，它的主人自然是和狗站在一条战线上（多数情况下还需要狗来打头阵）。你的穿着打扮看起来与好人也扯不到一起，不能怪他们用疑惑的眼神盯着你的同时手里还攥着一把铁锹，更不能怪他们用厌烦的语气说：走开！快滚！在他们的观念中若不是好吃懒做的败类或犯了事儿的流亡之徒，谁会沦落到此种地步呢。嘿，他们想的倒是没错呢。

他扶着门框，来不及体会木材被虫蚁蛀朽后的沧桑与粗糙，一步跨了进去。临近傍晚，眼睛很快适应了屋内的光线，迎接他的不是长獠牙的凶神恶煞，也不是累聚成堆的骷髅，而是空无一物的墙壁。表面的泥土已呈片状脱落，露出了内部的土坯，看情况在外墙青砖的维持下，它们还能坚挺一段时日，至于是三年五载还是三十年五十年就难以预料了。没有任何家具，锅碗瓢盆桌椅板凳全没有，主人离开的时候把一切东西都带走了，几面墙壁实在不便于携带就留在了原地。他走进里屋，也是同样光秃秃的，一个土炕在欢迎他随时躺上去。所有东西都没留下来还算不上奇怪，让他感到惊讶的是房间内完全闻不到外面那股尘埃的腐朽气味，也并不显得冷清，仿佛一直有人在屋里生活，破旧却充满生气。除此之外，屋里什么都没有，更不要奢望食物了。走出门口，他的心中有些失落又有些庆幸。他见过不少稀奇古怪的事情，却始终能保持敬畏——有些东西能不见还是不见。旁边的屋子亦是同样状况，二十几户很快走完，都是大门敞开，家徒四壁，破败。他站在村尾，向来时的方向看去，长满荒草的田地与大山融为一体，难以辨别。十几分钟前进入的第一间房屋也看不到了，融入绵延的山脉之中。他瘫软地坐在隆起的土堆上，觉得再也没有办法继续走下去了，陡然升起的兴奋之情也已消失，被压抑的饥饿感重新扑来。看着无人的村庄，他忽然有些后悔了。

太阳隐身于黑夜之中，整个村子在月光下只能看到屋檐的大致轮廓，多数都是黑漆漆的模糊一片。肚子又叫起来，紧随其后的是从腹部发散的灼热感，伴随阵阵钝痛。他迫切地需要找些随便什么东西填进肚里——石头也行，让相互摩擦蠕动的胃壁能够被撑开。在身边的土堆上胡乱翻摸，他碰到了一簇冰凉的植物，抓起一把塞进嘴里，小小的叶子和枝茎被咀嚼后变得湿滑、黏稠，微微有些土腥味，没有苦涩到难以下咽的程度。他觉得自己变成了一头食草的野兽，埋头在高低起伏的山坡上狂啃着，不知过了多久，吃得正欢时，有东西从后面拍了他一下。他打了个激灵，迅速转身，只见一个手臂上挎着竹篮的妇人站在旁边。她招手示意他跟着自己，接着便向村内走去。他愕然地问，"你是？"说完才想明白即使对方说出名字自己也不认识，这算是说了句废话，还好妇人没有丝毫回答他的意思。她见陈耳没跟上，急得在地上直跺脚，招手的幅度更大了，还用时不时指向天空。沿她所指的方向能见到几颗零落的星星挂在天上，还悬着一轮弯月，月亮旁边浮着一片薄纱般的乌云，看情况很快就会遮住月亮。忽然间，他觉得她是在提醒自己月亮马上就要被遮住看不到路了，便匆匆起身向对方追去。别人不防备他，难道自己还能害怕不成？无非就是逃的时候跑快些罢了。刚才一顿乱啃，肚里有食儿，力气也恢复了，逃跑总归没问题的。从背后看，她倒是颇为壮实，从头到脚像是个木桶看不出任何女人该有的线条，这才是讨生活过日子的好手。

没几步到了村子中央，她看着路两旁的房屋，思忖着什么，随后抬头看了看天空，月亮即将被完全遮住，她连忙走进北侧的房屋里。这个屋子他也有印象，与别的并没有什么区别，里面同样是光秃秃的什么都没有。见对方走了进去，他看着黑洞一般等待吞噬自己的门口，一狠心也跟了进去。不然还能怎么办？既然选择了跟随，还是不要有太多顾虑。那个妇人正守在门口，等他进来便马上关拢了快掉下来的木门。在门彻底关上之前，他看到外面刮起了一阵狂风，他再次嗅到了刚进入村子时那股腥甜的腐朽气味。屋内变得明亮起来，灯光刺得他连忙闭上眼睛，这灯光出现得异常突兀，在灯光照耀下屋里的摆设与先前所见完全不同。正对门口的北山墙上挂着一幅送子观音图，慈眉善目的观音怀抱着一个穿红色肚兜的男娃娃，在她脑后是道道金色光晕。纸张旧得有些泛黄，一看便是挂在墙上有年头了，下方被纸张包裹的卷杆也已弯曲。屋门东侧是做饭的灶台，风箱上放着锅碗瓢盆等做饭的家什，其中一个碗的边缘不知在哪儿磕出了缺口，蜿蜒的裂纹从缺口一直伸向碗底，猜不出是什么原因令它依旧保持着碗的形状。正中央是一张木制方桌，旁边摆着四个小板凳。妇人坐在板凳上，正把手中挽的篮子放到桌上，指了指自己对面的位置，示意他也坐下。他趁机打量着她，看起来三十多岁，五官说不上好看与否，就像随处可见的普通人一样。皮肤粗糙而干燥，额头几道皱纹，眼角的鱼尾纹深而明显。再往下是两个被衣服紧紧包裹的硕大乳房，再往下被桌子挡住什么也看不到了。发现他在盯着自己，她连忙将桌上的篮子挡在身体前面，掀开盖着的屉布，从里面拿出了盛有三个玉米面窝头的青花瓷碗，一碟萝卜腌制的咸菜条。她用手向陈耳比划，让他吃饭。见她一直没有说话，他猜对方可能是个哑巴。他没时间去判断究竟是不是哑巴，抓起一个窝头就着咸菜大口大口吃了起来。刚才吃的野菜虽能解饿，却无法填饱肚子，还是窝头来得实在。一边想着，他一边擦了擦嘴角的口水。

口水很快便融入了由水组成的世界，根本没有擦的必要，不过他还是下意识地做了多余的擦拭动作。他赤身裸体、流着口水向前飞驰，经历了一个世纪那么漫长的时间——尽管没有疲惫之感，在没有任何参照物的情况下他开始怀疑自己是否真的在游动，有没有可能一直停留在原地没有动呢？此时，在他视线能及的尽头出现了一片蓝色。终于要到尽头了吗？

让他感到奇怪的是蓝色过于宽广，向左向右向上向下都看不到边际。它拦在面前，阻止他继续前行。它的表面摸上去很光滑，像玻璃一样。他贴近蓝色，想看看另一边有什么。他暗自期望透过这面玻璃可以看到自己在铺着陈年棉花做的厚褥子的炕上搂着那个粗壮结实的妇人同被而眠的情形，她胸前的两座山峰果真如他想象的一般巍峨庞大，按在上面的触感给他带来了莫大安慰。可惜他感受不到欲望的存在，急躁地想宣泄一番的念头不知躲到了哪里。他就这样把手伸进她没有脱掉的、还散发着女人体味的上衣里，放在大山之间，沉沉地睡着了。太久没有如此安心睡觉了，上次还是在许多年前握着从废电路板中提取出来的玻璃球般大小的暗黄色金属时，从手心传来的感觉是生硬冰冷的，现在是柔软温暖的。黑暗中能感受到汗渍的潮热以及从胸腔迸发而出的跳动，有力地昭示着生命的旺盛、持久与绵长。忽然间，他发现自己变老了。在他闭紧的眼前不断出现挂有送子观音图的墙壁和脱落在地上摔成一块一块的墙皮，它们交相呼应彼此缠绕，分不清真假，仿佛都是真的，又都是假的。他试图在脑海中还原屋内的摆设布置，却想不起那看起来颇有年头的褐色木衣柜应该摆在哪里，墙壁上露出半截的铁钉有没有生锈，那面灰蒙蒙的镜子上是否有裂痕……它们消融在黑夜冗长的寂静里，记忆也不再准确。值得庆幸的是怀中这具肉体仍伴随着呼吸而微微地起伏着，起伏着。

　　阳光像针一样刺进他半睁的眼里，令他不得不伸出手放到前面遮挡。倘若他胆敢直视阳光半分钟——哪怕只有半分钟，肯定会变成瞎子，这样他就必须得找根结实的棍子在路上戳点着前进的同时预防冷不丁蹿出来的野猪野狗野人。假设真成了瞎子，他不知道自己还能走多远，一个盲人长途跋涉在这个世界上是很不方便的：哪怕吃饭不至于把食物送进鼻孔，可是要弄清吃进嘴里的东西长什么样就只能凭借想象了。即便依靠耳朵也能分析出走向自己的东西是个人还是条狗，却只有在事后才能判断出对方是否怀有歹意。为避免出现这些状况——尽管变成盲人会有一点点乞讨的便利，他把手挡在眼前，缓慢睁开以逐渐适应从黑暗中孕育出来的光明。他发现自己还是躺在土坡上，那片被他薅得惨不忍睹的马生菜暗示着这一切并不是幻象，而是切实发生过的。在他身后，同样的小土堆还有许多个，密密麻麻宛如雨后从腐烂躯体中长出的蘑菇包。这根本不是什么土堆，而是一座座紧密相连的坟头。昨晚在自己怀里的村妇呢？或许是场梦罢了。这个被遗弃的村庄里的房屋与昨天傍晚所见并无不同，在阳光的照耀下显得愈发破旧。忽然，一团灰色的东西从某间房屋内蹿了出来，贴着地面向村东头跑去。他猛地起身，看清了那是一只肥硕的野兔，要是能逮住它烤烤吃了该多好，只是略加思量，他便放弃了这个念头：自己怎么可能追得上它呢。野兔也猜到了他的想法，反而不着急逃窜了。它蹲在小路的另一端看着陈耳，几秒钟之后，蹬地跃起，落入杂草丛生的田地里，不见了。

蓝色屏障的另一侧并没有出现他所希望的画面。他的眼神里满是疑惑，也许自己不该生起把兔子逮住吃了的念头。自己老了，没了能力，就不该动乱七八糟的心思，不去追逐奔跑的野兔。山脚下的小村庄没能从蓝色中浮现，它仍在原处，等待他到来。他再回到那里，会发现坟茔上又长满了拥有顽强生命力的马生菜，尽管他离开的时候把它们采了个干干净净。这些长有小叶子的绿色植物贴紧地面野蛮生长着，哪怕你把它们连根拔起丢在路边晒干，一场蒙蒙细雨就能让它们再次恢复生机，蔓延成片。等你离开这里，它们又悄悄地将细如绒毛的根部扎进泥土里——很浅，不需要太深，以免惊扰了住在下面的人。凭借土壤浅层的一点儿水分，它长出了浅绿的枝茎，长出了半个指甲盖大小的嫩叶，细雨过后，长势更猛，沿着坟茔上下起伏的坡面向四周生长。它们随风舒展自己的身体，晃动着开在枝头的一朵朵嫩黄小花，等候他再次把它们拔起吞入腹中。他始终都没出现，只有日月星辰在它们头顶不停地交织更替，伴随它们的是身下的几十个隆起的土包和前方不远处二十余间越来越破旧的老屋。哦，对了，还有那只在天亮后出现的野兔。

04

月亮造型完全看不见了，站立在路旁的巨人身影也渐渐变得模糊，太阳仍沉溺于睡梦之中未曾露面。冰冷的晨雾刺得鼻腔隐隐作痛，还有被冻得愈发僵硬的手掌和麻木的脚趾，对我来说这些都不算什么，再坚持几分钟都会过去，暖烘烘的火炉，开着暖气的房间，最好再来一碗热呼呼的白粥，就能解决这些困扰。最让我难过的是她送的那枚陪伴我仅仅几个月的硬币找不到了，同之前的那枚一样。它是否沿着床架与墙壁的缝隙滚到了下铺呢？

在宿舍同学此起彼伏的鼾声里，它趁我翻身的空隙朝墙壁滚去，在这期间它要翻过被褥形成的山丘与沟壑，尽量让自己不迷失其中的同时还能找准方向，而不是跑到没有挨着墙壁的另一侧。虽然在床沿一翻身就能跃下去（也算得上是条捷径），只是上铺与地板的距离恐怕要有一万米之多，这种高度跳下去先不说是否会摔坏但肯定会发出巨响。若有人被惊醒而拦下它，那可不是它想要的。在行动之前它已考虑好了种种状况，宿舍里的所有人——沉睡的与容易被打扰的，在这几个月内它早摸清了他们的习性与规律。可以借助的工具：床、书桌，用来存放衣物与零食的木柜，倚靠在门口的簸箕与扫帚，即便是远离出口挨着窗户的暖气片它也仔细打量过。经过一番深思熟虑，才拟定方案。至于宿舍之外的楼道与楼梯，它只通过布料上针尖般的孔隙向外看，得出一个大致印象。还好，他曾经在楼道里把它拿到手中把玩过，这可是帮了它的大忙，尽管熟悉程度还无法与宿舍内相提并论，但也不会对它的计划造成太大影响。这种用四根二十五毫米的方管焊成的上下铺是无法贴紧墙面的：无论是学生爬上爬下，还是抓着护栏与其他同学打闹，都令缝隙越来越大，都在帮助它顺利地落到下铺的被褥上，轻轻的，毫无声息。然后又是一番挣扎翻过棉被的峰谷到达下铺的床沿，这个高度刚好，四五十公分，对比之前的几千米少了太多太多。它跳下去，落在地上发出的声响可忽略不计，比起宿舍那个胖子的呼噜声都要轻。走廊里的灯光通过门缝匍匐在地板上，给它指明方向，告诉它可以放心前行，通往另一个世界的大门时刻敞开着，它需要做的是平躺身子爬过门框与地板之间的五毫米缝隙。终于来到了每天要经过五六次的走廊，在手指间翻滚的时候，它曾打量过这个由蓝色和白色组成的通道，蓝色已变得斑驳，有的鼓起一块附着在墙壁上，有的从墙面跳下被值日生扫进垃圾桶运到了垃圾处理厂，有的还牢固地贴紧墙壁想再坚持个千百年。在白色墙壁上印着几个凌乱的鞋印，与蓝色剥落之处遥相呼应着。它竖起身子，向左看看，又向右看看，终于找准方向，沿着墙根滚去。光滑的边缘在与底板摩擦的过程中没发出声音，哪怕有人迷迷糊糊地起夜路过也不可能发现它的踪迹。此时，它是安全的，内心愉悦的，这次出走它预谋已久，从被人送给这家伙开始，它就一直惦念着何时能再次返回。现在，机会终于来了。在楼道的拐角处，它终于遇到了此行的最大阻碍：通天梯上的台阶。这对它来说几乎是无法跨越的，反而是台阶最上面用来阻拦学生的两道铁栅栏算不得什么。我想象不出它是如何跨越那些台阶的（可能是跳或者飞上去的吧），却知道它最终到达了梦想的地方，还是用老办法：门框与地面之间的缝隙，褶皱的被褥，软绵绵的身子，以及枕边均匀的呼吸。它靠在另一枚硬币身旁，在弥漫诱人气味的宿舍里沉沉睡去——这一夜奔波，把它累够呛。

　　我的脑袋也昏昏沉沉的，真庆幸这事快完结了。尽管结果与当初设想的略有不同，但最终还是相差无几。离目的地越来越近。我不知道该怎样做才能无视对方眼中的失望和无奈，该以一种怎样的口吻去回答对方的疑问。这样看来，最好的办法就是不回答任何问题，连见都不要见。

"喂，我问你。"她站在高高的土坡上俯视着趴在地上的我，犹豫地说，"那个……你为啥要问我？"我们两个好久没有说过话了，迎面走来如同不认识一般。我想不通其中缘由，只觉得这家伙是个忘恩负义之徒：她可以活这么久甚至有机会继续活下去，难道没有我的丁点儿功劳吗？可曾有谁告诉过她在太阳底下晒晒可以治好她的病吗？我没有注意到她是从哪里冒出来的，没准是透过后山墙的窗户看到了我，再偷偷摸摸地跑到屋子后突然说出一句没头没脑的话准备吓我一跳。

我岂能看得上这小小的把戏，要是突然跳出来大喝一声（刚才她的说话声并不比一只快饿死的猫叫大多少，这又有什么关系呢）就能吓到我，那自己早死了不知道多少次了。装作没有听到她的话，我继续翻捡着被随意丢弃在垃圾堆里的玻璃瓶和一次性输液器。我在酝酿着一个宏大的计划，需要找到十个输液瓶灌满水后吊在树枝上，自己操控细长的针头把树下的蚂蚁洞统统灌满，看着这些小家伙一个个慌张地从窝里爬出再陷入我创造的海洋之中。在这片无边无际的水世界里它们只能徒劳地游动却无法找到岸边。终于，到了一定时间，它们认命一般漂浮在水中不再挣扎等待黑暗到来。囿于语言障碍，我与它们之间的交流很是费劲。偶尔能听到它们喊着：为什么，为什么要这么做，为什么要这样对它们，它们是否有做的不对的地方，是不是某个同伴不小心咬了我所以才受到如此严重的惩罚？它们还请求道：如果一定要报复，请找到那个该死家伙对其施以酷刑，而不是折磨所有蚂蚁。我毫不犹豫地拒绝了它们的请求，毕竟它们只能承受而无法做出有效的反抗。在整个过程中，唯一能帮助它们的就是我时常面临断水的问题。我手中只有一个瓶子，假如有十个瓶子肯定有很大改善——是对我来说，而对那些小家伙则谈不上改善而是噩梦了。

见我没回话，她蹲下身子，再站起来时拎着几个瓶子。她晃着它们说，"你要是回答我的问题，这些都是你的。要不，我就把它们摔碎！"

玻璃碰撞的脆响声让我有些失神，顿时想通了为什么自己找不到它们，原来被她藏起来了。看来她是知晓了我与蚂蚁的宏大计划，并能猜到我迫切地想拥有它们。不过，无论我多么渴望得到这些瓶子，想要用它们要挟我还是太小瞧人也太弱智啦。我不慌不忙地拍着膝盖上的土，胳膊交叉抱在胸前，从容地抬起头看着她，"说吧，啥问题？"（不要说回答什么问题，就是让我承担这个月的作业也没问题啊，无非就是多花十分钟罢了，还能有多大事儿？这几个瓶子我志在必得！）

她怔住了，怯懦地说，"什么问题……你不是知道吗？"

我当然知道。在她家屋后是四棵生命力旺盛的榆树，上面结满了嫩黄的榆钱，沉甸甸的树枝在微风中上下颠着（晚上偷偷跑到这儿撸下半袋拿回家掺玉米面上锅一蒸又是顿大餐）。她站在四棵榆树中间，我注意到在一块块粗糙纵裂的灰色树皮夹缝里一队蚂蚁正有条不紊地扛着榆钱向下爬行，它们两三个抬着一片，有个别强壮的独自扛着，如同在陆地上行进的帆船。也有蚂蚁正在向上爬。如果上下两队在行进的过程中相遇，其中一队会摆着脑袋上小小的触角开辟新的道路。我久久地注视着她——确切说是盯着她身后的树干，盯着树干上忙碌的蚂蚁，仿佛看到自己打开输液器在地上画着一道道水环拦住它们的去路最终将其困在海洋里，还看到自己在惊慌失措逃跑时被树枝绊倒而不得不承受雨点般落到身上的拳头。忽然，我觉得在树皮的沟壑里爬行的根本不是蚂蚁。

我沉浸在短暂的幻象里，也没忽略站在老榆树下方的林静。她穿着白色的裙子，剪至耳根的短发，一字头帘，乍看去像是把西瓜皮扣在了脑袋上。这个西瓜由于供水不足缺少营养而毫无光泽且有些发黄。西瓜皮下是圆圆的脸蛋，苍白得如同抹了层面粉（莫非她已经不再听从我给的建议了？要么就是阳光也无法提供更多的帮助）。单薄孱弱的身子让本来不大的裙子显得极为宽松，说是个罩袍则更为贴切。半截竹竿般的小腿露在裙子下面，脚上穿着一双暗红色的凉拖（凉鞋也很大，应该是她母亲的）。看到她紧攥着用输液管系在一起的瓶子，我觉得胸口堵得难受：她过得不可能比我好，甚至比我更差。从某种角度来看，我们是相似的，即使她有一个能治疗头疼脑热背着黑色药箱走街串巷的老爹。我明白了自己再也不可能从她身上得到任何答案，诱惑着自己想一探究竟的是身子丰腴肉感的小卖部老板娘，而不是这个一阵大风就能吹倒的丫头片子。

"烦死了烦死了什么狗屁问题我怎么知道我不知道我不知道破瓶子你自己留着吧我不要啦！"我不耐烦地说完便顺着土坡跑了下去，或许是奔跑的速度过快，眼睛有些刺痛。"哗啦"一声，我猜是瓶子被砸到墙上发出的破碎声。我没有回头，怕被这个丫头片子看到通红的眼睛而引起不必要的误会（她肯定会觉得我是因为得不到它们而哭鼻子了）。这该死的瓶子该死的水该死的蚂蚁全都滚蛋吧！我再也不要玩这无聊的把戏了！

以后我再也没有玩过这种游戏，不仅如此，在我与她之间还莫名地多了一层屏障，每当我想同她说话时，总是会想起她拎着瓶子站在榆树下的情形，她头顶上方繁密的榆钱是如此诱人，树冠之上的天空又是如此明亮，明晃晃的刺得眼睛涩痛，不敢多看。她和我说话的时候也是欲言又止，我猜是有东西卡着她的喉咙不让这些话跑出来，谁也不知道它们冲出喉咙后会变成什么。等到五六年级换学校分班之后，我再也没听到过她的消息。这么久了，自己偶尔还会想起她站在墙根下眯着眼睛晒太阳的样子：温暖柔和的光轻抚着她带有笑容的稚嫩脸庞，身后的影子一半落在墙壁上一半落在地面，随着太阳的移动而逐渐缩小拉长。她希望自己能变得黑一点儿，健康一点儿。有时我怀疑她已经死了，埋在村西的坟茔中，躺在用柳木刨成的棺材板下缩着小小的身子、安详地闭着眼睛等待我回答她的问题。在没有光的墓穴之中，她和上学时一模一样：苍白、孱弱。

我产生了一种错觉：孟若羽就是长大的林静，要么是林静的灵魂从泥土中飘溢而出附在了孟若羽的身上。虽然除了同样吸引自己的目光以外我看不出她们有什么相似之处。我总是忍不住向她所在的位置望去，用视线碰触她的衣角与发梢。她是那么欢快，蹦蹦跳跳像只小兔子。如果在我斜前方的那个人不是自己无比痛恨的家伙就更好了。这么久以来，我从未想到我们会以这样的情形再次相见。他除了第一天来到教室时瞅了我几眼之后再也没有向这边看过，坐下的时候都低着头，装作没发现我的存在。我很难将记忆里的身影与眼前这矮胖的家伙重叠在一起，如果他魁梧凶猛得如同大猩猩一样，反而令人更容易接受。

转到镇中学之后，我再也没见过他。在这五六年间，唯一提醒着我的就是那枚硬币。童年时代令人不愿记起的事情全部封印在这枚硬币之中，等待契机，再次降临。

我永远忘不了最后一次遇到他们时的情形。我奔跑的速度已足够快，却并不是每次都能躲开他们的追逐。当时的我们早不是二三年纪的小屁孩了，他们推推搡搡的打架和骂娘在我看来无比可笑。六年级的同学已经熟练地掌握了把凳子腿拆下等打完架又组装回去的技能，他们可以在极短的时间里把凳子五马分尸丢给身边的同学以迎接即将到来的狂风暴雨。我曾听别人描述过五年级的小崽子们攻打六年级教室的场景。他们是被欺负惨了，终于到达忍耐极限，二十几人放学后趁着他们打扫教室时偷偷摸了上来。有的赤手空拳，有的拎着笤帚，有的拿着棍子，还有几个颇为调皮的家伙拿着钢管，呼啦一窝蜂地涌进六年级的教室。他们发誓要把六年级的教室夷为平地。我多么希望他们能实现自己的誓言啊，因为那天值日的正是赵青一伙儿，也恰好是欺负低年级同学最厉害的一帮人。如果他们能把赵青放倒在地，那我会无比惋惜当时自己没有在场看到这解气的一幕。事实呢，我更应该庆幸自己没在。赵青他们五六个人如同训练有素的士兵，抄起前排的凳子朝对方砸过去，然后趁着对方慌乱的工夫把凳子卸了，一条凳子腿攥在手中，另外的部分当盾牌，两人一组就冲了上去。凳子都是家里用柳木做的，无比结实。尤其是凳子腿的棱边，磕在头部一下就能把人砸晕，力度稍微大点儿能把人敲成傻子。那天晚上打得并不激烈，五年级打头阵的几个家伙头破血流地躺在地上哀嚎的时候，堵在门口的人就全跑光了。这几个混蛋甚至还逼着躺在地上的人把被弄乱的教室给整理好。

我不知道再次提起这些事情是否想给自己的懦弱找个借口，是否所有的人都需要一个借口才能去面对过去的自己。现在的你会拍着从前自己的肩膀说：我明白，我明白这一切都不是你的错。可究竟是谁的错呢？终归要有人来承担这一切才对吧。我清楚记得他们几个站在泥坑边缘时脸上令人憎恶的表情，似乎整个大地都禁不起他们一脚。刚刚下了场大雨，从学校回到村里要穿过面粉厂内一条泥泞的、长满杂草的羊肠小道。厂房营业了很短的一段时间，还没彻底建完便被遗弃了，只剩围墙被推倒后堆于地上的砖块在雨水的冲刷下汇成一滩滩红色污渍。面粉厂中央是一栋三层小楼，夜深的时候会有阵阵呜咽声经由墙壁上黑洞洞的没有窗框的窟窿传入你的耳中。被雨水肆意蹂躏后的道路减缓了我前行的速度，自己要时刻提高警惕以免被滑倒，要是往常无非是沾一身泥也没太大影响，可此时，在我身后不远处还有几个家伙像狗一样紧追着我，要是摔倒了，肯定会被狠咬几口。到楼里藏起来是个不错的办法。这栋被废弃的小楼我曾经进去过一次（仅仅是第一层），里面如迷宫般错杂的空间绝对是躲藏的好地方。我心里想着，脚下已朝那里跑去。哪怕来不及躲藏，站在楼梯上向下扔砖头也能挡住他们片刻。通往上层的楼梯不是我曾经见过的用红砖和洋灰磨在一起的台阶，而是由三根并列平放在一起的钢筋焊接而成。每根三公分粗细，间隔十五公分，很光滑，一不小心就会滑倒或把脚卡在里面。拿砖头站在楼梯上，真如课本里所说的：一夫当关，万夫莫开。事情总是朝着你害怕的方向发展，这个在生活中被验证了无数次的理论又再次证明了它的正确。一棵被吹倒的蒿棵绊了我一下，正好摔进旁边的泥坑里。我来不及理会被泥水浸湿的背心和短裤，手脚并用向上爬去，上半身爬到坑边时，有人恰好抬起脚狠狠地踢向我的脑袋。

在仰面向后摔倒的几秒钟里，我发现天空依旧阴沉。雨持续下了一周，断断续续，时大时小，永远都不会停止似的。我坐在教室第四排靠窗的位置，从这里向北望去，是附近中学的校园。雨水在玻璃上蜿蜒爬行，留下一道道掺杂灰尘的痕迹，等太阳出来，这些哭泣的玻璃就会变成大花脸。倘若雨水足够大或持续的时间足够长，则能将屋檐、窗棂上的灰尘全部清理干净，那哭过的玻璃又是另一番模样了。我渴望自己能尽快升到高年级，他们的生活要比自己现在过的有趣太多。等真的升到了高年级，我才发现并无太大区别。同样是背对着我们的老师在黑板上写的粉笔字与密密麻麻的课堂笔记，同样是朗读背诵课文与站起来回答问题，同样是沉甸甸的书包与做不完的作业，同样是对短暂假期和玩耍的渴望。非要找出不同之处的话，那就是我再也回不到自己无比讨厌的低年级去了。一是因为个头逐渐长高，站在低年级学生中有些突兀，另外是因为读过的课本当废品卖掉了，再重新买的话又是不小的花费。不过我觉得这些都不是最主要的，最主要的是在低年级教室里没有我的位置。比我年龄更小的学生一茬一茬地生长着，一波一波地填满空荡荡的教室，一批一批地从这所学校游转到另一所学校。在这过程中，有些熟识的朋友消失了，有些你讨厌的人还在。还有种情况是他们消失一段时间后再次出现，仿佛他们一直都在。他们假装并不认识你，但最终还是按耐不住开始打招呼，他会亲切地拍着你的肩膀说：我是谁谁你不是那谁吗我们之前是同学好久没见你变化可真大啊我一直想跟你打招呼又怕自己认错了。怎么可能会认错呢，这些讨厌的家伙如同苍蝇一样围着你嗡嗡乱飞，有时候飞得离你远一些，有时候又近一些，最好是拿苍蝇拍把他们全拍个稀巴烂。那栋三层高的破旧小楼轰然倒塌，我连忙闭上眼睛，以免看到整个世界都被污泥覆盖。耳边传来赵青阴沉沉的声音：你们几个把他拽上来。

"我得弄死他。"

吃完午饭，同张业在水龙头前洗饭盆的时候，我对他说。

他挤在人群里，胳膊肘左右架开撑起很大一片地方，任凭两侧的人不停挤着，自岿然不动。他把刷好的饭盆递给我，再从我手里拿走另一个。后面排队的人越来越多，而张业依旧不紧不慢地用小小的水流冲洗着餐具。用他的话就是：病从口入，祸从口出，这吃饭的工具一定要洗干净了，不然指不定哪天就病死了。看着他像石墩一样结实的身体，我十分怀疑这样的体格是否会生病。每次秋季运动会，他除了一万米长跑没报名，大多数都参加过：百米铅球铁饼标枪跳高跳远（至于最终的名次，则是另外一个话题了），这些足以证明他身体的健康状况。他没听见我的话，或者听到了而装作没听到，要么就是不知该如何回答，仍仔仔细细地刷着饭盆。我猜他是用洗饭盆这种需要耐心的事情来缓和我所说的话给他带来的冲击。一个跟你关系很好的同学忽然说他要弄死某个人，那你的确需要时间来琢磨一下：是该劝他还是该帮他呢？我把一个个反着亮光的不锈钢饭盒摞在一起，等张业洗完手，跟在他背后向外面挤去。排在后面的人深深地呼出了一口气，想必他们是在拼命压制心中的不满，以免爆发后招来一顿揍（这家伙看起来就不好惹，多等几分钟也无妨，反正死不了人。再说这么多人都在后面排队等着，自己万万不能当挨枪子的出头鸟）。

"你觉得，"挤出人群后张业慢悠悠地说道，"中午的菜是不是有点儿咸？"

我愣了一下，没料到他说的是这事。"确实有点儿咸。"我下意识地回答说。说完才想起自己等的可不是这个。"跟你说正事儿呢。"我恨不得一脚把这小子给踢飞，咸了你多喝水不完啦，至于思考这么久吗？

"刚才在洗碗的时候你有说话吗？"张业一脸茫然，"我听到有人说了句什么。"

"我说我要弄死他。"

从食堂返回教室的途中需要穿过车棚。住在县城的走读生或老师会把自行车停在里面，一辆紧挨一辆，稍不注意你会把自己的前轮和别人的车架锁在一起。假如不想在两排车子之间窄得只能容一人通行的近路走，就要围着由玻璃纤维板和工字钢构成的车棚绕半圈，从另一侧的甬道走过去。

"行啊。"他说。

　　我扭头朝他看去，只见他眯着眼睛看向车棚另一侧的甬道，赵青和几个同学在那边走着。他显然猜到我说的是谁了。在我和赵青中间隔着几百辆自行车，黑压压的像是由钢铁组成的四条庞大的蜈蚣。如果自己的力气足够大，在这头踹一脚，所有车子都向另一侧倒去压在他身上该多好，即便不被蜈蚣砸死也会断几根骨头。这只是我的幻想罢了，先不说我能不能踹倒这些车子，他肯定会听到声音而躲开。实际上我还没来得及动手他就注意到了我们，同时加快速度往教室走。他与教学楼入口处穿着蓝白校服的学生混在一起，难辨彼此。等他和同学们混熟，自己再想找他麻烦就要费点儿心思了。

　　"什么时候？"我问。

　　"今晚吧。"猜准了我的心思，他走在两排自行车之间，小心地躲避着以免蹭到车轮上的泥土。其中一辆过于突出，露出多半个车圈拦在本就狭窄的通道上。他一脚把车子踹了进去，继续说道，"在操场，黑，人少，动手方便。"

　　这个地方确实是够黑的，毫不夸张地说，你都看不清旁边的人。比如现在我就看不到赵青脸上的表情，我甚至都不知道他是在我的左侧还是右侧，或者是在背后。白天的时候我曾偷偷地溜进门口在里面张望过，每个隔间的墙头都一人多高，磨着洋灰，用来存放面粉或者麦子。面粉厂运营过一段儿时间，人们用手推车、自行车，或开着拖拉机把装得满满的一袋袋麦子驮到这里，经过北边的铁栅栏门——现在没有铁栅栏了，只剩下半截院墙——走到三层小楼前，在一楼称重把麦子卸下，然后从旁边的屋子里装满面粉再驮回家。储存面粉的屋子异常昏暗，微小的颗粒不停地在空中乱窜，粘到你的头发上衣服上，粘到屋顶中央的灯泡以及纵横交错的电线表面，粘到角落的蜘蛛网上。呛人，呛得你止不住地咳嗽。母亲让我在外面等候，她用围巾蒙住嘴鼻，站到机器斜向下的出口处撑着面粉袋。不一会儿便拎着小半袋面粉走了出来，浑身落满了白色颗粒。把袋子系好绑到自行车后座上，她拿下头巾拍打着衣服，面粉在四周翻腾飞舞，还没来得及落到地面就被经过的风吹没了。她会笑着摸一下我的脑袋，趁机把手上白色的粉粒蹭在我头发上，然后说，"你在后面扶好口袋，咱回家蒸馒头。"母亲在前面弯着身体推着自行车，我跟在后面扶着面粉袋，麦粒被碾磨后的味道穿过编织袋微小的缝隙与粉末一起飘散而出。阳光停留在她深蓝色的外套上，还有粉尘粘在她的肩头。路旁的蒿棵在微风吹拂显得无比轻柔，随着嫩绿色的枝叶，我也飘了起来，身体脱离大地的束缚，飞得越来越高，越来越高。

一束光穿透黑暗打了过来，我赶紧闭上眼睛，有人从背后踢了我一脚。一个熟悉的声音说，"站好，装什么死！"哦，是他，原来他一直跟在我后面。顺着移开的手电光柱向前看，一个掏在墙壁上的黑洞在不停地往里灌着凉风，我愣住了，发现这就是从外面看到的窗洞。见我没有动作，赵青这头畜牲又推了推我，随后站在两侧的人架着我走到了窗洞旁边。

"嘿嘿，跳下去，我就饶了你。"他得意地笑着。

我难以判断出他粗哑的声音是从哪个方向传来的，像是在我的左后方，又像是在我前面。那束亮光依旧照着窗洞，我注意到脚下踩的楼板边缘紧贴着黑暗。我想不通在这栋楼房的外立面干嘛要掏这么大的洞，足有四米宽三米高，没有防护围栏，难道是为了让人能更从容地穿过窗户跳下去吗？还是为了便于把各种小型机械设备吊到楼里？现在这些都不是我该思考的问题，我应该想想如何才能突破他们的防线，跑到楼下，跑到外面的黑夜里站在结实的地面上再找个隐蔽之处藏起来。在水坑边缘的较量我彻底输了，脑袋怕是被留在了坑里，完全感觉不到了。反而从后背上传来的疼痛在提醒我这不是一场梦。或许我要多想想采取什么样的姿势跳下去才不会摔死，怎样才能保护自己平稳着陆的同时腿不被摔断。不知道这是几楼，假如是一楼还好，随便我采用什么姿势。假如是三楼，无论我做什么也毫无用处，脚和头哪个先着地没有太大区别。要是二楼的话，还能琢磨琢磨。我经常站在家中两米高的墙头上向下跳，只要在落地的瞬间屈膝并让前脚掌先着地就不会造成过于严重的伤害，最好还能顺势往前滚两圈，就更安全了。我不知道这种技巧对于三层楼的高度是否同样管用。

　　灯光之外是黑漆漆一片，在下面会有什么等着我呢？会不是半截埋在土里的木棍，露出来的端部是撕裂的锯齿状。有可能是一堆砖头，等我落到上面只会听到骨头折断的脆响。要么是锋利的钢刀，刀刃或刀尖朝上，被别有用心之人埋在土里，浑身散发着冰冷的气息等待我的跳跃。不会是其他的，倘若是麦秸垛那赵青就不会把我弄到上面来了。我想不出别的东西，在这个阴沉沉的夜晚，在这个废弃的面粉厂内，黑暗之中还能有什么呢？从这儿向远处眺望，能见到村子附近的几点灯光，孤零零地浮在遥远的夜里。我判断不出灯光是从谁家的窗户散发出来的，可以肯定绝不是我家的。手指般粗细的白色蜡烛发出的微弱光芒难以绕过无数面墙壁和屋檐的阻拦而来到这儿，我的目光却能轻易地穿透由红砖、泥土、洋灰构建的阻碍准确地落到自己无比熟悉的屋里：母亲回到了家中，正坐在堂屋的木桌旁，借着火苗不断抖动的烛光缝制一双布鞋——那是为我上中学而准备的。或许是光的晃动影响了她的视线，或许是某种不为人知的原因，针狠狠地刺了她的指尖一下。把手指放进嘴里吮着，她再次向门外张望，还是没有任何声响。收回视线，她拿起桌上的剪刀将灯芯上端燃尽后团起的黑色灰絮剪掉。倏地，屋里暗了一下，很快又亮了。在烛光一暗一亮之间，我的心脏也猛地抽动了一下。我察觉到堂屋西南角的灶台里的灰烬还散发着余温，熟悉的饭菜香味伴随水气从锅盖与锅沿间的缝隙向外飘出，肚里传来了咕噜咕噜的叫声。

好饿啊！我闭上眼睛，向前迈了一步。

"你想好了，真要这么做吗？"看到我朝那面墙走去，他轻声说道。我明白他的意思。无论是他，还是在老师或家人看来，我们只有不断努力学习才是目前应该做的。起初我也是这么想的。我百无聊赖地在校园里转悠的时候，便十分羡慕高年级的学生，幻想有一天自己的书包也能变成沉甸甸的，里面装满了书籍与试卷，戴着高度数的眼镜去打量整个世界的同时还能用右手轻轻地向上推推镜框。当然，更吸引我的是他们掌控着我所不熟识的世界，无论是印在课本上的定理公式与奥妙的问题，还是能独自走到更远处而不用顾忌太多，哪怕在面对不公的对待与欺辱也可以凭借相应的身高与体力做出令人无法忽视的反抗与呐喊。后来我才发现这些只能存在于我的想象里，以后的生活中虽然少了类似赵青的追逐与殴打，却多了隐藏在人群中的指指点点与闲言碎语。我想是时候改变这种状况了。而改变的方法就在这面墙壁之外，我需要做的就是，翻越它。

这面围墙不算矮：踩着别人的肩膀，伸直手臂刚好够到墙头。它朝东西两侧绵延，将一栋六层的楼房包围在体内。无数片斑斓的碎玻璃固定在墙头上，似乎想更好地把这个小世界与外面摊贩的叫卖声、急速行驶的汽车、撕心裂肺的辱骂以及随时会抬起后腿朝电线杆撒尿的野狗相隔离。我不知道这些究竟有没有用，但你一抬头就能看到所有玻璃都完好无损地竖着，从这点至少能得出它们有一定的威慑力。想翻越它，你首先要将上面的玻璃清理掉。在同学们的嘴中，它们没有来到这儿之前是用来装敌敌畏、六六粉、百草枯的。这些农药的毒性哪怕你没有亲口品尝过也能想象到，无论是弥漫在田地上空刺鼻的气味，还是地头枯黄的杂草与僵硬干瘪的虫子尸体，都在提醒你别小瞧了它们，也不要小瞧曾盛过它们的容器。要是你想口吐白沫躺在地上抽搐，那尽管一试。我虽然很怀疑它们是否像谣传的一样厉害，却也不敢小觑。假如传言是真的，自己稍微碰上一点儿就栽了！

见我一直没有动作，张业又补充了一句，"要不，你踩着我上去？"

听到他的话，我心中有些感激。这里是我强拽着他来的，如果还踩他的话也太过意不去了。墙头的高度对于我来说是有点难度，假如我有小时候的身手，只需后退三米，一个加速冲刺然后踩脚起跳，完全能摸到墙头。现在不要说加速冲刺了，原地起跳做起来都够呛。更主要的是在这过程中还要提防传说中有剧毒的玻璃。我越想越气，骂了一句：他妈的，该死的赵青！

实在也是没有办法，我看着张业说，"行！你在墙边蹲下吧。"

张业显然没料到我还真不跟他客气，打算踩着他上去。"操！我跟你客气客气，你还当真啦？"

"要不然呢？"我语重心长地说道，"爬上墙头我是一点儿问题都没有（心底有些发虚，现在让我上去是绝对无法做到的）。可你想啊，上面还有玻璃呢。我得踩着你把它们先清理掉啊。那句名言怎么说来着？哦，对了，如果我能翻越这面墙，是因为我站在朋友的肩上。"

"这是谁的名言？"

"我的。"

"你厉害！"张业无奈地说，"咱们还是换条路吧。"

"还有别的路？"

"当然有，不然我为啥会答应带你出来。"

　　说完，他沿着围墙领我往西边走去。我们弯着腰如同行窃的盗贼一般走在墙下的阴影里，小心地避开容易发出声响的饮料瓶以及缠在杂草上的磁带，绕过一堆聚在垃圾道出口的白色垃圾后，他终于停了下来。难道这小子色心大起，带我爬女生宿舍来了？这可刺激多了，不过我还没准备好啊，爬到楼房第四层明显要比翻越围墙更困难，哪怕是站到朋友的肩上。很明显我想多了，在围墙的拐角处，他拨开一丛长势茂盛的狗尾草，开始一块块地往下拿砖头，片刻就掏出一个能容人钻出去的洞。这巨大的落差让我一时没有反应过来，刚才还在幻想能在女生宿舍的窗口偷看，这马上就要钻狗洞爬出去了。

　　我蹲在张业身后，小声问，"这么隐蔽的狗洞你是怎么发现的？"

　　他瞪大眼睛说，"狗洞？什么叫狗洞？你见过会拆墙的狗吗？"见我上下打量着，他拽了我一把，连忙说，"行了，你赶紧钻出去吧。"

　　我很感激他发现了这个狗洞，要不是有他的带领，我怎么能参加深南一集庙会并钻进这个帐篷呢。前方墙壁上的小门已自动打开，露出了一道缝隙。下半身穿着鱼尾装置的小女孩仍沉在水底闭着眼睛没有理我，气泡仍从她嘴里向外冒。她憋气的时间约有三分钟了，要是我继续待在这里，不知她还能坚持多久，她不会真的是一条人鱼吧？不再停留，我抠着木门边缘将另一扇门打开，跨入下个房间。在我的脑海里已经出现了她迫不及待地浮出水面大口呼吸的画面。

　　红色，鲜艳的红色，像血一样涌进眼中。房间的四壁、屋顶和地板上都涂着一层红色的油漆，不，兴许不是油漆，我用手指在上面按了按，黏稠，酥软，像某种胶类。这个房间也被一块钢化玻璃隔开了，我所在的这边一米来宽，另一侧略微宽敞些。我注意到，在左侧和前面各有一扇门，左侧的通往外面通道，前面的通往下一个房间。两扇门都没关紧，手指宽的缝隙在告诉进来的人随时可以离开或继续前行。

玻璃的另一侧，一个浓妆艳抹的女人坐在椅子上。抬头看了看我。她起身转到椅子后面，发出信号或按下了开关，淡淡的灰白雾气从她身体两侧缓缓喷出。她的眼眶周围涂着黑色的眼影，像是挨了两记重拳之后留下的淤血。一件白色的绒毛大衣把她裹得严严实实。雾气四散，她扶着椅子的把手扭动着身体，嘴中还在说或唱着什么。这面玻璃上没有传音的小孔，我觉得自己在看一场无聊透顶的哑剧，等她解开大衣最上面的纽扣时这幕舞台剧才开始变得生动有趣。透过钢化玻璃和逐渐升高的雾气，我能看到她的锁骨泛着的诱人色泽。她一边扭动身体，一边开始解开第二个纽扣，令人难以忍受的是她解扣子的速度太慢，而雾气涌现的速度又太快。依照目前的状况继续下去，只要到第五个——不，第四个扣子，除了这白茫茫的雾气我就什么都看不到了。这算哪门子的脱衣舞？我焦急地用手拍打玻璃，大声喊着："快点儿！快点儿！"或许是体会到我焦急的心情，她飞快地解开所有纽扣并顺手脱掉大衣扔到地上。看着眼前熊猫一样的家伙，我觉得自己受到了欺骗：在她身上还裹着一件黑色的紧身皮衣！虽然只用一条拉链就能完全打开这具凹凸有致的躯体，但留给我的时间不多了。我已经看不清她的脸了，看不清波浪般披在肩头的长发，也看不清饱满的山峰以及如蛇一样扭动的腰肢，我只能看到一个模糊的黑影逐渐隐于一片灰白之中。几秒过后，在我眼前只余一片灰白色的雾气（随着她的扭动）在玻璃的另一侧不停地翻滚，仿佛里面藏着一条蜕皮变身的巨蟒。

表演结束了？跟自己想看的完全不一样呀？这算什么东西？我盯着恢复平静的雾气，盘算着是否要站在这儿继续等下去，看雾气散去里面究竟是个什么样子。她是否和我刚进入房间时见到的一样穿着绒毛大衣坐在凳子上，等发现我仍然站在对面便匆忙起身走到椅子后方打算再来一次同样的把戏。或许她会一丝不挂地站在正中央，雾气从上向下逐渐收拢，首先显露出来的是她的长发和熊猫眼，接着是挺立高耸的胸部，最后是两条白花花的大长腿，她没料到我还在这里，慌张地用胳膊挡在胸前，蹲下捡起地上的衣服胡乱地套在身上。不过，更大的可能是她没在原处而是同雾气一起被吸进管道里，收到一个大玻璃瓶内，等有其他顾客来这个房间之前，她便沿管道爬出坐在椅子上，变成人类的样子戏弄这些道貌岸然的参观者。无论最终的结果是怎样，我都不会再继续等下去了。这才是第三个房间，不知道后面还有多少个，可能有一个，可能有一万个。在一与一万之间有许多房间等我去参观。我看着宛如凝固了一般的雾气，准备继续向下一个房间走去。假如后面的房间还是糊弄人的把戏，那我就要回学校了。

我刚向前走了几步，便发现有雾气开始向这一侧的空间蔓延，更准确地说是从隔壁涌向这里，中间起隔离作用的玻璃被人抽走了，倾倒的雾气飞快地扑向这边。突然出现的变化，让我在诧异的同时心中窃喜，甚至都来不及思考他们是用什么办法令玻璃消失的。连忙凭借记忆朝着对面摆放椅子的位置走去。椅子在那里，她也在那里。我伸出双手摸索着在前面探路，眼前只有白茫茫的雾气和自己的双手。

纤细修长，脆弱的指骨上裹着薄薄的皮肤，仿佛一碰就会折断。把这层皮肤剥开，所能看到的肯定只是几根带关节的指骨，没有丝毫血肉。此时，它们依旧是完好的，能灵活地伸开、弯曲，无论是攥拳还是抓握都足够有力。拽着他的衣服然后猛地跳下去会怎样呢？我在脑中重复地演练着这个动作，希望能看见整个过程的每个细节并尽可能地考虑到会出现的所有异常状况。属于我的机会只有一次，无论是昨晚还是现在，失手后想找第二次机会就要等下辈子了，不过，谁又敢保证下辈子就不会失手呢？我无法预见未来，唯一能确保的便是当下。他骑车很小心，地面给他造成了不小的困扰，话都没说几句，除去刚刚训斥我不要乱动以外再也没说过话了。他究竟是一直全神贯注于车轮与地面冰雪之间的接触，还是在想什么呢？在想该如何向学校领导汇报吗？他私自把我带离学校又有谁批准了吗——好吧，他作为班主任这点儿权利还是有的，也不需要批准。我不再浪费时间去考虑他的想法，刚刚浮现的念头变得愈加强烈了，被冻得僵硬的手指自行离开了后座架。我干嘛要这样做，是什么赋予了我信念并在轻声地呼唤着？我闭上眼睛，感受到那丝遥远的、若有若无的呼唤。是从身后传来的，在我背后除了耸立在路边的望都大酒店和远处的转盘之外还有什么呢？

我听到了母亲的声音，难道她按捺不住心里的担忧出来找我了吗？躺在这里多久了？一个小时，两个小时，还是整整一夜？天空并没有放晴的迹象，雨滴从高处落下打在脸上还真有点儿疼呢，或许不是因为雨滴，而是别的。又开始下雨了。希望她有带雨披，而且千万不要忘了吹灭蜡烛。那是家里仅有的半截蜡烛，用完就要去村边的小卖部再买一包了。刚摔下来时那种难以忍受的痛感竟莫名其妙地消失了，我记不清自己有没有大叫。要是叫出声，可真让废物们给小瞧了。和地面接触的一刹那，心脏被人用力攥了一把，令我差点儿背过气去。它来得快，去得也快，沿左腿钻进心脏再飞快地冲进脑袋里，只是一瞬间，混沌的脑海内变得无比明亮，一道爆裂的闪电穿越重重宇宙落到面粉厂内。"咔"的一声脆响，在我的体内有东西碎了，断了。或许是一直困扰自己的束缚，我早该拽着赵青的衣领狠狠地揍他一顿，而不是一味躲避逃离。打不过他，也要让他知道老子不是好惹的。下次，下次再遇见，一定要让这畜牲付出代价！我心中发狠，试图站起来走回家，如同往常一样站在家门口擦着脸上的雨水笑着对母亲说我回来了，母亲走过来用手拍着我身上的泥土和枯草，责怪地说，"不是跟你说了不要和别人打架不要跟别人打架别人说什么你就听着不想听就躲远点儿说了这么多次老是听不进去你这孩子这么不让人省心呢？"

她不知道我正是按照她所教导的去做的。要不是这样，自己能否跑回家还不一定呢。我挣扎着想站起来，撕心的疼痛立即再次出现。除了老老实实地躺在地上淋雨，我毫无办法。攥紧拳头，胳膊交叉挡在脸上，以免被她发现湿漉漉的眼睛——尽管是雨水的缘故。我不想让她误以为我是被人欺负后在默默哭泣，这太让人失望、太没出息啦。我没有抽噎，更不想痛哭，只想大声喊叫，想抓住这混蛋使劲儿锤他几拳。不，不对。我不能喊叫，要保存体力，以免母亲打着手电找到附近时自己睡着了而不能及时发现她。小小的铝皮手电筒能照多远你心里比谁都清楚，最多一米远，不，可能有两米，不会更远了。灯光的照射范围还能让人接受，你需要担心的是它经常罢工或不停眨眼的毛病。我怀疑这个比自己的年龄还要大的手电筒是快死了，如同脸上长满深褐色片状斑块的老人一样：颤颤巍巍，准备随时熄灭。它还在硬撑着发出微弱的光，更换新电池与灯泡也于事无补。那些老人们偶尔会更换手中拄着的用杨木或柳木削成的拐杖，但他们的动作依旧迟缓，同样于事无补。我一直搞不清楚他们为什么不扔掉手里的拐杖撒腿狂奔享受片刻自由的欢愉后躺到地上睡个大觉再也不起来呢？

　　几十只蚂蚁浮在水面打着旋，短细的腿部慌乱地划动着。我蹲在槐树下的阴凉里，继续向别的洞内灌水，看着更多的蚂蚁从地洞内爬出漂在水上。趁我不注意，有几只逃到了水牢边缘即将再次回到到地面，我岂会让它们得逞？只需打开输液器的控制开关让针头在周围再画下一道水环便能把它们再次拖入困境。这些蚂蚁无处可逃，在我看来，放弃徒劳的挣扎沉入水底才是最好的选择。现在，我像那些蚂蚁一样，围于废弃的旧厂房内，同样无处可逃。为什么楼下没有一堆砖头或长矛呢，那我的情况会比现在稍微好一些，落在上面用不了几分钟就能重新奔跑或飘动，而不是被困在潮湿的草地里。雨滴落在身上有些冰凉，有些刺痒。草叶发出窸窸窣窣声，像是蛇在爬行，又像是蚂蚁用坚硬的下颚切割食物所发出的动静。风经过墙壁上的窗洞，呜呜地叫着，令这个夜晚显得无比恐怖，莫非是过于安静的缘故？我咬紧嘴唇，不让自己发出一点儿声响以免惊扰到沉睡的生物。与黑夜的较量即将分出胜负的时候，我听到了母亲的呼唤声：遥远，缥缈，随时都会消散在风中。把手臂从脸上挪开，扭头，一点微弱的亮光在细雨之中左右晃着。我的身体不停地抖动着，一团火在体内乱窜，寻找出口的同时灼烧着遇到的所有内脏。我张开嘴巴，大叫起来。

"操！闭嘴！"

我刚叫喊到一半，嘴巴就被张业捂住了，闻着他手上的土腥味儿我才想起这家伙刚掏完墙洞可没洗手。他还在骂道，"你是不是疯了？"

你真的疯了吗？在这种地方鬼叫会招来什么你肯定很清楚，难道这正是你所希望的？希望从东边的入口处看到一条吐着长舌头的黄毛土狗？等它发现你定会狂吠不止，汪汪的声音像是恨不得能唤醒整个县城的狗和它一起叫，最好所有的灯都亮起来，人们都从窗户探出头看向这里。它依旧不知疲倦地叫着，这点儿你倒不必理会，不过一条狗罢了，这是它本职范围内的事情。狗不能阻止你钻到墙外，最多是一边叫一边跟在你后面也从张业掏的洞里爬出去——真成了名副其实的狗洞。在主人拳脚与棍棒的调教下它不会冲上来咬人，唯一能做的就是叫唤，不停地"汪汪汪"直叫，引起更多人的注意。让星星和月亮变得更亮些，以便窗户后面的人看清你们在做什么勾当。比这更坏的情况是铁皮房内的看门人会赶到这儿大喝一声："干什么呢？！"他的头发所剩无几，余下围绕在耳朵旁边的几根像钢针一样直楞楞地戳着。这个老人的身体非常好，而且随着时间的流逝有越来越好的趋势，这件不符合常理的事情你不是早就注意到了吗？还警告自己不到最后一刻绝不要招惹这老家伙——但愿他能原谅你的用词，这也算得上是表达尊敬之情的一种方式。那你干嘛要叫呢？莫非在心底深处真的希望用自己的声音吵醒这条狗并通过它的狂吠引来拿着手电的老人好阻止这次突发奇想的行动？不，不是这样的。你刚刚的欢呼，是为了庆祝在沙漠中走了几十里地而即将渴死时终于发现了一片绿洲。你看到了绿洲中央郁郁葱葱的乔木植物，它们所围拢的赫然是一池碧绿的泉水。你看到自己跳进池里大口大口地灌着冰凉甘甜的泉水，欢快地打着扑腾，弄得浑身上下湿漉漉的，长途跋涉的疲惫也被冲走了。至于绿洲是否真的存在，还是等欢呼过后再说吧。叫声是为了庆祝生命之泉的发现，因为这片突然出现的绿洲在你的前行过程中算得上标志性事件了，无论是之前，还是以后。除了发自内心的欢愉，你的叫喊声不会包含其他的意思了。对，是这样的，我想。

张业猫腰从狗洞里钻了出来，用手电向远处扫了扫，随即带队走在前面。拦在我们前面的是一个长方形水坑，在靠近院墙一侧的水坑边上有许多被砍断枝干后遗留下来的木桩，碗口粗细，一截截的，东倒西歪，如同古战场扎入土中的矛戟。坑内积了一些雨水，有白色的塑料袋和其他乱七八糟的杂物漂浮在水面上。张业的手电只是匆匆一扫，很快就关上了。他借着天空中的亮光躲开一个个障碍物：砖头，玻璃，碎瓶子，枯树枝，装满垃圾的塑料袋……假如从墙头跳出来，我不知道会有多大的几率躲开这些东西，也不知道能有多大把握活下来，要是再滚到水坑里，则必死无疑。怪不得张业不让我踩他。

我不知道在这个早晨为何会频繁地想起她，本以为这些零碎的琐事在时间的长河里如同吸饱水的海绵一般缓慢沉入水底再也不会漂起来，没料到在阴云弥漫的早晨浮上来的不仅是一块而是许多块。它们在水面上漂浮着，这里一块儿，那边一块儿，中间余下大片空白地带，凌乱不堪，毫无规律可言。偶尔微风吹来，立即把它们吹得挤在一起轻轻地碰撞着，随后又彼此散去远离，让我觉得在这轻柔的碰撞中能产生些奇妙现象的愿望落空了。

只能看见大致轮廓的建筑物的上方天空依旧灰蒙蒙的，如同盖着一块散发霉味的旧亚麻布，这种味道与我昨天下午搭在在阳台的那块沉沉的褥子所散发来的一样。它原本是铺在硬邦邦的棕榈床垫上，还罩着件浅蓝色印花床单。她说，"这褥子该晒晒，要不就要发霉了，可这太阳什么时候才能出来啊。"我琢磨着即使没有太阳，吹吹风也是好的，于是掀起床单把它换了下来。其实，我早就受不了它了。每逢我躺在床上睡觉时就能闻到这股气味，从床单棉线纹路中不可见的缝隙以及床垫与墙壁的间隔渗出来，在空气中飘荡着钻进我的鼻孔和肺部。我是再也无法忍受这种气味了，哪怕一秒钟都不行，想着第二天早上就把这些被褥拆洗晾晒一番，却总是被睡眠或别的东西所打败，它们告诉我以后有的是时间何必把宝贵的生命浪费在这微不足道的事情上，不如再睡一会儿，不如再批改几本作业，不如出发去学校开会以免路上过于匆忙。这件事儿就耽误下来了，直到昨天下午回家，她在我出门前嘟囔了两句，我才明白要是等所有事情结束太阳出来还不知要到何时，不如现在就做。扛着它到阳台，把一端先搭在晾衣绳上，然后向下拉，将两侧抻平，等把它搭好后我才发现连风都没有。就这样吧，我用手拍了拍褥子，霉味儿随着翻腾的灰尘变得更浓烈了。

是不是在县城的每个角落都充斥着这种气味？很有可能，无论是在二流的高中校园内，还是在转盘斜对面的网吧里，或者在富丽堂皇的望都大酒店中，都充斥着这股霉味。我的衣服上、皮肤、骨骼、血肉里也都散发着霉味。在这气味的包围中不知不觉地衰老，死亡，肿胀，腐烂，最终变得与拍打床褥飞溢出来的尘埃一样。在哪儿没有这种气味呢，是那座自己很难再次踏入的城市吗？如果不再次踏入其中，我又该如何证明它确实如此而不是由于自己记忆的美化呢？现实世界所发生的事情与回忆时所见到的究竟有无差别？

在位于都市边缘的荒芜地带，我所能闻到的是大地在太阳的炙烤下散发出的暖烘烘的腥味，其中掺杂着青草长至极盛时的清香，还混有甜腻得令人不适的气味从脚下松软的土壤深处升腾而出，让我觉得这片土地下藏着一头沉睡的巨兽，地面伴随它肺部一起呼吸。仔细聆听，甚至可以听到战鼓般厚重有力的敲打声从地下千米处传来，我知道那是它跳动的心脏所发出的。只要走进前面的树林，这个恐怖的巨兽就会张开大嘴将我吞进腹中。不，这些都是编出来吓唬小孩子的，于我来讲没有丝毫用处。我长大了，不再是被蓦然出现在坟地的火光吓住的小孩了，更不是因为慌张而在小树林里迷路的小孩了。我捡起老妇人遗弃的棍子，向前面的树林走过去。她为什么会带着棍子？它在她进入树林之后又发挥了什么作用？离开时为什么要把它丢在地上，难道是留给我的吗？从刚才的只言片语中她已然知晓我会到树林里面，所以把保护过她现在却没用的棍子留给了我。

是这样的。

沉，颇有分量，不像晒干的木棍。把它拎在手里，我觉得踏实了许多，不禁对老妇人有些感激。希望她可以平安地走到公交车内，然后伴随着电子提示音扶着栏杆坐到老年人专座上。她扭头看着窗外匆忙的人群，不会想起这根陪她走了一程的棍子，也不会想起我这个突然出现并问东问西的人。她想到了老伴，在许久前——她记不清具体的天数了，时间在她脑海中是团缠绕在一起的线，无论尝试多少次都理不出头绪与开端——还是他陪她一起来这儿的。在下公交车的时候，他会伸出胳膊让她扶着，两人互相搀扶，缓慢而小心地走出车门。自从老伴离开后，她就很少出门了，因为出来就需要有人跟着。没人跟着，在公交车上会常给别人添麻烦。就在上次，她扶着椅子的把手向出口一步步蹭着，摸到车门的时候她心想可算是走过来了，期间没有摔倒也没扭脚，还算是不错。车厢内为数不多的几个人都在看着她，看着她缓慢移动的双脚和随时都会抓空的双手。她心里满是歉意，不想耽误别人的时间。门旁边的位置上坐着一个二十来岁的年轻人，怀里抱着个黑色背包。年轻人一直在盯着她，准备在她摔倒的瞬间冲上去。车厢内的气氛很沉静，有人在心底给她加油吗，或者是在抱怨咒骂，亦或是没任何别的想法只想等她下车？终于，司机开口说："门口的小伙子帮她一下！"是直接命令且不带商量余地的语气，仿佛这个年轻人胆敢拒绝必将承担难以预料的后果。年轻人得到命令之后麻利地把包放在旁边的空位上，起身走过去径直将她揽在胳膊里。她的脚脱离了车厢，然后向车外飘去，很快站到了旁边的人行道上。等她站稳身体，年轻人松开手一步窜入车里。公交车发出一声低吼，迫不及待地向前冲去。他把她抱起来时显得如此轻松，仿佛抱的根本不是一个人类，而是一卷纸或者空桶。每次想起这件事儿，她都觉得有些难堪，自己还没来得及说声"谢谢"，车就开走了。她的小孙子也和他差不多大差不多高，上高中之后，他回家的次数越来越少了，见到她也只是打个招呼而不像很久以前缠着自己要这要那了。今天下午他放假，一会儿就要到家了。到家后他会把书包甩到客厅的沙发上，然后走回自己的房间把门关上。门后的世界她无从想象，唯一能看见的就是贴在门上不知是什么动画片里的机器人图像。究竟是哪个动画片来着？她记得自己也看过，却怎样也想不起来。脑中笼罩着厚厚的雾气阻止着目光的窥探，或许等雾气变得更浓密一些，类似的困扰就不存在了。温暖的光透过车窗的玻璃落在她脸上，照得整个身子暖暖的，她的脑袋歪向右侧，快要睡着了。希望在梦里她不会想起我，不会想起与树林有关的事，不会想起那些留在树干上眼睛形状的疤痕。这些疤痕正在看着我，从不同角度，直视、斜视、俯视、仰视。我紧攥木棍，只奢求巨兽张开嘴时能用它为自己争取到几秒逃命的时间。幸好巨兽仍在沉睡，没被惊扰。

走进树林之后，我才发现自己判断错了。这里的树木一列列很整齐，显然是人工种植的，地面上也没有低矮的灌木植物，杂草也并不茂盛，看来有人会定期过来清理。树林的面积没有想象的那么大，站在这儿可以看见另一头的亮光，也就五六十米宽。我在树干组成的通道中穿行着，用棍子拨着脚下的杂草。虽然与自己想的不尽相同，但谁知道在草丛中是否有蛇鼠之类的东西，可能还有陷阱捕兽夹，还是小心一些为好。正胡思乱想着，突然有东西从草丛中蹿了出来，贴着地面飞快地向外面跑去，吓得我差点儿叫出声。等想看个仔细时，却辨不清它藏在了哪里，或许是某棵树干的后面，或许是草丛中，或许爬到了树上正在看着我的一举一动随时准备扑下来。我连忙抬头，无数片椭圆形的叶子也在安静地看着我，无法判断它是否躲在树叶后面。要不要退回去？外面视野开阔也便于逃跑。此时，前面的树林里升起了一片灰尘，它们随风而至很快涌到了我所在的位置，紧跟着是此起彼伏的狗叫声，狂暴而焦急。看着如同巨浪一般翻滚的尘土，无法想象要多少狗才能造成这种阵势。

无数条细狗吐着鲜红的舌头发疯似的向我冲来。我猜到她为什么要把棍子留下来了，想必是早就算到了这一幕。它们油光的背部上下起伏，形成了足以碾压一切的洪流。用不了两秒钟，这股洪流就会把我撕个粉碎。这么多条狗疯狂地跑过来，要说不害怕那绝对是骗人的，即便小时候我有过追赶野狗和被野狗追赶的经历，但那都是单打独斗。眼前的这群狗能有多少？几千条，夸张点儿说得过万了。一万条狗，龇牙咧嘴地狂奔，腥臭的空气都变得无比狂暴。我算是完了，双腿发软，无法逃跑——跑也跑不过，无法反抗——打也打不过，还能怎样？想不到此次探访却碰上了这么大的麻烦。我悲哀地想到自己的名字即将出现在明天的新闻里，以独特的一种形式被人们谈论：葬于狗嘴。或许自己再回到这里就是错的，过去的事情就该遗留在过去，何必一直揪着不放？这下可好，惹上麻烦了。棍子自行从我手里脱落——它也知道反抗是毫无用处的，你还能打过一万条狗吗？我闭眼站在原地，等待着第一条扑过来的狗。它是跳跃而起一下就咬中我的喉咙呢，还是会先咬腿，胳膊？呼，有风从身边经过，连绵不绝。想象中肌肉撕裂所带来的疼痛始终没有出现。第一条狗难道是瞎子吗，还是不屑于对我动手准备留给其他兄弟？许久，我睁开眼睛，看到一株株被踩弯的青草挣扎着想立起来，尘埃仍在空中翻滚着。回头看去，是同样的情况。那一万条狗已没了踪迹。它们如狂风一样出现在我面前又倏地消失在远方，至于它们为什么没把我带走以及所追逐的是什么，我就无从而知了。

刚躲起来的力气又回到了身上，我踉跄着向前跑出树林。没了树木的阻碍，视野再次变得开阔。一个长长的院子横在不远处，两人高的墙头上印着大大的五个红色宋体字：野兔养殖场。粗略估算这堵墙有一百米长，我所在的位置正处中间，一个穿军绿色大衣的中年男人蹲在铁门旁边抽着烟。他的注意力一直放在那半根香烟上，没有发现我。他把点燃的香烟捏在手中，眼睛盯着地面，时不时拿香烟在地上点几下，接着拿到嘴里吸一口，待黯淡的烟头再次变亮后又拿香烟在地面戳戳点点。他不断重复着点几下、吸一口、再点几下的动作，看意思没人打扰他能一直重复到死。透过两扇向内敞开的铁门，我看到院落里也是干干净净的，没有野兔，也没有农机工具。向上向远处眺望，能见到围墙的另一侧是同样繁茂的树冠。我推测这个院子正在树林中央，被无数棵杨树柳树所包围。用脚踩着地上的坷垃，我琢磨该如何开口：是直接向他打听附近有没有小区，还是问另一边的树林后面有什么，或者直接问他是否听过杨雨颜这个名字。其实，这些问题我心中已有答案。这附近有没有居民区不是一目了然吗，至于树林之外有什么走过去看看也知道了，即使他听过这个名字还指不定是不是同一个人呢。

"怎么，迷路啦？"他忽然说。

"没……没有迷路。"

他抬头说话的时候，我才看清他的模样：右侧脸颊上有两排巨大的疤痕，如同被动物咬过一般，时间将伤口抚平并让颜色变成了浅褐色却依旧显得无比狰狞。随意一瞥，我赶紧移开视线继续说，"我是在找人。"

"找人还找到这儿来啦？我是该相信你呢，还是该怀疑你呢？"他冷笑着，同时把烟蒂在地上捻灭，站起来说，"这里除了我就没人了，你找我有事儿？"

望着他身后空荡荡的院子，我觉得这个家伙没必要骗我，在这片树林中真的只有我们两个人。等我走了，就剩下他自己一个人了。哦，还有那群从这里跑出去的疯狗——这个被废弃的养殖场需要那么多狗做什么，两三只看家护院还不够吗？我朝远处指了指，接着问，"你知道树林后面是什么？有村庄吗？"

"村庄？"他眯起眼睛看着我（或看向我身后的遥远之处），皱眉思索了片刻才回答，"很久以前有，人们搬走以后就没了。穿过树林是待建的荒地、通往市区的马路，跟你来时看见的一样，没太大区别。"

我想问他是否听说过一个叫杨雨颜的人，最终没能说出口。莫名的，我有些害怕即将听到的回答。

“谢谢你。看来是我来错了地方。我要找的人不在这里。”我准备离开这儿，当初她讲的想必是假的，她的家在这座城市的东边西边，要么就是南边或市中心，无论怎样都不在这附近。她预见到了今天，所以才骗了我。为什么不能告诉我呢？这个问题是无法得到答案了。

“你不是要找人吗？说说叫什么，没准我认识呢。”他的语气变得轻佻起来，还带着些幸灾乐祸的意味。

“不找了，不找了。”我失落地说，“找不到。找到了也不能怎样。”

“那你买兔子吗？”

“你这里有兔子吗？”莫非自己猜错了，这还真的是野兔养殖场。如果价钱合适，我不介意买两只。

“没有。”他干脆利索地回答道，同时摸了摸脸上的疤痕。

我对他点点头，转身向树林走去。太阳没了刚才的炙热，温度也随之变低了，让人觉得有点儿凉意，只想尽快离开这奇怪的地方。在我走进树林之前，从身后传来咣当的关门声。这家伙不等狗跑回来了吗？还是那一万条狗短时间内根本回不来，或者它们回来与否都不重要？墙壁上的红色字体已无法看清，只有下半截刷着白灰的墙壁横亘在树林之间。墙壁中部是两扇紧紧关闭的铁门，渐渐地，整个院落被树木投下的影子所覆盖，围墙也愈发低矮。不用多久它就能沉入地下，彻底消失。穿过树林之后，我把木棍扔到了荒地之中，希望能帮助到后来的人们。那群狗已没了踪影，不知跑向了何处。或许它们穿过荒地和宽阔的柏油马路一直跑到了市中心的人群密集地带，穿行在贴着蓝色玻璃的高楼大厦和每时每刻都在向前奔涌的车流之中。它们不理会红绿灯（也没理会的必要），也不理会没来得及踩刹车或把油门当刹车踩的司机，顾不上站在人行道内侧抱着孩子对它们破口大骂的中年妇女和拎着公文包躲在灯柱后方不知所措的中年男人。它们不停地向前奔跑着，追逐着。即使偶尔有几个家伙被车撞死或被丢弃在垃圾桶外面的骨头所吸引而脱离了这由一万条狗组成的洪流也无所谓，因为在路上总有别的家伙会加入队伍，这些平常无比乖巧的宠物挣脱了攥在主人手里的链子沿着甬道跑出小区然后冲到马路中央汇入狗群。有些实在无法加入的也会在客厅内昂起头颅不停地叫唤来表达心中的无奈之情，要么趴在二十层的窗前俯视街道上混乱的场景叫个三五百声为奔跑在路上的兄弟们加油助威。一万条狗肆无忌惮地在城市里野蛮冲撞着，没什么能拦下它们，也没什么胆敢阻拦它们。它们奔跑的速度过快且无视多数障碍，无论是公路两侧的护栏，还是种着冬青的绿化带，或者停在路边的轿车，都无法阻挡它们前行的脚步，踢踢踏踏，密密麻麻。由于家犬的参与让这只队伍略显杂乱，但你留心去看，会发现带头的几只以及在中间充当砥柱的狗们，都如训练有素的士兵一般，恪守准则，目的明确。它们循着还未被风吹散的气味奋勇狂奔，不达目的誓不罢休。毕竟也没有退路了，在冲出大门的那一刻，这些狗中的每一条都知道自己面对的会是什么。假如没完成主人交给它们的任务，那这个地方也没有存在的必要了，同样，它们也没有存在的必要了。只有首领带它们把最后一只活着的兔子（不然还会是什么呢？）完好无损地带回来，一切才能继续存在。可谁知道那只兔子的目的地会是哪儿啊，也许是这座城市的某个角落，也许是荒山老林的草丛，也许是乡下农村的田间地头……这只兔子心血来潮想走出去看看，它早已厌烦了一成不变的生活，看腻了空旷的铁笼子以及铁笼子外面高高的围墙。要是这只发疯的兔子跑得足够快，都有可能已经跳出了这个时代跑到了自己刚刚出生的时刻，没有特殊目的，它只是想找寻一些被遗忘的印象。这样看来那一万条狗要跑得更快，才能跳进由时间分子组成的河流里朝该死的兔子继续追去，并在追逐的过程中逐渐缩短彼此的距离。不知出于什么样的原因，我希望它们能尽快追上那只兔子。我知道它在哪里，不出意外的话它就在江南小镇一个不足五平方公里的小岛上，躲藏在长廊旁边的灌木丛中。

它可能是从岸边直接跳到这个四面环水的小岛上的，要么就是直接飞过来，肯定不是游上来的。小岛距离岸边有段距离，哪怕我要游到岛上没有半天的时间都不可能，更不要说一直生活在陆地上的兔子了。假设它在水中游动时能躲开风掀起的半米高的浪头，也不会被水底两三尺长的青鱼所攻击，但它绝对没有办法不被驾着电动船巡逻的检查员发现。他们不停地在水上转来转去，显然就是为了防止这些动物偷偷进入岛上。当然，也不排除他们没有注意到而直接从它的小脑袋上撞过去的可能。无论怎样，当我们坐在长廊的木椅上看向微澜的湖面时，它就借着灌木丛的掩护偷偷地看着我们。一双灰色的小眼睛滴溜溜地乱转，支棱的大耳朵时时刻刻监听着四周以免被人发现。它看着我，我看着它，尽管在灌木丛深处它的浅灰色毛发并不容易被觉察。

为了能来这里，我多次告诫自己不能冲动，千万不要忍不住给他来一记重拳。在我们面对面交谈的过程中，我极度怀疑他的肚子是假的，要么是故意向前挺着，否则无法解释它为何会如此凸出。任谁都不可能有这么大一个肚子，难怪他总是自嘲说怀的双胞胎足足有一百个月了。他只比我高出半头，体重却足有我的两三倍，像是放大版的不倒翁。共事这么多年我从未见过他系鞋带（或许是因为他总是穿没有鞋带的鞋），也很少见他弯腰（假设还有腰可以弯）。胖瘦其实无关痛痒，只要他说话时不要不停地挥舞着右手以及每句话都以"好吧"结尾。我对他说自己准备请一周假出趟远门，随后听到的就是：你这样……好吧（右手伸出再下按两次）；不是我不同意，上课的任务不能……好吧（右手伸出再下按两次）；也不是不行，只要……好吧（右手伸出再下按两次）。我一边回话一边在心里悄悄数着，终于，在第二十个"好吧"之后，他极不情愿地表示了同意。无数个"好吧"伴随他右手的残影在拥挤狭小的办公室内回荡，撞到墙壁再反弹到我耳朵里，然后从另一个耳朵钻出再撞到墙壁上继续反弹。这些"好吧好吧好吧好吧"如同黄钟大吕一样充斥在脑袋里，震得我险些晕过去。我做好了充分的准备，假如他不同意，我就把这二十个"好吧"换成实实在在的二十记重拳打到他用来彰显威严的肚子上，哪怕这对他无法造成丁点儿伤害，只会令我的手腕折断。此时，我仍然能感觉到它们像苍蝇一样围绕着我。等他知道昨晚发生的事儿，肯定会说一百二十个"好吧"，不！更多！两百个三百个一万个"好吧"！在说话的同时不停地挥舞胳膊来加强话语的影响力，唾沫星子从他的嘴角飞散而出，弥漫在我头顶上方的空气中。稍微想象一下这个画面，我都觉得无比疲倦。腿部有些发酸，要是能停下车子揉揉该多好。今天这短短十几分钟路程，变漫长了许多，似乎要一直延伸下去，永无尽头。

"要是能永远在这儿就好了。"她轻声说。

我们坐在凉亭内的木椅上，柔和的暖风从湖面吹来，搅得停留在水面的光芒随波纹晃来晃去，从这个角度看去，如同高空跌落地面的镜子碎片。那双灰色的眼睛一直在灌木丛后面盯着我，长耳朵不时抽动几下。我不知道它在躲避什么，以为它是受到了惊吓而不知何去何从。风继续向前滑动，把正在舒展身子沐浴阳光的嫩绿色小草压得弯下了腰。她穿着一件缀满小贝壳饰品的白色长裙，我总觉得那指甲片大小、一走路便轻微碰撞叮当作响的贝壳早晚会掉下来。她说，"怎么可能？"让我拽着试了试，在贝壳与白纱间是透明的胶线，富有弹性且异常结实，不像表面看起来的那样容易脱落。长裙的下摆垂落在脚踝处，再向下是一双粉红色的尖角皮鞋，发亮的鞋面上映着一圈圈耀眼的光晕。带有潮湿气息的风终于吹到了这里，裙摆被这淘气的家伙悄悄掀开一角，露出了躲在下面光滑修长的小腿。我不知道该如何回答她，也不知道是否存在永远，只好轻轻地把她揽进怀中。嗅着随风传来的清香气息，在心中暗自说道，不管怎样，我都会记得这里。夜雨打湿的石板小路，窄得只容一人通行的小巷，碧绿的水面，河岸边倾斜的垂柳，在空中飘舞的柳絮……时间太过久远，我以为自己再也不会想起它们，谁知道它们依旧清晰地停留在河水中，定格在那儿：她在前面蹦蹦跳跳地走着，我一步一步地跟在她身后。在这个游客稀少的时刻，在这个被时光打磨得愈发沧桑的小镇上，在酥酥的米酒和贝壳发出的轻响里，我感受到一种沉沉的醉意。

这些不复返的时光呀，再也不会有了。

每天下班回家我都会在甬道上遇见她们：两个穿着蓝白色初中校服、背着大书包的女孩儿，一个佝偻着身子的老太太——可能是她们的奶奶，也可能不是。我从她们身边匆忙而过，借着路旁暗黄的灯光无法看到老人脸上的表情——或许是由于她总是低头看着路面的缘故，却可以看清两个小女孩脸上的顺从与无奈。两人的模样并不相像，无法判断她俩是不是姐妹。其中皮肤稍黑的戴着眼镜，总是站在左侧。老人站在她们的对面，紧紧握着她们的手。右侧的女孩一直在说"没事，没事"，细细的辫子也随着摇头的动作摆来摆去。老人持续地说着"不要着急，不要着急"。我从旁边经过所听到的只有这两句被不断重复的对话，从来都没听到过谈话的开端或后续。偶尔几次，我在路上快了或慢了，便只能看到三人沉默地站在甬道上，手掌在中间叠放于一起，似乎在进行某种仪式，而一根根站在她们身边向远处延伸的灯柱则是仪式的见证者。有时她们站的位置过于靠近中间，会挡住我的路，在我走近之前，她们会同时向左跨步，等我走过去才跨回来站在原处。

老人说：“不要着急，不要着急。”其中一个女孩回答：“没事，没事。”左侧的女孩保持沉默不发一言，但我总是会产生一种她也在说"没事没事"的错觉。我曾问她这件事儿，她的回答都一样：“没见过，在哪儿？”说话的同时拿着锅铲在炒锅里不停翻动着，以免蔬菜因温度过高而被烧糊或受热不均而夹生。她想象不出怎么会每次都碰上同样的三个人在同样的地方说着同样的话，更令她无法接受的是她自己从未遇到过——她下班回家的时间的并不比我早多少。

有一次，我又向她描述自己遇见的这三个人，被我弄烦了，她反问道，“老人多大年纪？”

我说，“怎么也七八十岁了吧。”

“两个小女孩多大年纪？”

“初中生，也就十四五岁吧。”

“那你还有什么问题吗？”

说完后，我听到了铲子与锅底碰撞所发出的叮叮当当的声响。按照这个炒菜的手劲儿，再有半分钟锅底就漏了。我连忙装作一副恍然大悟的样子说：“啊，原来是这样！”从那以后，我再也没对她说过这事。只要不是雨雪天，我总会看到她们三个站在路上，用县城的方言重复着我听了无数次的对话。她们是否在等我发问呢？等我走上前——不是从旁边走过——客气地打断她们的谈话问个清楚？假如我不主动发问，这一切仍会持续下去，直到小女孩变成高中生、大学生，要么等到老人无法再说“不要着急不要着急”，那时我才能不再遇到她们。这么看，她们至少要持续三年或是六年、九年的时间才会被迫停下来，我不知道在这旷日持久的较量中自己是否会投降——这里说的投降不是指主动发问，而是绕远从另一条路回家。还好我值完夜班中午回家的时候从来没有遇到过她们，可能是小女孩还在学校里，也可能是老人正在吃午饭，要么是白天太阳过于炙热，在没有阴凉的地方她们无法坚持太久。晚上时间充裕，而我必然会路过这，最重要的是没有令人焦躁的阳光。

我觉得她们是住在这条甬道上的，要不然为何会出现这里而不是别处呢？为什么不是小区外面通往学校的那条车来车往的县城主干道上呢？唯一原因就是她们住在这条甬道上——我说的不是附近的房子，而是这条甬道的表面或下方，就像旁边无数个小石子一样。当我进入小区踏上甬道时就被她们发现了，三个石子滚到一起商量好彼此扮演的角色并记下台词。其中一个没能熟练掌握人类的语言，故而保持沉默以免露出破绽。要么是必须要有这样一个没台词的角色以便让剧情得以发展，不然三个人她一句、她一句、她一句听起来乱哄哄的，哪儿有"不要着急、不要着急，没事、没事"这样的对白直接明了呢？她们知道我会匆忙走过，只来得及听到简单几句而已。也许把她们设想成是路边的石子有些过分和不近人情了，毕竟对方三人没有招惹我还会给我让路。这样的话，不如说她们是草坪中千万小草里的几棵更为合适。她们每天待在原地听凭人类在身旁走来走去，被无视被踩在头上，她们不想再忍受这种生活了，于是决定捉弄某个不小心踩到她们的家伙（恰好是我），让这个家伙吸取点儿教训。这样看来，还有什么比一个重复出现却没有答案的问题更令人苦恼的呢？况且在这个问题后面还伴随着长年累月的折磨……这种想法在我的脑中不停地旋转，仿佛每见她们一次就会让我的判断更加接近真相。当最终时刻来临，她们会在我眼前变成三粒石子或三株小草飞进路旁的石碓或草坪里。夜深人静难以入睡的时候，我总想把这些困扰自己的想法与别人分享，但看到她正在酣眠，却又不忍心打扰。鉴于她们总是在这条路上出现，我不可能往动物的身上联想，比如自由飞翔的麻雀、燕子，水里游来游去的鱼儿，草原上奔跑的野马，农场里哼哼唧唧的猪……难以想象它们会做出这种事情。如果（我说的是如果）是这些动物，那它们为什么要在同一个地方等我呢？

几年时间，我已经习惯了她们站在昏暗的路灯下，说着重复了千万次的话。甚至透过斜在天地间的雨丝或密集飘落的雪片，我也会看到她们站在那里，雨水在发梢和衣角处凝结成小小的水珠，继续滴下，落在暗红色砖块铺成的甬道上浅浅的水洼里溅起一朵朵浪花。她们说着"不要着急不要着急"与"没事没事"，我打着雨伞从旁边走过，竭力想辨别她们的脸上是否有丝毫可疑的表情。与昨天完全一样，没有不同。我知道这些都是自己的幻觉，她们从不在雨天出现，但我看来她们依然停留在原处。直到有一天我才清醒过来，她们有一个多月没出现了。消失如此长的时间，在这几年内从未出现过。我不知道究竟发生了什么，莫非她们发现我一直不理不睬终于失去信心并找到了下个目标，要么那两个小女孩已经考上大学并远远地离开了这个县城，只余老人自己可没办法扮演三个角色，即便能扮演也过于无趣。相对这些，我更愿意相信她们修炼到了不再被这条路或这片生养她们的草坪所束缚的境界，能飞到天上、飞到海边去。未曾见过的美景以及对远方生活的渴望，要比留在这里继续无聊的把戏更吸引她们。我为自己自始至终都没向她们打招呼而感到抱歉，同时又庆幸在这场持久的角力比赛中自己残忍地把沉默保持到了最后一刻，充分演好了自己路人的角色。尽管在内心深处我并不想这样做，但相对输掉比赛我更害怕听到事实与自己所设想的截然相反。

我曾问过杨雨颜是否相信世界上有妖精鬼怪。她没料到我会问到这样的问题，竟认真思考起来。她面部的皮肤并不太好，略微还有些粗糙，并不精致的五官与鹅蛋圆的脸庞搭配在一起却显得无比柔顺温和，如同乖巧可爱的动物一般，让人想把她搂在怀里呵护宠爱。亲热时她却变成了另外一个人，温柔被狂野与躁动所取代，在峡谷中静悄悄流淌的溪水忽然掀起浪头激烈地拍打着山石峭壁。她歪着头思索了片刻，十分认真地对我说："怎么可能会有？"浓密光亮的黑发从肩头垂至腰间，遮住了半边裸露于空气中的身体。指尖碰触到她后背光滑而微凉的皮肤，我忽然生起了一个念头：女之魅者谓之妖。

再次遇见那位老太太是在她们消失半年之后。中午，太阳肆无忌惮地烘烤着整个大地。我再次路过她们经常站立的位置，一个身影从前方不远处缓慢地朝我走来。尽管这么久没见，我还是第一时间便认出了她：假如身体再佝偻一点，她可以变成超大号的鼠妇，在这条甬道上滚来滚去（如此一来行动就便捷了）。这也不是她的本意，若不是过于沉重的担子曾压在肩膀上，她是绝不会变成这幅模样的。这么热的天气，她穿的仍是藏青色的老年外套。她选择在这个时间出现，想必是为了证明我以前的推测都是错的。我紧走两步，希望能尽快与她汇合，有什么想说的话可以趁着这个机会一次说完。她要是想拉住我的手说"不要着急，不要着急"，那我肯定会回答"没事，没事"。在此之前，我要把拎着的购物袋放到地上或递给跟在后面的老婆。购物袋里有五个土豆，四根黄瓜，三个紫洋葱，两斤打折处理的排骨，一把空心菜，一颗圆白菜，还有半斤生花生。这些总共花了我五十一块五角四分钱，实收五十一块六角，六分钱没找给我。因为这六分钱，她跟我念叨了一路。我也有些愤愤不平，并不是因为这么大的超市竟要占六分钱便宜而不把零头抹掉，也不是因为结账时在前面排了足足二十个人而超市只开了两个收银台，更不是因为这个塑料袋收我两角钱可质量很不好无法循环利用。我之所以觉得愤怒是因为这些东西太重！左手的食指中指已经麻木，整个手掌、胳膊、肩膀甚至左半边身体都隐隐作痛，更让人气愤的是太阳一点儿都不善解人意还跑出来凑热闹。走到小区的人行道上，我正在心中欢呼痛苦马上就要结束的时候，看到了这个老太太。她从楼房拐角的阴影里走到路上，朝我走来。

"快看，就是那个人。"我对她说道。

"谁？"

"你忘了，几年前我不是和你念叨过自己经常遇上三个人嘛。"

"哦，可她是一个人啊。"

"对，这是其中一个。"

"另外两个呢？"

"你问我，我怎么知道？好久没见过她们了。"

听我说完，她走到右边握紧了我的手。这是她第一次看见她们（严格来说是组合中的一个），紧张害怕也很正常。

"走！"我往前拉了她的手一下，继续说道，"消失这么久又忽然出现，怕是有古怪，一会儿我来应对。"

"好！"

她紧紧地贴着我不再说话，缩着肩膀，如同受到了惊吓，与往日表现出来的大大咧咧完全不同。在这条两侧都是老槐树的街道上，在这通往旅店的必经之路上，一个戴着口罩的矮个子男人从树干的阴影里冲了出来。他手里拿着十几公分长的水果刀，指着我和杨雨颜。我把她挡在身后，而她也是这样缩着肩膀紧贴着我，并从右侧肩膀上露出半个小脑袋瞅着拦住我们的人。在这一瞬间，我觉得现在站在身边的这个人就是当初躲在我背后的那个人，她们的身影在我眼前逐渐重叠变成了一个。不，不对，不是这样的。我连忙把这奇怪的想法抛出了脑海，毕竟，她们除了名字以外再也没有类似之处了。

阳光灿烂。

蔚蓝而明亮的天空中漂浮蓬松柔软的棉花糖，在棉花糖下方是七层高连成排的教师职工家属楼，她站在楼房的阴影与光明相交之处等着我们。这个情形与多年前所发生的那一幕并不相似，我却总试图把它们联系在一起。一个是白天，一个是黑夜。一个是正大光明地站在我们的视线之内，一个是突然从黑暗角落跑出来。一个是行将就木的老妇人，一个是精瘦的青年男子。非要找出相似之处的话，那就是他们都拦在我们前面，如定格般，一动不动。我们继续向前走，这条横穿草坪的甬道比以往变长了，增加了两米或两千米，具体数字难以测量，但确实延长了。从她渐渐布满汗渍的掌心我能猜到她也有同样的感受，稍微用力握了她一下，示意不要害怕，只需扮演不用说话的角色，剩下的交给我和前面的那位老妇人就好。随着我们越来越近，她原本弯曲的身子也愈加挺直，似乎有一股莫名的力量在迫使她站直身子，露出真容。等快走到她面前时，这个老妇人已经可以正视我们了。我终于看清了她的模样，皱纹，无数条皱纹——在这些皱纹深处还藏有泥土——爬满了她整个面部，额头上，眼角，脸颊，嘴边……以及密密麻麻的老年斑。唯独与年龄不符的是她有一双明亮而透彻的眼睛，被皱纹包围的眸子中还泛着光。这双眼睛直勾勾地盯着我，不，盯着我的旁边。杨雨韵的胳膊在打颤，我知道她在竭力控制自己不要喊出来。我能感受她的紧张与害怕，因为我也是如此，身体绷紧随时准备做出最有力的一击，当时我只有一个想法：即便丢了这条命，也不能让前面这个拿刀的畜牲伤害她分毫。临近半夜，除了放手一搏别无他路。这儿不是闹市区，路两侧多是年久失修的老式居民楼，高高的院墙，间隔百米的路灯所起到的唯一作用就是让这条路变得更加昏暗。或许老槐树能帮些忙，可它们在这个世上停留的时间太久了，久到对于发生在身边的大多数事情都无动于衷——只要斧头没砍到自己身上就天下太平。它们保持着沉默，枝叶都停止了摇摆，甚至闭上眼睛陷入了深度睡眠，除了第二天柔和的阳光，没有东西能叫醒它们：这个早就躲在它们身后图谋不轨的青年男子办不到，在路上走着的这对情侣也办不到，哪怕在路尽头仍然摆着摊位卖水果的中年妇女也不行。这些槐树显然是指望不上了，我需要考虑的是如何让她安全地逃离这儿。可他为什么不说话呢？如果他要手机钱包，那我会毫不犹豫地递给他或扔到地上，在他接东西或弯腰的瞬间带她向远处跑去，倘若有机会就狠狠一拳打在他的鼻梁上。紧握拳头，身体因紧张而颤抖着，我在等他开口，却没听到任何声音。她始终都没说话，我本以为她会说："不要着急，不要着急"，我接着回答："没事没事。"杨雨韵没有台词，保持沉默。当对话重复三五次之后，我们已然穿过了她身后的阴影区。实际呢？她只是阴沉着脸盯着我们，不发一言。当我们从旁边走过，她的脑袋也机械地跟随我们而转动，眼睛始终注视着她，别的什么都没发生。我们继续向前走，她转过身体——还好她的脑袋没有转三百六十度，那样就真的见鬼了——仍注视着我们。我不知该如何描述自己的心情，本认为自己是整件事的主角，这次却被忽略了。老妇人看都没看我，仿佛我是透明的，不存在的，这让人太难过了。让我更难过的是她消失了这么久，再次露面却什么话都没说。从她的表情我能推断出她连说话的欲望都没有。或许是重复那么多次，她早腻烦了，准备在余下的时间里一直保持沉默；或许是陪她对话的人不在，她没必要说。这次没有同我讲话，那下次也不会，以后也不会，永远都不会。同样，我再也见不到那两个穿蓝白校服的孩子了。稍稍让我感到欣慰的是，杨雨韵始终都低着头，没回应老妇人的目光。她是太害怕了，我心想，否则不会这么安静。要不是还能感受到她身体的颤栗，听到她的呼吸声，我甚至会怀疑她是否还在背后。那柄水果刀掉在地上，弹了两下便安静地躺在路边一动不动。他愕然地盯着我，随即头也不回地向前跑去。难道警察来了？在我身后，依旧是假装睡着了的老槐树，灯光与黑暗间隔的马路上仍旧无人，连流浪猫流浪狗也没有。拍了拍她搭在我肩膀上的手，心有余悸地说，"咱们赶紧走吧。"我把水果刀踢到墙根下面，跟她一起慌张地向前跑去。莫名其妙的拦路人如雾气一样融入了远处的黑夜中。我想不通他突然出现又仓皇逃离，究竟是为了什么。我回头看了看，刚才盯着我们的老妇人也不知去向。我想象不出躲在黑色口罩后面的是怎样一副容貌，是丑陋不堪还是普普通通，更无从得知他是因为什么变故而走到这一步，是由于懒惰贪婪还是被生活所迫。我不知道躲在树干后面看着从旁边经过的行人时，他的内心深处是否有一丝的迟疑，他是从容淡定无所畏惧，还是无比慌乱？我也不知道她为何会消失许久之后再次出现时却变成了哑巴。

等时间再久远一些，再想起这件事，我肯定无法记起那几栋矗立在围墙里面的楼房是灯火通明还是漆黑一片，是否有人躲在窗后目睹了整个过程。现在我还能想起拦路人戴的黑色口罩左下角绣着的兔子图案，用的是白色棉线，异常显眼。在菜市场卖针头线脑碎布手套的小摊上，你会见到这种口罩。它们被塞进透明的塑料袋内，叠放在几十双袜子旁边。一张从箱子上撕下的硬板纸竖在它们前面，上面歪歪扭扭地写着：1 个 1 元。现在我还能想起老妇人别在灰白短发上的黑发卡，用一点五毫米宽的金属条冲压对折而成，表面电镀喷漆以免锈蚀。这种造型简单的发卡逐渐淹没在塑料、蕾丝、绸布等其他材质的同类中，但在固定头发的功能上，依旧难逢敌手。她的脑袋上，至少夹了五个这种发卡（假如有机会仔细数一下，可能会更多）。在小摊上我也注意到过它们，成堆地放在塑料盒里，没有标价格。这诸多琐碎的事情还停留在我的记忆里，我不知道它们还能存在多久，在以后漫长的岁月中是否会被同样琐屑无趣的事情所替代。我深呼吸了几口，冰冷的空气冲进体内让昏沉沉的脑袋变得清醒许多。小区入口就在前面不远，再有三分钟——不，再有两分钟，我会遇到戴着军绿色雷锋帽的看门人。他捧着一杯热气腾腾的茶水，透过门卫室的窗户，木然地盯着出入口。看到我时，熟悉的笑容会再次出现在他脸上。

　　他的面部如纸片般平整地与玻璃贴合在一起，没有丝毫间隙，这让他在被海水包裹的同时感受到了一丝冰凉。倘若是温暖则相对好解释一些，他可以对自己说，在这块蓝玻璃下方是一座冒着黑烟的火山，一道道裂纹从火山口向下蜿蜒至彻底幽暗之处，赤色的岩浆沿缝隙向外流淌，那些纯净的蓝色物质就从熔浆内部飘逸而出再融入这面巨大的玻璃之中，令它不断壮大并提供热量，所以在与它相接触的地方你能感受到的是温暖而不是寒冷，你躺在硬邦邦的水泥管道里感受到的才是寒冷，即便你身边笼着一团噼啪作响的火堆也不管用。火堆散发的热量不足以抵挡水泥管道外铺天盖地的雪花。现在你厌恶的小东西可是给你带来过莫大的欢乐，当时你还小，下雪天只顾着在院里伸出手掌去迎接从半空飘落的白色精灵，偶尔还会伸出舌头品尝一下它们的滋味。大片大片的雪像白色的梨花，与现在细细的颗粒完全不同。它们晃晃悠悠地从天空飘向地面，覆盖在屋顶和院里光秃秃的枣树那细细的枝条上，覆盖在门口左侧的石碾和被拖拉机轧得坑坑洼洼的街道上，覆盖在村外的每株枯草上……它们试图让一切都变成蓬松可口的白色——只要时间足够久，这是可以实现的。四周白茫茫一片，看不出隐藏在下面的究竟是什么：也许是一条被冻死的野狗，也许是一块被人扔到路边的棍子，也可能是一个大活人（被覆盖后就不是了）。

　　这些柔软的精灵落到他冒热气的舌头上，激得他打了个冷颤。孩童的冬季是快乐的，他看不见父亲的后背逐渐弯曲眼睛愈发眍睽，也听不到母亲叹气的次数越来越多。他只知道眼前这堆小火苗越来越黯淡，随时会熄灭。他想起了自己的奶奶，一个满头白发还在田间忙碌的老人。每逢下雪，这个身体还算壮实的八十岁老太太就会说：只要熬过冬天，就还能活一年。在大雪过后的次日上午，她拄着拐棍拎着水桶去当街的井里打水。从门口出来是一条狭窄的胡同，胡同两侧是用土坯和麦秸砌成的低矮的院墙，部分土坯变为粉末落在墙根堆成了斜坡，在雨水的多次捶打下变得更加硬实，进而让整个胡同变成了两边高中间低的弧形。这丝毫不影响她走路。从嫁到这里到如今，这条胡同她走了无数次，无比熟悉：后面的人家是修补铁锅铝壶的，经常能听到清脆或沉闷的敲打声，只有逢年过节才听不见——相对而言还是鞭炮的声音更响。住在胡同口的第一户是个教书匠，为人处世古板，即便说话都要带上之乎者也。对门是老老实实在地里刨食儿的庄稼汉，不过对门家的女人每逢农历三五会挑着扁担到集上卖些针头线脑的小物件，日子倒也殷实。路过一个墙头坍塌的荒院就到当街了，那口井在西头，有来得早的人正在排队担水，还有更早的已挑着扁担往回走了。她慢慢挪到附近，同围在旁边的乡亲打着招呼。这口井用砖头砌成，水涨到了井口，表面的冰层已被捣碎，系着绳子的木桶浮在水面上，只要一弯腰就能捞上半桶水。哪怕夏天干旱的时候，水面也只下降一米多，完全能满足人们的需求。你唯独要小心的是井口外沿长满苔藓的青砖，虽然旁边安了一圈护栏防止人掉下去，但摔一跤总归是不好的，尤其是这么大岁数的人不要说摔跤，稍微磕一下都会带来难预料的状况。她一向小心，无论是在地里干力所能及的农活，还是独自一人在清晨来街上打水，或是在家里生火做饭，都很小心，以免给别人——也就是她的三个儿子五个女儿——带来不必要的麻烦。人老了难免会给别人添麻烦，不过她一辈子都很要强，从来是她伺候别人，以前不需要现在不需要将来更不需要别人照顾她。提着塑料水桶往家走的路上，她看到还未融化的积雪表面生了一层晶莹的薄冰，积雪上有融化又再次凝固后形成的小孔，像蜂窝一样。她注意到墙头干枯的狗尾草并没有被压倒，在积雪中挺着它们发黄的身躯，仿佛被风一吹就能折断，实际上它们依旧坚韧——尽管无法维持更长的时间了。回到家，将水倒进瓮里，她准备躺在椅子上休憩片刻，等中午暖和的时候再出去晒太阳。在一片朦胧的红色中她闭上了眼睛，再也没睁开。她就这样睡着了，这位八十多岁的老人终于如愿没给孩子们带来任何麻烦，跟村里那些瘫在床上吃饭拉屎撒尿都要别人伺候的老伙计不同。她在意识消失之前，还在心里说了句：老伙计们，我先走了。

他又想起她经常挂在嘴边的话：只要熬过冬天，就还能活一年。可她终究没能熬过这个冬天，虽然散发羊膻味的厚棉裤给她带来了温暖，却无法许下任何承诺。时辰到了，谁也没法。躲在县城郊区用水泥石子浇筑的管道里，他这样想着。外面是持续了五天的小雪，颗粒状，窸窣地砸在地上，很快便被地面的积水侵蚀消融。在这片挨着公路的荒地中，只有不多的几处地方覆盖着薄薄的一层白色，这种鬼天气尤为寒冷。他没地方去，只好钻进修完路丢弃的旧管道里。狭小的空间可以阻挡外面足以切割万物的风雪，却无法抵御寒冷，甚至起到了放大的作用——尤其对穿着单衣的他来说更是如此。他把前几天捡的废报纸塞进衣袖裤腿里，试图减缓热量的消散。火苗快熄灭了。几缕寒风钻进来找到了躲藏的敌人，如刀般一寸寸地割着皮肤。他哆嗦着（骨头也在发颤）把木柴扔进火堆，随后钻进蛇皮袋缩成团，像那位坐在椅子里的八十多岁的老人一样，闭上了眼睛。可他的体内却无比燥热，稍微夸张点儿可以说血液都是滚烫的，有一座沉寂亿万年之久的火山再次苏醒了，它积攒力量就是为了在这寒冷的夜晚爆发。它本来是想阻挡寒冷，帮他渡过眼下的难关，等明天或后天要么就是下周、下个月、明年或者来世太阳升起时便自行退却，重新陷入亿万年的沉寂，等候再次复活的时机。他体会不到它的良苦用心，只觉得自己一会儿在烧得通红的铁板上翻滚变成了焦炭，一会儿又被丢入极寒冰窟变成了冰雕，还有无数根钢针在身体里乱窜试图刺破肌肤钻到体外。他软绵绵地趴在水泥管道里，嘴中发出微不可闻的痛苦的呻吟，随时都会同那堆火苗一起熄灭，最令他难以忍受的是无法得知这昏昏沉沉噩梦一般的状态要持续多久。当时的陈耳猜不到太阳很快就会出现驱散寒冷融化冰雪，而紧贴着蓝色玻璃好奇地望向对面的他知道这噩梦即将结束。对面有个模糊的身影在向自己游来，看体型像是一条灵活的大鱼。往事再次浮现，他想对那个痛苦难捱的自己说：一切就要过去了。可是，暂且不说我们能否同以前的自己对话，即便可以，那随后的一切真的如自己所言会过去吗？当然不会。他要在这条不知通往何方的路上继续走下去，困扰依然存在。兜兜转转这么多年，他还是没走到最南方。在行进的过程中，足以令他停下脚步的事情不止一两件，而是很多很多，但这些最终变成了一个犹豫的念头，随后便被抛弃忘却。他要继续寻找逃走的山羊，毕竟是在他眼皮底下溜走的。

　　这只山羊偶尔会出现在他的梦中。在位于山脚下的小村里，他轻轻地搂着高耸的山峰时，就听到有一只或一万只山羊在门外呼啸而过。它们结实的蹄子踢踏地踩着地面，同时踩在他的心脏上，诱惑他起身到门外一探究竟，看看是不是他弄丢的那只。在逃亡的过程中，它跑累了，就留在了这里，和从别处跑来的同类结合生下了一万只山羊。假如自己能牵着它这只领头羊回到家，就等于拥有了一万只山羊。多么庞大的一群啊，怕是村西满山坡的青草还不够它们吃一天的。他放羊的领地还要往外扩，一直扩到几里以外的另一个村子才行。朝远处看，数不清的山羊——再加上他留在家里的那几只——低头啃食着地上的青草，时不时留下粪球作为对这片土地的补偿。它们咩咩叫着围拢在他身边，而离他最近的就是几十年前独自跑掉的老家伙。时间把它遗忘了，它看起来和当初一模一样。虽然有了诸多的儿孙，它小小的翘起的尾巴还是黄乎乎、脏兮兮的。不过它变老实了许多，不再想着逃跑了——有这么多家人跟着，想跑也跑不掉。这样，他就不会被父亲吊起来用柳条抽了——抽在身上可真疼啊，一下就是一条血印。他嗷嗷乱叫着，扭动身体妄想能躲开这次惩罚。兄妹们都低头站在旁边不敢言语，要是谁敢替他求情哪怕多说半句话，必然会招来是同样的鞭挞。他的父亲一边打一边骂，"找不到羊就打死你这个小畜牲！"

终归，他还是没走出去。不是舍不得怀中片刻的温暖，也不是惧怕黑暗，更不是他知道那只羊不在这而在更远的南方，他之所以没有起身，是由于这个不说话的女人把木门插好后还挂了一把老式门锁，钥匙放进了裤兜里。他们并没有脱衣服，假如他想出去看看，必然要从她的裤兜里踅摸钥匙。在做这些事儿之前，首先要把手从她的双峰之间、脖颈下抽出来。拿到钥匙后，他还需透过门缝儿看几眼好判断在外面奔跑的究竟是不是山羊，若是一万条狗一万条狼一万只兔子一万头鲸鱼呢？不然为何会发出如此猛烈的奔腾声？这些都不是最困难的，困难的是他无法保证这一系列动作不会惊醒怀里的女人。比如自己在对方的裤兜里摸索时碰到了敏感的、不该碰触的部位从而让对方从梦中惊醒认为他要图谋不轨那就不好了，毕竟这不是他的初衷。再比如，自己没有碰到那柔软敏感的部位或碰到后她也没有醒来并拿到了钥匙，在起身时却发现她已坐直身子睁着一双大眼睛盯着他，脸上的困惑与惊讶显露无疑，这时他该怎么解释这些事呢？难道告诉她，几十年前从自己手上逃走的那只山羊此刻就在门外吗？如果她始终都没有醒来，自己确实拿到了钥匙并万分小心地起身走到门口轻轻地打开了那两扇快要掉下来的木门而街道上什么都没有又该怎么办呢？如果那只山羊确实在门外等着，见自己终于走了出来便咩咩地叫两声然后再次奔向远方自己是追还是不追？追的话能追上吗？除非这个已成精的家伙能老实地跟自己回去——念在这么多年还没忘记它的份儿上，可天晓得这会不会发生！假如（注意，是假如）羊真的在外面，自己追了过去，待次日妇人醒来，看着敞开的门口会怎么想自己呢？至少伤心是肯定的吧。再者，她将这扇门锁上不就是考虑到自己有跑到街上的可能吗？别人考虑到这种情况并做了相应的防范措施可自己还执意而为是否太不近人情了？于是当他听到这种声音后，并没有其他动作，只把怀里的女人搂得更紧了。他依旧徒劳地紧贴着她的臀部，左腿还压在她身上，似乎打算起身开门出去的人不是自己而是她。这阵声音在街道上来来回回地闹腾了许久，也许是见他一直没出来，才彻底放弃消失了。他很庆幸自己没有走出去，没有做对不起她的事情。次日，他站在路的这头望着村子入口处的野兔，心里还在琢磨着，倘若他推开门把老山羊和它的近万子孙一起带回家，不知父亲会怎么想，是否依然会扬起手中的柳条毫不犹豫地抽在他的后背上，嘴里骂道："我让你跑！我让你跑！小畜牲，看你还敢不敢跑？！"父亲边打边骂，似乎逃离这里的不是山羊，而是他。

他记忆里父亲的模样唯独这鞭打的时刻最为清晰，一如那位年迈却坚强的老人留给他最深刻的印象就是闭着眼睛坐在躺椅上：他看到一个小男孩从门外跑进来，速度是那么快，毫不在乎结冰的路面。不小心摔倒，揉揉屁股、膝盖，马上站起来——留下的无非是粘在衣裤上的泥土。他在低矮的土坯房看了看，向坐在椅子上的老人喊道："奶奶，奶奶"。老人耷拉着脑袋没理他。"是不是睡着啦？"他轻轻推了推老人的胳膊，还是没有反应。睡得真熟啊。他看到老人头顶上用黑色夹子卡住的发髻忽然散开了。发夹终于受够了日复一日的生活，挣脱头发，蹦跶着跳到地上，滚了几圈，才安静下来。他的目光跟随着发夹一起移动，门外的阳光在地上勾勒出一个椭圆形光带，发卡正躺在光的边缘。不知为何，他觉得自己再也见不到这位疼爱他的老人了。

他钻出管道，残留在体内的灼热感让他有点儿发飘，头重脚轻，走起路来摇摇晃晃的。他要抓紧时间弄条棉被，无论走到哪儿都带着，谁知道下次会不会被冻死。被子……被子……被子呢？现在他赤身裸体，脏得油光的棉被也不知丢到了哪儿。他记得自己进入这片水域之前，把它铺到了用木棍搭成的窝棚下面。搭窝棚的木棍是榆木或者枣木，手腕般粗细，在顶部还有"Y"字形分叉，Y字彼此交叉相抵被绑在横梁上，下端深深埋进土里。结实牢固，无惧狂风。非要找出些缺陷，只能说密封不够严密，会漏雨——可能是因为年久失修，捆绑在窝棚侧面用来遮风挡雨的花生秧都脱落了。他准备找一大块油毡搭在它上面，这样一切就完美了。如果有多余的毡布，能挂在门口当门帘就更好了，自己也算是为后来人做了些贡献。匆忙赶到这儿，他还没时间寻找材料，也许在远处那座只能看到星星点点灯火的城市里，能找到自己想要的东西。假如没有记错，那条棉被就铺在窝棚里，等着自己从水中出来再次躺到上面。虽然他并不贪恋这条棉被给他带来的温暖（别的棉被也能提供），但毕竟是相伴了这么久的老伙计，总不能无缘无故就把它丢下吧。该如何出去呢？向上向下都看不到尽头，前面又出现了一块巨大的玻璃。游出这片水域的办法是否就在玻璃对面呢？他开始期盼那条游向自己的大鱼是一条抹香鲸：凭借它坚硬硕大的脑袋，一击就能够把这蓝色屏障撞个粉碎，实在不行只要撞个和它头颅一般大小的洞，就足够他钻过去了。

待黑影游近之后，他才发现那根本不是抹香鲸。他在路上没有遇到过抹香鲸，却在夜幕的掩护下偷偷地在动物园里逛过，在里面见过猩猩和长颈鹿，还有几只蔫蔫卧着的老虎。他觉得鲸鱼要比这些动物大得多，而不是像这阴影一样小：说是条野狗更为合适。让一条在水里游玩的野狗撞碎这面玻璃还是相当困难的，一条狗并不比他强多少。现在自己正值壮年，对这巨大的屏障毫无办法，更不要说狗了。或许要继续向上游，不能把全部希望寄托于阴影，但也不能不抱任何希望。没准它是一枚鱼雷呢。一艘潜艇从遥远的世界出发执行任务，这片海洋是此次航行的必经之地，一块巨大的玻璃恰好拦在这里。它当然不能绕远——它尝试后已发现没有办法绕过去，更不可能掉头返回。给他们下达的是死命令，不破楼兰誓不还，要么完成任务荣归故里，要么任务失败埋骨他乡。至于命令的具体内容是什么则不在陈耳的考虑范围之内了。可以尝试着想象发布命令的是个什么样的人：过于肥胖的肚子，满脸络腮胡，所剩无几的花白头发（奋斗了一生才坐上这个位置）。细看他面部的轮廓竟与自己有些相像，不过要在他胖乎乎的脸颊里面割点儿肉才行。他没来得及洗漱（这来自上级的命令过于紧急），胡乱穿上白色外套就跑出了睡眠舱。站在胖子前面的是睡眼惺忪的士兵和中层军官，着装整齐，笔直地杵在那里，手心内凹，紧贴着裤腿中缝。他们听到胖子下达的命令并让他们立刻马上出发。困惑的神情出现在他们脸上，旋即消失。他们不需要更不会问为什么，快速发动潜艇，从仍在前行的宇宙飞船内驶出。目的地正好背离飞船前进的方向，若非他们是胖子的亲信，甚至会认为自己被抛弃了（由于某种不可告人的原因）。

在夜以继日的前行中，他们同样发现了蓝色屏障。为避免招惹不必要的麻烦，他们尝试向上向下向左向右绕过屏障，每次均以失败告终。在这缺少参照物的海水之中，驾驶员开始怀疑潜艇是否在前进：无论在哪儿都是相同的景色，无穷尽的水，一面蓝色玻璃。艇长困惑地问，"有发现什么吗？"雷达兵摇了摇头报告说没有。只是话音刚落，一个亮点出现在显示面板上。艇长指着位于屏障另一侧的亮点，下令过去看看。他担心如果在这里浪费的时间太长，可能永远都追不上宇宙飞船了：他们完成任务后还要原路返回（他没考虑无法完成任务该怎么办，或许是想过但没表现出来），而飞船并未停在原地等他们啊（总部一向如此，所以完成任务的速度要足够快）。在到达亮点附近时，艇长忽然下达了发射鱼雷的命令。没人质疑，鱼雷兵迅速执行命令。只见一枚鱼雷冲出膛管，飞快地向亮点扑去。陈耳想不通鱼雷为什么会冲向自己。他是第一次来这鬼地方，不曾得罪任何人——一是没人可以让他得罪，二是他很少主动招惹别人，除去一些必须要做的事情以外，哪怕遇到扒他裤子的两人中的一个，他也没做什么过激的事。

　　他没想到会在公共厕所里碰上那个耗子一样的家伙，这家伙穿着一件不合身的廉价西服，脚下踩着擦得锃亮的人造革皮鞋，乍看去人模狗样，与当初大为不同。对方蹲在地上抽他嘴巴的样子又浮现在陈耳的眼前：一双小三角眼和全是凹坑的蒜头鼻子。他一眼就认出了这家伙，怎么可能会忘了。过去这么久，他早已不是刚走出家门的愣头青，一路的摸爬滚打让他不再惧怕任何人，莫说这家伙现在是一个人，即便还和当年的同伙在一起，他也敢斗上一斗，实在打不过还可以跑（等他俩不追的时候就反身回去继续骚扰，三番五次折腾下来肯定能收拾了他俩）。他根本没注意这个捡垃圾的，这种下三滥的人他收拾的太多了，根本没有放在眼里，何况今非昔比，更无须在意了。他掏出自己的兄弟，站在小便池前。在一长排的小便池上还站着两个人，一个是衣着破烂的陈耳，还有一个高中生打扮的家伙。陈耳提上裤子走到这家伙背后，抬腿一脚踹在对方的屁股上。三角眼没有提防，脚下一滑整个人栽进了小便池里，脑袋还在墙上磕了两下。高中生没想到上个厕所都能遇到人打架，往旁边靠近窗户的一侧挪了挪，继续进行没完成的任务。这年轻人怎么没跑出去？他顾不上这些了，蹲在小便池的瓷砖台阶上，用手拎起三角眼的脑袋在墙上使劲儿磕了几下。三角眼抱着脑袋痛苦地嚎叫着，横在上方往外喷水冲刷的管道很快把他浇湿了。"你……他妈……谁啊？"对方问道。他没搭话，开始往下扒三角眼的裤子，刚拽到脚踝，高中生慌张地跑了出去，与刚进来的两个中年人撞了个满怀。其中一个中年人说："妈的没长眼啊……"接着便看到有人正拽躺在小便池里的人的裤子，接着说了一句："我操！"掉头走了出去。他没理会这些人，手脚麻利地把三角眼的裤子脱了下来，顺带将值个二三十块钱的皮鞋也给脱了。他把衣服塞进门口的蛇皮袋内，然后对还在小便池内淋浴的人说："这算是物归原主，咱俩两清了。"门外的人依旧稀少，跑出去的人并未声张，要不他想走掉还得花点儿心思，甚至有可能要去某个地方"飞"一晚。他们抓住你，什么都不问，就让你飞着面壁思过：面向墙壁弯下腰，脑袋朝下贴近膝盖，胳膊伸向背后高举。用不了多久，你就会想起自己干过和没干过的坏事儿。他不想飞着，这滋味可不好受。

他想躺着，要么就悬浮着，这是他能想到的最舒服的姿势。现在他就悬在这里，影子更近了，或许不是鱼雷，因为在它后面没有拖着长长的尾巴。他呼出一口气，下达命令的人以及潜水艇开始隐去，还好不是鱼雷。这团影子越来越近，终于看清了，是一个瘦小的男孩，七八岁左右，剃着光头，嘴角还有擦过鼻涕留下的痕迹。他穿着洗得发黄的白色背心和用旧裤子剪成的大裤衩，用笨拙的狗刨式朝这片蓝色游来，一双眼睛好奇地向四周张望着。他将老黄牛栓好就迫不及待地跳入水中，甚至连衣服都没来得及脱——上岸之后，在阳光下跑两圈，马上就能晒干。水中的世界吸引着他的目光，以至于他都没有发现浮在这里的陈耳。在这个奇怪的世界里，看不到如发丝一般轻盈缠绕的水草，也看不到大小不一的各种鱼儿游来游去，更没有巨齿鲨之类的恐怖巨兽，有的只是无边无际的海水在托着他瘦小的身体。他漫无目的地向前游着（或许在中途偏离了最初的方向，这是无法避免的，不过对于他来说无论怎样游都是向前），希望能弄清这片水域的状况。它过于浩瀚，显然不是一时三刻就能弄清的，在这过程中他一直惦记着栓在岸边的老黄牛。很快，他发现了远处的蓝色。这个小男孩被蓝色吸引过来，弄明白了这是水域中间的隔离带。除非有足够多的时间去探索它的边缘或者力量大到能将其击碎，不然只有一条路，那就是转身原路返回。你不甘心，游了很久才到这里，冒着被父母发现的风险，冒着牛无法吃饱乃至挣脱缰绳跑走的风险——哪怕你再三确认绳子牢牢地捆在了树干上，假如刮来一阵大风把树吹倒了呢？顺带把牛也刮到天上去了呢？还有一种可能，有人累了想在树下歇息，便直接躺在草地上，看着树冠胡思乱想，调皮的亮光钻过柳叶的缝隙跳到他眼皮上，随着微风跳来跳去。他沉浸在眼前模糊的橘红色光斑里，觉得整个身体都消失了，唯有意识依旧停留在原处。他能听到旁边那头牛咀嚼青草的声音，能听到爬行的蚂蚁和草叶摩擦发出的响动，他浑身懒洋洋的，精神恍惚地向空中升去，跃上枝头树梢，飘到云朵上，看着下面生机盎然的大地。他从未站在这么高的地方向下看过——以前仅仅局限于自家的屋顶，看到的是一小块院子和墙头外的街道。现在，他看到了许多个村庄变得如同巴掌一般大小，在田间忙碌的乡亲们几乎与蚂蚁无异了，不细心都难以在绿色的海洋中发现他们。一条条弯曲的道路如同经络一般向四周蔓延链接着一片片巴掌，他想升到更高处看看这些经络末端会有些什么。一只叫不上名字的小鸟从身边经过，好奇地瞅了瞅便俯身向下冲。正准备继续往上飘时，哞的一声吼叫在他耳边响起，他猛然起身，慌乱地向四周看了看，暗自责怪怎么在这里睡着了，家中还有一大堆农活等他去忙呢，回去又该被婆娘骂了。骂就骂吧，千万别动手。假如她实在想打两下就打两下吧，最好不要在乡亲面前，不然可够丢人的。想到这里，他心存感激地看了一眼叫醒自己的老黄牛，走过去把树干上的绳子解开了。

　　小男孩想到了诸多可能，结果几乎一样，顿时生出慌乱之感，在水里玩耍的心思也淡了。最重要的是他发现这儿毫无乐趣，更不要提还有屏障阻拦了自己的前行之路，沿它伸展的方向，全然望不到尽头。

他扭转身子，准备原路返回，不知有意还是无意，并未发现对面有人正惊讶地注视着自己。小男孩始终都在惦记着岸上的老黄牛，等他花费比来时更长的时间游回去（如果方向正确的话），就会发现根本没有刮风，柳树也好好地戳在土里，没被折断或吹到天上。看到这棵树他才稍稍安心，它粗壮的树干看起来坚不可摧，除非是十二级风亲自动手，否则休想让它移动分毫，无论是牛羊还是狮子老虎，你都可以放心地把缰绳捆在树干上……不对，牛呢？它没有老老实实地待在树下吃着四周的青草。太过着急，小男孩没看到地上的小草已被啃掉了一层，叶子都没有了，只剩下根茎。他快哭了，跑着寻找起来，终于发现那头栓在远处的老黄牛。它晃着硕大的脑袋正在吃长长的茅草。还好没有丢，他这样想着，紧接着发现一个拖着尾巴的黑影朝自己飞快地撞来。还没搞清状况，黑影已扑至眼前，伴随一道闪现的亮光和炸雷般的巨响，时间停滞，脑中只余一片空白。而他呢？在小男孩游到附近并转身的那一刻，他疯狂地拍打玻璃，挥舞胳膊，想引起对方的注意却没起到任何效果。等小男孩转身游走，他再次看到了从远方袭来的黑影，原来，鱼雷是被挡住了。他没听到任何声音，在瞬间亮起的光里他看到一朵红色的花儿四散在水中。

他睁开眼睛，看到远方的夜空中一道道红色闪电如树根般刺向地面，隆隆的雷声随之滚动而来，向黑暗覆盖下的万物昭示着威严。心脏剧烈地跳动着，他借着闪电的光芒看到有东西在对面那条黑黝黝的大河里无声地游动着，像是一条寻觅猎物的鳄鱼。它的身体多半隐藏在水里，只露出脑袋浮在水面上，耐心地等待着，在猎物露出破绽的瞬间猛扑上去并拖入河底。他觉得自己就被这头远古时代的鳄鱼盯上了，只要他一做出动作就是给对方发出了进攻的信号，或许假装没看见才是最好的选择，没看到它令人胆寒的眼睛和交错的尖锐牙齿，没看到它身上粗糙坚硬的铠甲，也没看到它身体四周荡漾的波纹。把它想象成一截漂浮在水面的树干，随波浪而上下起伏，向外漂流着离城市越来越远。也可能是艘运送神秘物品的货轮，为遮人耳目，船长选择在雷雨天趁着人们陷入沉睡的时候用最小马力带动轮桨偷偷出发，却还是引起了他的注意。他看到在船板的货物区盖着一块遮雨布。快下雨了，要是有块儿遮雨布就好了。以前，他并不介意下雨，甚至会在暴雨正猛时脱光衣服奔跑在无人的荒野中，溅到身上的泥点很快便被雨水冲刷干净。在狂风暴雨交织成的世界里，人们根本看不清一米之外的东西，每个人都被砸到头顶又顺着眼睑淌下的雨水刺激得手舞足蹈，所有人都赤身裸体地接受着狂暴的洗礼，他们以为在雨水的世界里只有自己一个——就跟旁边的人想的一样。可惜只有他把这个想法变成了行动，别的人要么站在窗后看着外面越发昏暗的天地，要么躺在床上盯着空荡荡得只余灯饰的天花板倾听噼里啪啦的雨声，毕竟他们没有长时间行走所铸就的一双被老茧包裹的脚掌。被惊扰的心绪还未恢复平静，更糟糕的是开始下雨了，他第一次感到阴雨天是如此令人烦恼，尤其是在没有避难所时：这个木窝棚还没来得及完善，遮雨效果要比想象中的更差。那些透过木棍间隙落下来的雨珠很快就连成线了，铺在身下的被子也从潮乎变得湿漉漉了（棉被依旧在这里，没丢，吸水能力还不错）。到达这里时天气正好，谁能料到半夜就下起了雨呢。膝盖隐隐作痛，胸口也有些发闷，还是晴天好，什么时候才会放晴呢。

他抬头看了看远方昏暗的天空，虽然雪停了几日，可老天爷仍然阴沉着脸故意与他作对。把栅栏门虚掩上，揉揉膝盖，他走进旁边温暖的铁皮屋内。在他看来，今天与往日并无不同，余波很快便会停止，而那枚曾发出微弱声响的石子也会沉入河底渐渐被淤泥覆盖再也看不出本来面目。它在岸边度着实过了一段美好的时光，扎马尾辫穿白色运动鞋的少女会在每个清晨从它身边经过，夜晚的时候，一对对恩爱的情侣坐在它旁边的树下低语——那些话的意思虽不尽明了，但肯定是让人欣喜的，不然他俩干嘛离得越来越近呢。等所有人离开，它会沐浴着月光在岸边休憩片刻，并期待着明天的到来。假如不是一个失意的男人把它踢入河里，这美妙的日子它还能享受更久。他胡思乱想着，仿佛自己就是被淤泥覆盖的石头，一会儿又变成了胡子拉碴的失意男人。这个男人三十多岁，穿着蓝格子外套，头发油腻得简直和他不相上下，不过他的是灰白，对方的是黑亮。他坐在路边人行道的马路牙子上，一会双手揪着头发，一会儿又把脑袋埋进膝盖间，他把能做的事情都做了，只好坐在路边等候。他不曾为自己辩解，路人的指指点点也都被他忽视了。

　　这种没有善意也没有恶意纯粹出于习惯的指指点点他遇到过无数次，尤其是牵孩子从他身边走过的烫着蓬松卷发的中年妇女们，她们往往用他来教育身边的孩子：假如你不怎样怎样或者你怎样怎样，就会像刚才的家伙，落魄到只能沿街乞讨的地步。可他不是要饭的啊，又懒得追上去和别人解释（追上去难免会招来一顿辱骂，严重些则是殴打）。他老了，早过了能撒腿狂奔的年纪，只好尽量走在这条种满梧桐的马路旁边的人行道最内侧，低头，避免引起别人的注意。他琢磨着自己不去看别人，那别人也不会来招惹自己。然而，他忽略了一些不是人的东西。

　　那是一条长着白毛的贵宾犬，一尺来长，脖颈里戴着银色的项圈和小铃铛。它发现这个低头走路的家伙有点儿不对劲，出于对主人安全的考虑，再加上对自身尊严的维护，它捣腾着小短腿在地上快速地跑着，伴随"叮当叮当"的铃声跑到他前面歪着脑袋看了一会儿，随后压低身子朝他狂吠，边叫边跳，准备随时扑上去给他点儿颜色看看。陈耳愣住了，自己没招惹这小东西啊，无非是在附近的垃圾桶里拿了几个没让其拾荒者捡走的矿泉水瓶罢了，莫非整条街都是这狗崽子的势力范围？几辆私家车从丁字路口驶来，枯黄的梧桐树叶被汽车带起的风携裹旋转着。这条路在他身后沿着刷成白色的围墙分向左右两侧，不知通往何处。在他的前面，路在不断延伸，直至隐藏在一座高架桥之下。两侧有许多个商铺：儿童服装店，水果超市，彩票站点，24 小时自助银行，再往前，是四层楼高的大型超市，一块红字白底的招牌挂在入口上方，上面写着：好再来。招牌的意思很明显，如果你觉得好，欢迎再次光临。要是觉不好，那就不要再来了。觉得不好，是否可以采取一些别的行动，比如搬着铺盖卷睡在超市门口或里面，来表达自己的不满，甚至在超市内部免费吃喝，把东西全搬到你那个像鸟窝一样拥挤的家里……"汪汪……汪……叮叮当……叮叮当……"他看见小狗一直拦在前面抽风似的叫着，并没有扑上来。

"别动！"粗哑的女性嗓音，"千万别动！"

他的目光从狗挪到人身上，红色的棉拖鞋，红色的绒布睡裤睡衣（睡衣上还绣着一个卡通女孩的图案），黑色的墨镜遮住了半张涂抹着粉底的胖脸蛋（看不出具体年龄，介于三十八与四十岁之间，不会更小，有可能更大），短发刚好遮住耳朵，并向外卷成了弧形。他低头把视线转到狗身上，没有回话也没做任何动作。

那女人接着嚷道，"你一动会踩到它的！"

说实话，他从未听过如此粗哑的女声，差点儿笑出来。他后退几步说，"好嘞，大姐。"

小狗见他突然行动，慌慌张张地跑回女人身后，不叫唤也不蹦跶，露出脑袋怯怯地瞄着他。

"你想干嘛？！"那女人嗡嗡地嚷道，似乎受到了侮辱，"你叫谁大姐呢？叫谁大姐呢？叫谁大姐呢？叫谁大姐呢？"薄薄的嘴唇像是机关枪一般对他发起了猛烈的攻击。他看起来很老，还叫自己大姐，可把她气个够呛，至于狗的事儿完全被抛到了脑后。他没理她，见狗不再拦路，便迈步继续向前走去。

她本想拦住这捡破烂的问个清楚，凭啥要叫自己大姐，最好能狠狠地抽他几个嘴巴来发泄心里的不满，当嗅到他身上散发的浓烈的怪味时，却差点儿被呛晕。她连忙用手掌捂住鼻子，见他走远了，才继续嚷道，"你才是大姐！你才是大姐！我是你大哥！"

我是你大爷。他想了想，并未说出口，还是不要跟对方较真好，而且她还牵着狗，万一闹起来无论是人还是狗咬自己两口都够遭罪的。人还好，买瓶二锅头消消毒，剩下的还能喝一顿。要是狗就麻烦了，一瓶酒怕是会用完。那条狗能被自己唬住，也是它体型太小的缘故，要是换成看家护院的狗，早就扑上来了。他在路上四处打量，想找个能落脚的地方，沿河走了很久才到达这个在岸边远眺只能看到几点灯光的城市，本打算找到遮雨的东西就马上返回树下的窝里，只是以往两三个小时的路程现在要走多半天（时间都耗在了中途的歇息上）。他觉得脚腕坠着一块沉甸甸的石头，一直在向下拽。小腿肌肉酸痛，不由自主地颤抖着，有一瞬间他真想躺到地上。不是他不愿意继续前行，而是真的走不动了。若非膝盖隐隐作痛，他甚至会直接跪下：这是最直接最便捷的休息方式。他都忘了下跪的感觉，小的时候给爷爷奶奶拜年他跪过，在黑乎乎的土坯房的堂屋内，烧着蜂窝煤的炉子前面，正对着北墙上挂的灶王爷画像（薄薄的一张纸，上面涂得花花绿绿），他快速地俯下身子再直起腰，额头触地，如此重复三次，而供奉在画像下方的三炷香的火星在这重复的过程中也变成了三道弯曲的线，在他眼前不停变幻。长大之后，他再也没有这种经历了，唯独令他产生过下跪的念头，还是在群山环抱的山坡上。离得很远他就发现了建在山坡上的房屋，心想在这穷山恶林中还能有户人家，真是难得。等他走到跟前，才发现想错了。青砖砌成的屋子四周长满了及膝的杂草，一看便是久无人清理，房子全被长势茂盛的草包围着。他在草丛中穿行，走到屋子前面：没有门，只有一个拱形门洞。阳光灿烂，照得屋里也十分明亮。他走进去，一尊即将顶到房梁的佛像扑入他的眼中：盘坐于地，低眉垂目。房屋内的温度瞬间变低，昏沉的头脑也清醒了几分。他仰望着这尊巨大的几乎将整间屋子填满的大佛，十分好奇它是怎么运到屋里的。莫非是先有佛像然后围绕它建的房子？亦或它本来很小趁人不注意慢慢长大了？不然，把这么大的雕像弄到屋里真要费一番心思。没有供奉的案条也没有神龛香炉，只有一尊被人遗忘的佛像盘坐于此，黯淡无光的金身上落满了尘埃。他用手指按了按它的膝盖，一股冰冷的触感沿着指尖传至体内，热天赶路带来的疲惫不见了，浑身无比舒畅。他暗自称奇，揣摩着它是什么材料雕刻的，能值几个钱。胡思乱想中，没由来的一阵心慌，他抬头正迎上那双俯视自己的眼睛，仿佛自己的诸多欲念都被识破，双腿发软，只想下跪膜拜。这时，他看到在地上还有别的东西：一具骷髅，倚靠在雕像身旁，似乎终于找到了归途。看到这具骷髅以后，那股击中他的敬畏感消失了。他压下想走到骷髅附近探寻一番的念头，走向外面。屋外阳光依旧猛烈，高高低低的山峰连绵不绝，最高处于云雾之中若隐若现。回头向屋内看去，只能见到半尊雕像：右臂举在胸前，掌心向外，手指舒展，手臂以上的部分被门洞墙壁所遮挡，无法看见。骷髅仍倚靠在那里，并没有因为他的到来或离开而有丝毫改变。他真该感谢它，不然已经跪了下去。这家伙可能是如自己一样，走到这里歇歇脚，却被一种莫名的敬畏之情感召，找到了归宿。或许他就是这儿的看庙人，每天准时拎着贡品从山下爬到这里，仔细地将贡品放到案台上，并在缭绕的烟雾中轻轻地拭去佛身上的灰尘。把这些事情做完，他还会清理门外的杂草，开辟出一条小径方便上香朝拜的信徒行走。只是这里地点偏僻，人迹罕见，方圆几十里仅有的几户人家还是不信神佛的狂妄之徒，哪儿会有什么信徒呢。这种生活日复日，年复年，他渐渐老了，上山的次数越来越少，间隔的时间越来越长，反倒是门前的野草凭借雨水的助力而加速疯长。终于，他觉得是时候了，假如再不来，估计以后都不能来了。这些事情做起来是那么轻车熟路又略显生涩，忙完后，他气喘吁吁地坐着歇息，旋即听到一声低沉的叹息，这位年迈的老人知道自己该走了，身体一斜，倚靠在佛像身上睡着了。对这次睡眠他做好了充分的准备，告诉了早已成家自立门户的儿女们不要来找他，而老伴儿也离开多年，可以说是无牵无挂。他知道自己即将睡去，但不知何时才能醒来。也许，这个赶路人刚刚进到屋内时，他心中还有几分窃喜，自己即将被人唤醒了，可过去这么久，醒不醒又有何区别呢？期望对方走近的同时他也在害怕着，还好这个人走出了屋子，不再打扰自己，这样最好了。不存选择，没有烦恼。

　　谁都不希望在睡梦时被人打扰，他也是如此，哪怕打雷下雨也不要吵醒自己。他愈发嗜睡，甚至有预感再也走不到最初想去的地方了。他还幻想着躺在日光照耀下的冰川上看企鹅笨拙地摆来摆去然后扑通一声滑进水里，不一会儿又游到岸边撑着两个小翅膀努力地向上爬。他都计划好挖一个多大面积的洞穴，里面准备些什么东西，自己的棉被铺在哪里，门口需要如何掩盖隐藏才能不被饿狼发现。等安顿完，无须为衣食住行操心的时候，他会着手探索这片地带，看厚实的冰层之下是否有神仙在里面修炼，倘若他们修炼得小有所成，可不可以教自己两手：他还想去地球之外看看，或许那只羊摆脱重力的束缚跑到了太空（尽管可能性极小），他知道凭这双腿是很难走到宇宙中去的，所以他想请修炼有成之人帮忙，他不要点石成金术，不要七十二般变化，也不要长生不死，只要能飞起来就好。这些美好的愿望怕是无法实现了，他明白有些事情不是自己能掌控的。你可以躲开别人挥来的拳头远离有意亲近你的人捡起被随意丢弃的矿泉水瓶不听别人的恶言恶语不被美味的食物所诱惑在狗咬你的时候撒腿就跑跑不掉的时候爬到树上，可你无法阻拦向下坠落的雨滴无法阻拦向上升起的太阳无法阻拦雾气的消散也无法阻拦狗和它的主人一同向你咆哮。有许多做不到的事情，同样有很多能做的事情：比如在城市中心的高架桥下挑一个遮风挡雨的角落把自己的被褥铺在地上好好地睡一觉等醒来之后找点儿吃的填饱肚子然后再考虑一下自己是否应该往回走了。

"快点儿，该走了！"

一位母亲拽着女儿的胳膊从路旁的小打印店内走出来。小女孩一脸不情愿地嘟囔着，身体往后倾斜，显然不想被母亲拉走。

"放学了不回家，你想干嘛？"

母亲的口气愈加严厉，两人在人行道上拉扯着。

小女孩急了，脆生生地叫嚷着，"玩儿玩儿我要玩儿我要玩儿！"

她背着的深蓝色书包上挂着个手掌大小的棕熊，毛茸茸的很可爱。小女孩晃着身体说一句，小熊就在书包上跳一下，如同在附和自己主人，除了用这种动作表示支持以外，小熊也做不了别的事情。它正对着他，两只黑乎乎的小眼睛和鼻子闪闪发光。

"玩儿玩儿就知道玩儿！"母亲丝毫不在乎女儿的反抗，一切都在她的掌握之中。她把女孩儿拽到了停泊在梧桐树下的白色轿车旁边，从包中掏出钥匙按了按，小轿车滴滴地叫了两声，同时闪了闪尾灯，做好了起飞的准备。"今天晚上你写完作业，明天妈妈带你去游乐场。"

游乐场明显比打印店更有吸引力，小女孩不再挣扎，伸出小拇指对母亲说，"你不许骗我啊，来拉勾。"

母亲没理她，拉开后排的车门，用手摸着小女孩的脑袋说，"行了行了，还拉勾？你赶紧进去吧，一会儿该堵车了。"

等小女孩坐好，她"砰"的一声关上了车门，不经意间瞟了他一眼，随后坐到驾驶位发动车子走了。看起来，她比刚才牵着狗的那个人年轻，他心里想着，同时瞅向旁边的打印店。一个小男孩站在店铺的玻璃门后面偷偷地注视着这对母女，车子开走后，才注意到他正看着自己，慌张地退回了店内。打印店的玻璃门上贴着一张白纸，边角用透明胶带粘着，上面是黑色宋体字：打印复印一元一张量大优惠。

小男孩离他几米远，想必会听清她们之间的对话，知道女孩为什么不再闹腾。陈耳无从得知小男孩是怎么想的，或许他对游乐园里面旋转的木马不屑一顾，忽上忽下的过山车也引不起他的兴趣，他想和小女孩一起玩耍，等她高兴的时候能顺带抄一下作业。当然，还有另一种可能，他也想去游乐园里玩儿。他曾透过公交车宽大的玻璃窗看过里面的情形，有许多和他一般大小的孩子在排队等着从滑梯顶端冲下再落入水里，能听到他们兴奋的尖叫。这些从他眼前一闪，很快淹没在诸多的楼房之中。父母一直忙碌着，白天在不足十平方米的店铺里接过别人递来的身份证求职简历或各种乱七八糟的证明放到机器面板上复印几份再递给别人，要么从电脑上打开拷贝出来的文档点几下鼠标敲几下键盘再走到机器的另一侧从出口拿出纸张递给别人。机器经常卡纸，父亲说了五十三次准备换一台新的，不知因为什么一直没有行动，估计是太忙了。晚上他们还要骑着电动小三轮到人民广场旁边的人行道上摆摊，卖女生头饰发卡毛绒玩具和气球。周末更不用说，是比平常还要忙的。这很正常，不只自己家，隔壁修电动车的、卖炸鸡块汉堡的、卖盗版音像的也是如此，即便小理发店也是如此。理发店里面只有两张能旋转的椅子，一张破旧的棕绒沙发，每逢周末人就很多。在这座城市你很难找到十块钱理次发的地方了。对别人是这价格，对他这个小孩五块钱就够了，理发店的阿姨在他家店里复印打印的话几乎不收钱。用母亲的话说这叫相互照应，谁也不缺那三块五块的。可是他缺呀，三块五块的也是钱，也够吃几根雪糕解解解馋，冰激凌暂时不用考虑了。

他没吃过冰激凌，想来应该跟白糖差不多吧，跟冬天挂在屋檐下的一尺来长的冰柱也不多吧，除了凉和甜以外还有什么。且不说冰激凌，在这大热天来根雪糕也是不错。今天去哪儿呢，他不想在垃圾桶里翻找破烂——里面既没有雪糕又没有冰激凌，也不愿拿着破塑料盒到人最多的广场上去乞讨——只要想到系着黑腰带、拿胶棍的保安的喝骂声就够他难受的了，也不想去城外垃圾堆积如山的转运中心——哪怕去也要等到晚上，在白天他被当地的拾荒者驱赶过两次。所有事情都变得艰难起来，无论是走路还是捡破烂。还好他不打算在这里长住，只为混口饭吃把肚子糊弄过去，等来来往往的人群和高楼大厦让他腻烦了，再回到之前的路上。而现在这些神色匆忙的人群，在他看来还算有趣，虽然他们偶尔会激动地操着难懂的本地口音大声地说些什么。对了，去车站，去车站看看。他不知道火车站在哪儿，也懒得询问别人（多数只会得到不耐烦的挥手），因为它必然坐落在这城市之中，四处逛逛终归能找到。莫非还能把它建到天上？在空中就更方便了，仰起脑袋就能发现：不是由于它体积过于庞大，悬在半空十分显眼，而是一条条汇集于蛛网中心的铁路会给他指明方向。

他抬起头看到屋顶中央漏了一个大洞，半截折断的檩条藏在窟窿边缘向下伸着。明晃晃的光通过窟窿钻进屋里形成巨大的光柱，被脚步惊扰的尘埃从地上飞起，在光柱中乱窜。没被阳光照耀的地方有点儿阴凉，他走到漏洞下方迎着光芒向上看，考虑着是否有修补的必要，用泥土麦秸高粱杆红砖砌成还铺着油毡的屋顶是没救了，这么多年风吹雨淋又无人维护，早已让铺在横梁上的檩条变得腐朽不堪。雨水透过缝隙一点点渗入屋顶内部，让胳膊粗的柳木渐渐发霉变黑。他甚至听到了从它们体内发出的轻微声响，仿佛垂暮的老人坐在被遗忘的角落所发出的叹息。它们无法再承受人的重量，修补也毫无可能，最好是等它倒塌之后在这堆废墟上重建一栋更为牢固的。当然，你也可以推它一把，这取决于你是否急着在这里落脚。

05

　　之前隐藏在雾气里的建筑逐渐显露，能清楚看到它们的轮廓，笼罩在上方的薄纱趁我不注意时悄悄从旁边溜过去跑到了后面，此刻向西边望去，无论是耸立在路旁的巨人，还是转盘中央的月亮（包括转盘区域），乃至那座由丝网和院墙守护着与世隔离的长方形院落，都不见了。薄纱飘过去，让它们变成了新的混沌地带。

　　时间不多了。

　　我在雾气中摸索着，一小步一小步地迈向记忆里的地方，希望木椅仍在原处，她也在原处。她们两个都在等我，倘若她们其中有一个必须离开，我希望是那把椅子，而不是她。错过这次机会，我不知道自己要等多久，从这点来看，雾气与小卖部老板娘进去后就被关上的铁门起着相同的作用。当我偷偷跟在她身后盯着被裤子紧紧包裹的臀部而陷入沉思的时候，这扇大铁门忽然出现在我的眼前：厚重，结实，温热。它拦下了我的目光也阻止我继续前进。刷着黑漆的铁皮上镶嵌着几百个凸起的钉帽，门缝两侧铜制的扣环还在轻微晃动，扣环底座是两头叫不出名字的恶兽，铃铛般的眼睛凶狠地瞪着，警告我不要挑衅它们。知道我不怀好意，它们专门变成了凶神恶煞的模样。小卖部老板娘走到门前的时候，它俩肯定不是这幅表情（哪怕仍是这个表情，她也不会注意到它们，不过是门上的两个死物罢了）。门的后面有东西吸引她来这儿，莫说是两个扣环底座，哪怕铁门，甚至两侧的院墙也拦不住她。在房屋里也有东西吸引着我，但它们却拦毫不留情地把我拦下了。我用力推了它一把，纹丝不动。该死的东西！又踹了它一脚，从院里传出几声狗叫，并无人应答。我推不开这扇门，翻不过高高的院墙，只能转身离开。

在这里，雾带给我的困扰并不比铁门少。它没有直接阻拦，反而鼓励、引诱我继续前行。我知道躲在门后的是谁，却猜不到在这雾气里有什么，我对它的印象还停留在几分钟前，而在这短短的时间内发生了诸多变化，比如自己一直碰触不到却要时刻提防的钢化玻璃。开始时它离我仅有半步远，现在呢？我至少走了七八步，还没有碰到它。难道我向前走的同时它在后退吗？默契地与我保持着半步距离，悄无声息，准确无误。一边思索一边摸索着，我希望自己不会遇见那面玻璃（心里又有些期待能遇到），果然没令我失望，我一直没碰到它。印象中本来只有三四米宽的房间也变得无比宽广，在探索的过程中我从小心翼翼变成了无所顾忌。他们应该是利用庙会周边的场地布置了一条通道足够宽的迷宫，要么没有设置通道，随意清理出一块荒地，把上面干枯的灌木植物拔下，弄平整地面，砖块、石头、枯朽的树枝、随时准备缠在脚上绊倒你的大棚塑料薄膜……这些没用的垃圾统统扔向更远处：向东，向西，向北（不能向南，南边就是庙会的场地）丢到随便一个地方都可以，只要它们没留在原处碍事就行。他们需要足够宽敞的场地来释放雾气，让人——也就是我们这些花钱买票进来希望能看到些不一样的新鲜东西的人——能够在里面如同睁眼瞎一样行走，奔跑。这就是他们的把戏，我算是看明白了。要不然呢？还有第二种可能吗？不，没有。我想到了张业，他肯定遭遇了同样的状况，而在我们之前进来的人们，同样被困在雾气里面寻找那个穿着只有一条拉链的黑色皮衣的女人。她凹凸妙曼的躯体被包裹在能轻易打开的紧身衣里，蓬松的波浪卷发随着她的动作而摆动，同样摇晃不止的还有耸立在胸衣之下的山峰。她提心吊胆地坐在这片空白地带中心的木椅上，茫然地望向四周，除了灰白的雾气什么都没有。不过，我知道早晚会有人像苍蝇一样冲到这里，撞到她的身上。无须用眼看，用手胡乱蹚摸几下，这个幸运的家伙知道自己成功了，猎物就在他的手中。要不要跑起来呢，速度提上来才有可能尽早地探索完这片区域并遇到她，当然，前提是自己确实在前行而不是在原地打转。这时，我的手指碰到了什么东西：光滑，冰凉（还好没跑，要不撞这一下可够受的），我仔细摸索着，确认玻璃终于出现了。它厌烦了这种追逐，不再后退。贴近之后我才发现在它的另一侧并没有雾气，而是蔚蓝色的水，同样看不到边际（或许是因为我不在对面，无法探寻），这面玻璃就像水箱的侧壁一样，把水围挡在内部，我试图弄清之前见到的几条小金鱼是否会出现在这里面，没有，或许是它们过于渺小在水中难以发现，或许在我走入其他房间之后它们就被吃了，或许它们仍在第一个房间里没有出来。同样，水中也没有第二个房间的美人鱼，她的个头足够大，要是在水里，我很快就会发现她：海藻一般轻轻地飘舞的长发，凭借尾鳍的摇摆在水中忽上忽下的身姿，这一切多么显眼啊。没有，她也不在这里。除了水，什么都没有。我无法穿过这面玻璃再向前走，只能沿着玻璃壁向左，要么向右，向左向右又有什么区别呢，无论自己选择哪个方向，在尽头无非是通往其他房间的门。这都是什么鬼东西，和自己期望的毫不相干。看完下个房间，无论好与坏，我都会打开侧面去往通道的门离开这儿，回到学校还要告诉同学们，千万不要来赶什么狗屁庙会，一不小心来了，在人群中挤挤看热闹就好，别花钱看什么狗屁歌舞杂耍表演，更不要被入口门帘上露着大腿、身缠巨蟒的美女海报所诱惑，都是骗人的！想必在他们还没开始干这种勾当之前是开水族馆的，或者是卖鱼的，不然怎么会有如此之多大小不一的水箱？水族馆的生意并不好做，一直处于半死不活的状态，除了定期带上潜水设备钻进水箱清理内壁与底砂的时候能跟鱼儿玩耍嬉戏之外可以说毫无乐趣，趁着节假日带孩子来玩儿的家长和牵手的情侣看起来倒是很开心，他们在走廊里一惊一乍地叫嚷着，拍照时摆出某个僵硬的姿势（脸上是不自然的笑容），还会把手掌贴到玻璃壁上想象着假如触摸到这从未见过的动物该是何种感觉……这些对他们来说足够了，给索然无味且并不漫长的生活留下些许可供回忆的画面。在他们看来水族馆就是这样。可实际呢？节假日过完，水族馆馆长老鱼（大家都称之为老鱼，他从未表达过任何不满）清点了收成之后便宣布水族馆正式关闭了，有人问以后要做什么怎样混饭吃会不会被辞退辞退之后是否有补偿足够他们下半辈子不必为了生存而跪在马路边向人们乞讨。老鱼扭头看着斜后方，他的目光穿透了五公分厚的防盗门和过道两侧二十四公分厚的墙壁落到在水中游弋的鱼儿身上：它们并未察觉到危险已然降临。被抓到的时候它们曾有过短暂的慌乱，认为快要死了，然而，等待它们的只是水箱罢了，空间变小了，但终归还活着，余生在这样没有危险的环境中度过也不错。现在，意外出现了。鱼并不好卖，人们可以接受金鱼和热带鱼，但谁会买水母电鳗娃娃鱼海豚呢，谁会买巨齿鲨龙王鲸沧龙呢（想买也没有）。在菜市场鱼贩中间熬过了那段艰难的日子之后，只剩下了这些水箱，小型中型大型巨型各式俱全。关闭了水族馆，生活并没有变得更好反而越来越坏，这在前馆长老鱼的预料之内。他用最后的钱置办了舞台表演的装备，开始了赶庙会四处游荡的生活。不管哪儿的人都有好奇心，他抓住这一点，让生活慢慢恢复到了以前的状态。这里要提一下，他已改名叫老舞了。无论是叫老鱼老舞，还是叫老猫老狗，我对他没有半点好感，甚至有些讨厌。他让我陷入困境不得不沿玻璃选择左侧或右侧然后走过去，这倒无所谓，关键是他为何把大型水族都卖了，留下几条放在对面也好啊，在走动的过程中还能有个参照，不然除了灰白的雾气就是蓝色的水，中间是没有边的钢化玻璃和沿着它行走的我（假设我真的是在走路）。

玻璃尽头终于出现了一扇红色木门，我紧跑几步，打开门走了进去。

劣质香烟刺鼻的气味迎面扑来，差点儿把我撞出门外。我咳嗽着，缓了几分钟，适应着眼前的环境，如果它里面没有混杂泡面、火腿、汗渍、臭脚等一系列东西的怪味，那我不会显得如此狼狈，恨不得推门逃走。放眼望去，几十台白色大背头电脑显示器上闪现着各种画面，每台显示器前方都有一个戴着耳机的脑袋，脑袋上的头发除了长度之外并无太大差别：油腻泛光，湿漉漉的。有人呜哩哇啦地大叫着不知在说什么，有人紧闭嘴巴、面红耳赤一动不动地盯着屏幕，有人则噼啪地快速敲打键盘……只有少数几人俯身趴在桌子上呼呼大睡着，显示器的画面还停留在他入睡前的那刻。在通往另一个世界的入口处，我看着眼前的混乱景象，心中充满了拘谨与不安。这与自己之前设想的不太一样。张业走到柜台，询问有没有空闲的机子。一会儿，他过来说："29 号31 号两台，包夜的六块五毛钱我给你垫上了，回头你别忘了还给我啊。"

我问他，"30 呢？"

张业一怔，接着说，"我怎么知道！"

在两排座椅之间狭窄的过道上，我看着显示屏上花花绿绿的界面，以及躺在桌上的饮料瓶和被随意丢弃的烟蒂，十分怀疑自己来错了地方。从洞里爬出来，绕过无比危险的水坑时，我一直在想这里会是怎样的情形：宽敞明亮的空间，梦幻而散发着高科技气息的机器，柔软得能将整个身体陷进去的沙发，柜台热情奔放的美女服务员，再来一瓶爽口的饮料（矿泉水也凑合），这么度过一晚也不至于太难受。绕到水坑对面，一条马路直楞楞地伸向北方，路两侧是低矮的平房（若非张业用手电照了一下，我会把它们当作废弃的大棚），黑乎乎的，没有丁点光亮，也没有声响。难道房屋里的人都睡着了？睡得死死的，没有什么能叫醒他们，哪怕你站在马路中央肆无忌惮地大声嚷嚷学狗叫都不能让他们起身离开床铺朝外面瞅上一眼。我从来没有走过这条位于学校正后方的马路，水坑与高高的围墙把这个区域划到了另一个世界。在这条路的尽头是自西向东的主干道，县城的繁华地带位于主干道的东部，距离这条路有十万八千里。白天的时候，它是否跟现在一样寂静呢？路面上倒是异常干净，杂物极少，使本就宽敞的马路显得愈加空旷（空旷得有些过分）。更奇怪的是这条路上没有路灯，只有一个针尖大小的红点在远处亮着，猛然看去还有些刺眼，然后便是路尽头与主干道交叉口的亮光了。此外，挂在天空的月亮也在努力让这里显得不过于恐怖。

张业压低声音说，"风子，咱们赶紧走吧。"

"为啥？"我也小声问道。他之所以这说，定是有所顾虑。我第一次跟他跑出来，还是谨慎些，打听清楚才好。

"什么为啥？再磨叽，去晚了可没位置啦。"他的语气中有股鬼鬼祟祟的味道，如同做贼一样。

"你为啥这么小声说话？"我向四周看了看，那些低矮的平房仍旧在黑暗之中沉睡，没有清醒的意思。我声音恢复正常，"这里又没人，你怕什么？"

"嘘……"他把右手食指竖在前面，做了个噤声的动作，"你知道个屁！行啦，赶紧走吧。"

这家伙，肯定是看我头一次出来，故意装神弄鬼。我也懒得多问，跟着他向前走。路上安静得有些诡异，没有人的声音我可以理解（将近深夜，都睡着了），可没有鸡啊猫啊狗啊猪啊羊啊牛啊的声音，哪怕连老鼠的声音都没有。"这屋里有人吗？"我按不住好奇心，又向他打听了一句。

"收起你那点儿小心思，里面当然有人。"他的语气中隐约有些不屑。

妈的！老子就是好奇问问，能有什么心思？我恨不得使劲儿踹他一脚，又想了想他的身手，遂打消了这个念头。就算是从背后下黑手，我也落不到什么好处，除了挨一顿揍之外，不会有第二种结果。他玩笑似的打几拳都让人难以忍受，像是拿着铁锤敲你的骨头，钻心的疼。听同学说这家伙自小就用拳头击墙，才练成一身过硬的本事。这么多年下来，也是够难为他家墙的，不知有没有打坏。刺眼的红点由远及近，马上就到我跟前了。等走近后，我停下来好奇地看着这里。红光是一个拇指大小的 LED 灯泡发出的，在灯光下面是一人多高的铁皮箱，前面罩着一层玻璃，也看不清是些什么东西。"这是什么？"张业嘿嘿笑了两声说，"你现在还用不上，以后有机会再说吧。"

还以后再说，你就跟我装犊子吧！我正打算继续走时，箱子突然发声问道："要吗？"

这声音着实吓了我一跳，三更半夜的闹鬼了吗？要不是旁边有人，我肯定会吓得叫出声。什么玩意？在箱子旁边的阴影内有个东西动了一下，刚才我还以为它是个垃圾桶，没想到是个大活人，他没理会我的诧异，还是用低沉浑厚的嗓音问："要吗？"

我想骂他一句"要个鸡巴啊！差点儿吓死你爹！"，却又怕惹上麻烦，便没有理会，跑着向张业追去。这破地方真是什么鬼都有，这么晚不睡觉蹲大街上吓人玩儿。我心有余悸地和张业侃着，同时平复着激动的情绪，让自己显得淡然一些，别总是大惊小怪的。张业一直没停下脚步，他说，"你再仔细看看旁边的房屋。"我扭头向一间屋子看去，因为临街的缘故，房屋没有院子，普普通通的平顶房。房门紧闭着，屋檐上是用铁架固定的彩钢板——遮阳，挡雨。一切正常，平淡无奇，与我在别处看到的房屋没什么不同——无非是破旧了些。张业或许是猜到了我的想法，又补充一句，"看窗户。"我又看向窗户，玻璃反射着微弱的月光，在窗户后面是凝重的黑色……不对，隐约间能在窗子后面看到一个圆形轮廓。可能是发现我在看它，那个圆形阴影向旁边一闪，躲了起来。在下一个窗户，我很快便发现了同样的阴影，一个难以置信想法出现在我的脑海中：难不成屋里的人一直在盯着我？"你可算发现了，赶紧走吧。"

张业显然是习惯了这种情况，似乎是为了让我放心，他又补充一句，"他们不仅盯你，也盯别人。"

"这么晚他们不困吗？"

张业反问道，"你困吗？"

"我……我不困。"说实话，我的兴奋劲儿还没过去。

"那他们也不困。你醒着时，他们也醒着。你睡觉，他们才睡觉。"

我无法判断他说的是真是假，目前来看，不像在骗我，也没有骗我的必要。

他一本正经地说着这些话，似乎事实就是这个样子。他吃着煎饼果子问我，"你怎么出来这么晚？我早出来半天了。"在回学校的路上，我对他说自己在里面迷路了，摸索半天才找到出口，基本上什么都没看，光忙着找路了。我说的这些都是实话，尤其是沿着玻璃走到最后一个（我参观的最后一个）房间后，我才发现自己又返回到了上个房间。装扮成人鱼模样的小女孩还沉在水箱里。没准从我离开这个房间以后她就一直泡在水里，也没其他人进入这个房间。难道是早一步出去的人开始到处宣扬这里面的诸多房间毫无独特之处从而导致再也没人进来了吗？还是每个人都会选择不同的门进入不同的房间看到不同的表演？或者是选择了同一扇门进入同一房间看到的也是不同的情形（是否能这样认为）？小美人鱼见我返回，游动身体贴在玻璃壁上瞪着一双大眼睛看向我，仿佛在问：你怎么又回来啦？一串小气泡从她嘴里吐出来，急切地浮出水面发出"啪"的轻响然后破裂消失。一会儿又从她嘴边出现了同样的气泡，重复着刚才的动作。我向上抬抬手，示意她同气泡一起浮到水面上。她理解了我的意思，轻晃尾鳍，钻出水中，用手捋了捋贴在额头的头帘，然后问道，"你怎么又回来啦？"我笑着（因为她说的跟我猜的一样）回答，"你猜猜看。"她皱着眉头哼了一声，"谁知道你呀，怕是迷路走错方向了吧。"

　　这么快就让她猜中了，真是自找没趣。我故意骗她说，"怎么可能，我马上要走了，过来和你告别。""你要去哪儿？"她清澈的眼睛变亮了，小手紧紧抓着玻璃边沿，似乎是准备着跳出水箱。"回学校呗，还能去哪儿。我是逃课出来的，被抓住就麻烦了。""哦。"她收回胳膊，仰面向后倒去，恢复平静的水面再次被打乱，一圈圈水纹无声地撞着箱壁，试图挣脱玻璃的束缚扩散到更远的地方。脑袋沉入水里之前，她说了一句，"你赶紧走吧，别被抓住啦。"不知怎的，我觉得她有些失落。站在门口，我回头看见她在水中向我挥了挥手。我也想朝她挥手，又觉得这动作很无聊，便扭头走了。我故意把通向过道的门敞着，幻想她会跳出来和我一起离开这鬼地方。离开之后我们要去哪儿呢？我还没琢磨好。要想办法赚钱，我可以在饭馆打下手，端盘子洗碗清理卫生都行，实在没办法就沿街乞讨捡破烂为生。从跃出水箱的那一刻，她就是我的亲人了。嘿，我还没有妹妹呢（也没有姐姐），这种感觉，怎么说呢，只觉得肩膀变重了。我不仅要自己吃饱，还不能让这条人鱼饿到。看她在吊环上表演的那两手，也是有功夫底子的，我可以跟着她学学（只要年龄还允许，腿脚也允许的话）。或许我更适合乞讨，她适合表演杂技什么的。不……假如这样，她为什么要跳出水箱，这与她现在所做的事情没太大区别啊。我身后的那扇门自行关上了，她终究没有跳出水箱，一切不过是我胡思乱想罢了。今天下午（更快的话则是在我离开之后）他们就会拔寨启程，在老舞的带领下继续前行。他们会去哪儿呢，去南方或者布宜诺斯艾利斯或者随便什么地方，天地之阔哪儿都能去得。我看了看张业，不知他是否有同样的想法。

在张业的叙述中，第一个房间除了灰色的墙壁之外什么都没有，他迫不及待地打开第二扇门，发现直接通往外面。他本想找人理论一番，谁知入口处根本没人，就趁机又溜了进去，却发现还是一样的状况。你不要看这里门多，门再多，房间里没东西看也是白搭！他愤愤地说，"全他妈空的，一个个都是空房间！"我问他，"你没到我这边看看吗？"他快速地回答说，"当然过去啦！还不是一个鬼样，我就在外面等了俩小时，没想到你竟然迷路了。"

我也没想到自己会迷路。

"下次你一个人出来就能找到地方了吧。"他从口袋中摸出香烟，点上深深吸一口，呼出的烟雾在脑袋前飘来飘去，看得我有些发晕，脑袋被塞进了一块巨大的石头，完全转不动了。出门后，我直接右拐要往东走。张业拦住我说，"你不会傻了吧，还是迷路啦？向后转，齐步走！"

凌晨四点，天蒙蒙亮。右侧是寂寥的街道和一根根站在路边睡觉的街灯，路尽头是大片大片的灰色云朵，启明星正挂在它们上方：黯淡无光，摇摇欲坠，想必也是困极了。那股令人作呕的气味仍旧围绕着我，一夜浸泡，让我的衣服、头发、每个毛孔都散发着这种气味。我干咳几声，喉咙涩疼，只想就地躺下，闭上眼睛，再也不睁开。

"走了。"张业把烟蒂扔在门口的台阶下面，拍了拍我的肩膀。现在我看清了路两旁的房屋，破烂，低矮，除了挂在屋檐上随风晃动的塑料袋，感受不到丝毫生机，与自己在昨晚见到的完全一样。看着在前面带路的张业那摇晃的身影，我觉得这一切都是场梦，此时此刻仍在梦中没有醒来。我听不到张业的脚步声，也听不到自己的脚步声，我们正行走在海绵上——无需太多，两个人，四块海绵就够了。最好是吸饱水之后的，这样它们就不会被柔和的晨风吹得四处翻滚，只能老实地待在我们脚下。每当我抬起脚，它就会贴着地面快速滑到我即将落脚的地方等候。至于它是如何准确判断出落脚点的，那就要深入研究一番了。它在物理课上弄明白了距离、速度、时间的关系，搞懂了路面和空气的摩擦系数并计算出滑行时需要多大的力，看来它是认真听讲了，不然无法做到让我每一脚都恰好落到它身上。我记起了张业说过的话，便试图透过窗户找出隐藏在后面的阴影，可惜连续经过几个窗户也未能看个真切。更奇怪的是，走了一半路我都没发现那个亮着一盏小红灯的铁皮箱，它突然出现又凭空消失，目的就是为了在夜里吓我一跳。现在天亮了，它（包括小灯和蹲在它旁边的人）完成了任务，就回家睡觉了，在房屋里盯梢的人也是一样，他们彻夜未眠地监视着分配的区域（门窗前的一段路），度过了一个平淡的夜晚，正准备休息时，我却再次出现在他们眼前。看不到闪动的影子，我无法确认他们是否醒着，假设这些人仍睁着布满血丝的眼睛执行任务，那他们肯定知道我做了什么。他们满脸不屑，交头接耳，小声嘀咕着。纵然隔着门窗和墙壁，我也能听清这些闲言碎语。

在我身体上方是几十根纵横交错绑在一起的高粱杆，糊在它们上面用来阻挡灰尘的报纸已破旧不堪，露着五六个大洞，扯开的纸片安静地垂落在边缘。这些破洞的里面是一根根胳膊般粗细的檩条，日子过于久远，它们表面覆盖了一层厚厚的尘埃。柴火燃烧的浓烟从灶膛内钻出后沿着破洞以及报纸与墙壁缠绕在檩条上面，逐渐将它们侵蚀成木炭般的黑色，看不清真实面目。它们刚来这里的时候还散发着木材的清香，现在却一点儿都嗅不到了。几条残破的蛛网一端粘在檩条上，一端耷在半空，随时准备断成两截落到地上床上被子上。我想侧翻一下身体，突然从各个角落涌来的疼痛让我打消了这个念头。没人在家，她去了哪里？我闭上眼睛，尝试着再睡一会儿，可各种念头在脑中飞来撞去，让我无法安宁。她不在西屋，也不在堂屋，院里也没有，我的视线穿过院墙向当街望去。一群人围在那里，几个妇女斜着身子凑成一堆，撇着嘴巴小声说着什么。我对她们的议论内容毫无兴趣，也懒得理会。我发现了她。她低着头站在人群中间，嘴巴紧闭，一言不发，瘦小的身子宛如风中的野草不由自主地颤抖着，默默忍受的同时又妄图抵抗。一个肥胖的中年妇女站在她的对面，一边比划一边嚷着，似乎受到了最无情的伤害为维护尊严而不惜舍命一战，只是没人给她丢掉性命的机会，她便继续如母驴一般叫唤着来表达不满。我看到了胖女人身边的赵青，手里攥着两条铁链。那两条黑背蹲在前面，呜呜地低吼，配合他们的表演。

除了躺在这里我哪儿都去不了，多希望自己能干点儿什么啊。我收回目光，不忍再看。这件事只有一种结果，就是没有结果。临近傍晚，乌云再次聚集，这场雨会持续多久呢？一天，两天，一年，两年，还是一直下，一直下到天崩地裂世界末日？看热闹的人（包括几条狗）都离开了，她才回过神，梦游似的往家走。她暗自奇怪怎么到最后反而是自己错了？我知道，围观的村民知道，嚎叫的胖女人也知道。不仅仅是她不够胖，也不仅是她嗓门不够响亮，更主要是因为没有狗帮她。大青离开之后我就明白了，一条狗的用处不大，两条没准能斗个平手，要是三五条狗那几乎不会输给对方，要是一万条狗……肯定能赢！这只是我的猜测，一种不能实现的设想罢了，没办法加以验证。要真有一万条狗就好了。她走到了家门口——在半路，她抬头看了看阴沉的天空才彻底清醒，连忙加快脚步往回赶，想必是发现快要下雨了，需要收拾东西。

等母亲回到家，我才发现她变矮了，都没我高。

她低头看着我说，"你最近怎么了？"

我睡得正香，觉得有人拍了自己的脑袋一下。我琢磨是谁这么烦人，却一直也想不出来，眼皮也像是粘上了胶水，没法睁开，索性不再管这人，任由他去。忽然听到对方的说话声，我马上就醒了，猛地坐直身子（把她也吓了一跳），茫然地问，"啊？最近怎么了？挺好的，一切正常。"

"最近你经常上课睡觉，我发现好几次了。你是不是生病了？"

"当然没有。你没见我一直在跑早操吗？我要是不舒服，向老师请个假，到毕业都不用跑了。"

"身体没病，脑子也没病吗？"她歪着脑袋，胳膊交叉在胸前。以往她的声音很轻柔，还夹着一点胆怯，很少会用这么生硬的语气，看来确实有点儿生气。

"你看窗外。"我对她说。

"怎么啦？看窗外干嘛？"她踮起脚，向窗户外面看去的同时说道，"别想转移话题！"

"看到什么了？"我问。

"树。"

"还有呢？"

"路。"

"还有呢？"

"人。"

"还有呢？"

"煎饼摊。"

不能再继续问下去了，她的观察力还真是不错。窗外不仅有树有路有人有煎饼摊，还有卖文具用品的小店卖水果的超市这些店铺外面还竖着招牌上面还写着字店里还有商品，往远处看还有一条七八米宽的水渠水渠中有水水里有鱼鱼身上还有鳞片，水渠的东边还有高架桥桥上有护栏护栏上还有绿漆，向上有蓝天白云太阳诸多星系以及整个宇宙……我真想拽着她的辫子问："你没看到那辆车吗，银灰色的小轿车。"可是我不敢拽她的辫子（哪怕很想），只问了她一句。

"哪儿有？"

"不就在那里吗，窗户正对的这棵柳树往西第三棵树的下面，靠路边停着。"

"哪儿有？"她又向窗户外面瞅了一眼。

"不就在那儿嘛。"我站起身想指给她看，才发现不仅自己关注的银灰色轿车没在，别的车也一辆都没有。它是料到我会向别人做介绍而故意躲起来让我难堪，还是遇到某种紧急事件而无法准时赶到这里呢？等下次见面的时候，我可得好好问问它。

"哎，看来你是真病了。"

我在窗外仔细搜索着，确实没有那辆车。孟若羽已经返回前两排的座位上，不停地摇头，还自言自语着。坐在我斜前方的赵青也探头向窗外望了望，随后瞟了我一眼。

"看什么看！找揍啊？"我拿起铅笔盒向他比划着，他连忙转过头，不再看我。

　　唯独今天它没停在原处，也真是巧，我本打算对她说以后自己也要买辆同样的银灰色轿车呢。我第一次发现它时，语文老师（当时他还没当班主任，只是语文老师）正在念《我与地坛》里的段落，他边读边在讲台上走来走去，从这头走到那头，再从那头走回这头，摇头摆尾地沉浸在脑海里的意象之中，显然是准备在读完之前一直走来走去。我心生厌倦，无聊地望向窗外，一眼就看到了它。它停在路边的树荫下，乍看平淡无奇，跟路上其他的车没什么区别。或许是附近只有它自己，而在不经意间吸引了我的目光。我不知道它是什么牌子，也不知道它价值几何，却仍不由自主地想到，要是能拥有它该多好，这可比轮椅有趣多了。笨重而板正的车头与车尾，并不漂亮，显得无比结实。每天上午九点半之前，它都会准时地停在那里。我观察了很久，始终都没发现谁是它的所有者。他必然也发现了有人一直在偷偷观察着它，只要这个人的目光停留在附近，他便不会开着车出现。当我偶尔将注意力转回课堂再向外看，它已在路边停好了，哪怕时间极短，只有一两分钟。可是，在一两分钟之内足以发生很多事，人类都可以冲出银河系遨游宇宙了，更何况是泊车？几天后，我放弃了寻找车主的念头，只要九点半的时候扭头能看到它就好。同样让我搞不清的是他的离开，我只能获得大致的时间，下午三点至四点的某个时刻，再具体就无法做到了。它每次离开时，我都会感到失落，像是属于自己的东西被别人偷走了，令人欣慰的是盗贼第二天会准时把车还回来——把"我"的车还回来，这辆车就是我的！我坐在驾驶座上握着方向盘，依照路况变化档位，加油门或踩刹车，并时刻注意着旁边的行人与车辆，以及天上的飞鸟与太阳。在等红灯的间隙，我会透过车窗向外看，只是单纯的看什么都不想：陷入想象会影响车子的启动速度，排在后面的人就会疯狂地按喇叭，滴滴滴滴滴滴……一千次一万次叫个不停，如果我再不发动车子，后面暴怒的司机肯定会跳下车拍着我的车窗大骂，甚至还会动手。我并不惧怕辱骂和拳脚，只是舍不得自己的车子被别人砰砰地拍来拍去。为了避免这种状况，我尽量让自己不陷入沉思之中，不让自己变成路边的某个人并去经历他的生活，而是将百分之九十五的注意力都放在信号灯上，读着上面倒计时的数字，十（等待，深呼吸），九（等待，继续深呼吸），八（预备，身体绷紧），七（踩离合），六（挂一档，不要犹豫要干脆利索），五（松手刹），四（缓松离合，慢一点儿对再慢一点儿），三（车身抖动，太好了，成功了一半），二（轻踩油门，这样才有动力），一（车辆缓慢前行，太好了没熄火），零（松离合，继续前行），呼～车子发动了（完美，不能更完美了，手心的汗渍先不要管，随后再擦）。等候红灯并让车子再次起步的过程对我来说与按下载人航天火箭发射按钮的过程没多大区别，异常紧张刺激。我会在九点半之前到达学校，并在固定的位置上把车泊好。附近的停车位太多而车辆太少，所以我从不担心会有人跟自己抢车位。不，不要着急，在停车前先看看教学楼第二层第五个窗口的学生有没有认真听课，要是他在看这儿，那就在拐角处等几分钟吧，以免被他发现。虽然不知道这小子为什么总是盯着窗外（或许是因为老师讲课太过无趣），但我可不希望自己成为别人眼中的风景。学生嘛，哪怕课堂再无聊（这些大家都认同）你也要好好听讲啊，除非，除非书本上的内容你已全部了解并在考试时能正确地予以解答，这样的话，你长时间走神也并无不可。还好这些并未持续多久，半个月后，他便不再刻意地看这里了。我呼出一口气，放松绷紧的神经，一切恢复正常。

　　我想指给她看，它却没在原位置上，直到傍晚都没有出现。发生了什么？车胎扎到钢钉漏气漏油漏水去检修了被蓄谋已久的盗车团伙偷了被主人开着去撒哈拉大沙漠或随便哪里要么长翅膀飞到了外太

184

空……可能性太多。当我想把这辆结实、令人信任的车子指给她看的时候，它不见了，再也没回来。

我对张业说，"我的车丢了。"

"丢就丢呗，以后再买一辆。"

"我不知道是什么牌子什么型号啊。"

"妈的，"张业撇了撇嘴，"你还挺讲究。随便买一辆，瞎他妈骑吧！"

瞎他妈骑……我真想抽他几个嘴巴，又怕打不过他，自己挨揍，再说也是我没讲清楚。更重要的是，他说的很对：以后买一辆！

在汽车店里，我一眼就相中了这款银灰色轿车，性能不错，价格也在承受范围之内。有空的时候，我要将这些乱七八糟的事情统统丢在一边，让它带我去兜兜风。驶过无人的路段时，我会摇下车窗大声嚎叫，像条没人管的野狗。可惜这只能存在于我的想象里，注定无法成为现实——因为她不准许。她会拧着我的耳朵把我拽到书桌前指着一堆等待批阅的作业让我该干嘛就干嘛别整天没事儿瞎琢磨。对于动不动就拧耳朵这点我觉得她们挺像的，相仿的身高（穿高跟鞋跟我一般高，要是穿更高的高跟鞋就比我还要高），姓名也有些类似，有时我甚至会怀疑她们是一个人，不过这没有任何根据。我去过的她的老家，见过她的父母还有妹妹：母亲的话很少，即便说话也是叮嘱我"多夹点儿菜，多吃点儿饭，多喝点儿汤"。她的父亲则更加沉默，几乎不怎么说话，能讲的都让老伴说完了，他需要做的就是低头抽烟，一根接一根，弄得整间屋子云雾缭绕的，你向他坐的位置瞅去，只能看到在灰白色的烟雾中火星散发的微弱亮光。我想知道他吸的是什么牌子的香烟，问过一次，他含糊着也说不清，只知道是路边摊上买的，没有牌子。烟味闻起来并不刺鼻，还很柔和，能让我想起夏季暴雨之后被砸倒在污泥里的小草再次挺直身子沐浴阳光时散发的气味儿，恨不得多嗅几下。反倒是她的妹妹很欢实，每次见到我总是问东问西，叽叽喳喳说要考到我所在的高中念书。

我从未见过她的亲人或朋友，或许是还没到那一步她就调头在另一条路上越走越远了，或许她觉得没必要把我介绍给别人以免我们之间的关系被外力所扰，还有一种极小的可能，她本来就孤零零地存在于这个世界上除我之外根本不认识其他人。她发给我的最后一条信息是：我在这里等你。我来不及深究她为什么发这条信息，也没细想这里是哪里。她坐的公交车已经启动，距站牌有五六米，看着跳到自己眼前的莫名其妙的信息我预感到将永远失去她。"喂～喂！"我挥手喊叫着向公共汽车追去，无视他人愕然的表情，状若癫狂。左侧胸腔内传出一阵猛烈的钝痛，我毫不怀疑，要是追不上这辆车，自己会血管爆裂而死。我的叫嚷声终于引起了司机的注意，还好他没有踩油门提速，晾死鱼似的把我留在马路上。

上车后，他（一个中年男人，秃顶，只在耳朵上方有些头发，我向他点头表示感谢）问，"咋啦小伙子，落下东西了？火急火燎的。"我没回答他，在车厢内寻找着那个熟悉的身影，我要抓着她的胳膊（如同抓小偷一样）问这条信息是什么意思？信息中的"这里"指的哪儿？迎接我的是好奇的目光以及车子再次前行惯性所带来的后仰，我握紧扶手，匆匆扫了一眼，她不在这里，奇怪，我确实看到她上了车。窗外是缓慢挪动的汽车以及匆忙的人群，外面也没有她的身影。我拿出手机按下拨号键，提示空号请查证后再拨，还要怎么查？号码绝不会错，短短几分钟怎么就成了空号？我找位置坐下，怔怔地盯着手机屏幕上的信息，忽然听到司机说："刚上车的小伙子补一下票……"

　　挑着人少的站点下车后，我沿人行道漫无目的地走着，期间不停地拨打她的电话，仍提示空号。看来，她没跟我开玩笑。我回想着起最近的事情，没发现有任何不对的，一切都在正常前行，我也开始找工作——如果这个城市有合适的工作，我可以过来；县城有合适的工作，她也可以过去。我甚至琢磨是否要抽空见一下双方父母，毕竟我们在一起的时间也不算短了。谁能想到，她说撒就撒了。她没对我言明具体原因，想必是有自己的安排，要么是还没到挑明这一切的时机。假如她愿意，自会主动给我一个解释；假如不愿意，那解释与否也不再重要。这座城市没有什么值得我留恋的，除去诸多在水面漂浮的记忆之外，我不可能、也无法从这里带走任何东西。

　　我向四周看了看，想确认自己所在的位置，好找到回去的路。左侧是一个广场，有人扯着风筝在由红色青色砖块铺成的地面上跑来跑去。广场后方是个小公园，从我这儿恰好可以看到公园的入口以及入口后方一片绿色的小山包。在我右侧是弯曲的马路，一辆挂着外地牌照的银灰色轿车闪着转向灯停在路边，一个戴墨镜的平头青年从窗口探出脑袋正在看我。见我看过来，他连忙摆摆手向我示意。刚好公交站牌也在前面几十米处，我只好向他走去。这种无缘无故的招呼最是烦人，指不定有什么事情在等着你：多数是坏事，极少数是好事，还有少数是谈不上好坏的事。

　　"嘿，兄弟，"他又向下落了落车窗玻璃，朝我抬抬下巴，算是打过招呼。"问个路。"

　　在这条马路的前面是三岔口，正中间是高架入口，两侧是一个通向南环，一个通向北环（岔口旁边戳着标识牌，写得清清楚楚）。

　　"走中间那条。"我伸手指了指。

　　他把墨镜拉到鼻梁上，透过镜框上方打量着，"我还没说去哪儿呢。"

"你去哪儿也得走中间那条路。"

"我操！撞邪了！"他低声骂一声，想开车门下车（看意思是准备跟我比划两下），却被副驾驶的人拦住了。

"爱信不信吧。"我向车内瞟了一眼，副驾驶坐着一个打扮时尚的女人，涂着艳红的唇彩，在嘴角处有颗黑色的小痣。我继续向不远处的公交站牌走去，心想这小子算是问对人了，自己来这里这么多次，还从来没有不迷路的时候。几分钟后，我在站台等公共汽车，看到那辆银灰色轿车向中间高架的入口驶去。干燥的空气中弥漫着燃烧橡胶轮胎的焦味，在汽车行驶的方向，一股灰白色的尾气从排气管中钻出来，车子驶上高架，开远了。公共汽车依然没来。

这股气味是从哪儿发出的呢，我向四周张望着，试图找到源头。今年儿童节的时候，我再次嗅到了这令人作呕的橡胶味。我还记得她留下的最后一条信息（早已从收件箱删除，手机也换了两三部）：我在这里等你。怎么会有橡胶味呢？像是汽车轮胎在晒得发烫的柏油路面上急速摩擦后所散发的。在我目力能及的范围内看不到汽车，也看不到柏油路面，多是用方砖铺成的甬路以及弯弯曲曲的鹅卵石小道。我的正前方是小区幼儿园，一排排七层楼高的居民楼拱卫在它旁边，停在楼下的有电动车自行车三轮车，唯独没有汽车。孩子们聚集在操场上：表演节目的在舞台两侧准备，充当观众的坐在台下。头顶的太阳越爬越高，爸爸妈妈爷爷奶奶叔叔阿姨们站在操场外的树荫下伸着脖子透过竖在外围的隔离网向里面看。几十几百个孩子叽叽喳喳的，你说一句我说一句，很快他们就听不清对方在说什么，只好提高音量朝彼此喊着。我怀疑自己来错了地方，这里不是幼儿园，而是鸡崽孵化场。这种情况一直持续到小主持人（穿着一身红色长裙，看不清是否有化妆）拿着话筒走到舞台上才有所改善。无论是孩子还是家长，都期待这些小家伙能给他们带来些许快乐（至少我是这么认为的）。我想从坐在舞台下的观众里找到自己的孩子，很快就放弃了，小家伙们穿着统一的服装（表演节目的除外）乱七八糟地坐在地上，还时不时跑来跑去换着位置，与其说他们的任务是充当观众还不如说是扮演球员来得更贴切。安静的状况大概维持了五分钟，便再次恢复了原样。一排穿汉服的孩子们拿着扇子在舞台上转圈，有的向左转，有的向右转，还有几个愣在原地不知道该怎么转，只好扇起了扇子。台下的小朋友则在比赛谁的嗓门更大，累了就喝水休息一会儿继续叫。老师坐在舞台一侧的阴凉处玩着手机，时不时对准舞台拍几张照片（这是她的主要任务），这些照片会选出几张贴在教学楼的宣传栏上。家长们则地指着操场中央对身边的邻居说，快看快看，那是我儿子那是我女儿那是我孙子……闹哄哄的劲头丝毫不亚于小朋友们。我想，要是让家长和老师在烈日下表演充当观众，孩子们在树荫下看热闹，情况会好许多。

　　实在受不了如此热烈的氛围，我离开家长群向一旁走去。然后，我看到了那个人——在操场的最外围，他正在努力向舞台看去。这个动作对他来说十分艰难。他坐在轮椅上，两只脚翘在空中，配合上半身的扭动寻找着合适的角度。给他带来最大阻碍的是头部，整个脑袋歪向右侧，脸朝左后方扭着。在我看来，他仿佛在盯着用来固定隔离网的立柱顶端刷着绿漆的圆球。还是别看了，这样就不会失望了，我暗自说道。

　　小区里有这样一个人，我是早就听说过的，却一直都未曾遇到。要么彼此出来的时间不对——从晒得黝黑的脸庞能猜到他经常在外面逛，要么他没注意到有我这样一个人存在——不然他完全可以像说"不要着急、不要着急"的老妇人（她也消失很久了）一样在路上等我。听说他是从墙上往下跳摔成这样的，可能是因为落脚点没有选好，也可能是高估了自己翻墙头的水平，最后只能坐在二十五毫米粗、零点二毫米厚的钢管焊成的铁架子上，他是再也没机会去翻越围墙了。我不知道他是出于什么样的原因，不知道他是主动还是被动，也不知道重新来一次他是否仍会做出同样的选择——可哪儿有第二次机会？在他旁边，两个戴红领巾的女孩正在说悄悄话，却被他挣扎弄出的噪音打扰。个头较高的女孩不耐烦地说："你别瞎闹啦，比里面那些小破孩还欢实。"他嘴中发出"略略"的声响，继续挣扎着看向操场中心。他穿的深红色短袖的胸口处有几块大片的深色污迹，像是吃饭粘上的油渍。在调整视线的过程中，挂在轮椅把手上的布袋不停地拍打着靠背。我的目光沿着他的视线在立柱顶端的圆球上稍作停留便返回舞台中央，扇子表演已结束，接着是舞蹈。两排穿着汉服的孩子（不知道为何总是汉服），一会儿往前走两步，一会儿又往后走两步，伴随着从音箱传出的歌声挥舞着衣袖：长亭外，古道边，芳草碧连天。晚风拂柳笛声残，夕阳山外山……女声版的《送别》，听起来颇为婉转悠长。我的视线经由隔离网再次落到他身上。他停止了挣扎（应该是想通了，从这个角度，坐在轮椅上是无法看到舞台的），开始跟着音乐节奏晃动脑袋。两个女孩见他不再吵闹，又继续说着悄悄话。

空气中橡胶的气味没有因为我躲到操场角落而有所减少，轮椅男与站在旁边的女孩似乎并未觉察到这股忽然出现的怪味儿（之前我多次接孩子放学，从未闻到过）。还有一种情况，就是他们也闻到了，却没有表现出来，这场闹哄哄的表演对他们还是很有吸引力的。有谁不希望在平淡的生活中能出现这样一件可以增加些许趣味的事儿呢？要是没有这个活动，照看孩子的妇女们只能三五成群地坐在小区的凉亭里、树木或楼房的荫凉下说些家长里短的破烂事儿。那些孩子要么躺在婴儿车里睡觉或哭喊，要么同别的小朋友追逐打闹。在上午九点、下午两点、傍晚六点，她们会准时地出现在昨天待的地方，延续着永远都说不完的话题，这种情形会一直持续到冬天（毕竟外面太冷了）。每次见到这些奔跑打闹的孩子以及守护在旁边闲聊的家长，我会感到无比的温馨、宁静。最引人注意的是其中一位母亲——在人群中我无法凭借外表判断出究竟哪个是她，她喊孩子时总是会拖一个长音。孩子的名字是狗胜（谐音像，应该是小名），每次她都会这样喊：狗胜胜胜胜胜胜胜胜——胜字的发音会延续一分到一分半钟，像唱陕北民歌。要是狗胜同学未能及时做出回应，她就会不断地喊：：狗胜胜胜胜胜胜胜胜……拉着长音。我无法确认她的呼唤是否给狗胜带来了不好的影响，但每次只要她一张嘴，附近的人们就会静静地等她喊完再继续说话。我想从杨雨韵的口中得知这歌唱家究竟是哪一位，她总是警告我收起自己乱七八糟的想法。我能有什么想法，无非是希望狗胜的母亲可以去追求梦想，到更宽阔的舞台——比如荒野或者沙漠——去展示才华。

但愿他们都能找到自己的归处，我心想，包括那位沉默的老太太。她一言不发地盯着你，脑袋随你一起转动。哪怕你直视她的眼睛，她也不会转移视线。她无所畏惧。既然如此，那就让她去该去的地方，和镇上神神叨叨的老人们一起，追随皂荚树而去吧。

听这些坐在石墩上晒太阳的老人说，他们像我一般大的时候，这棵皂荚树就这么粗了。需要三个成年人合抱才能搂住树干，每次穿过操场回家从它旁边路过，我都会惊讶于它旺盛的生命，二十多米的身高，向四面八方延展的树枝，即便相距一百米一千米一万米，它也能从村中几百间房屋的包围下脱颖而出并瞬间引起你的注意。它的树皮早已脱落，光滑的树干裸露在外，把手按到上面，能够听到汩汩的水声。这绝不是我的幻想。它深扎于地下的庞大根系伸入到了暗河之中，这声音就是河水传递给我的信号。水流从雪山之巅跃下跌入深渊，沿缝隙渗入地下汇聚成河。河水在通道内急速地奔腾着，撞到石壁上溅起几米高的浪花。这些浪花不停地撩拨着从穹顶上方探出的根系，让根系随它们一同颤抖。在可预测到的范围内，我不知它们最终会流到哪里，或许是融进长江黄河再奔流入海，或许是汇入某个内陆湖栖息于此，要么便始终盘桓于地下。它们自有归处。尽管我不知道它最终会到哪儿，却仍觉得当一条奔流不息的大河总要好过只能站在地上的皂荚树——哪怕它看起来是如此威武雄壮，难以撼动。而成为这样一棵大树，总要好过渺如尘埃的我。

上体育课时，我趁人不注意向操场之外溜去，想躲到树下乘凉。孙猛一伙儿正围在一起玩着什么，见我走到附近，他向我摆手喊我过去。这家伙是我们班级一霸，个头不高，却相当壮实，皮肤黝黑，嘴巴与额头均向前凸，胳膊和脸上布满了长长的黑色汗毛，与混入人群的猩猩毫无差别。

我一步步地磨蹭着，思忖着对策。

他见我故意拖拉，便喝道，"快点儿！别让我过去踹你！"

他妈的！这家伙仗着跟畜牲一样壮，没少欺负他爹。没办法，我只好紧走两步，到跟前才看到他们在逗一只白色的鸽子。

鸽子的腿上系着棉绳，绳子的另一端被孙猛攥在手中。它匍匐在地上，扇着翅膀希望逃离束缚，最终只能贴着地面转来转去。孙猛扯了扯绳子，它晃悠着站起来，走了两步便再次跌倒。绑着绳子的腿显然是瘸了，翅膀也被人掰断了。

"你看，它跟你是不是很像？"他说着，扯了一下绳子，鸽子站起来走了两步又再次跌倒，徒劳地扑棱着。"知道我为啥叫你过来了吧？"

我低头看着地上的鸽子，没有答话。

"你不跟它打声招呼吗？"说完，他用右手掐着我的后颈，把我摁到地上。

它吓了一跳，咕咕叫着，小巧的脑袋歪向一侧，用淡黄色的眼睛瞅着我，

"快点儿，打招呼！"他用力一握，掐得我差点儿晕过去。旁边看热闹的同学越来越多，有人轻声笑了起来。

我只想赶快逃离这尴尬的困境，结结巴巴地对鸽子说："你……你好。"

它对着我的那只眼睛眨巴了一下，喉咙再次发出了"咕咕"的声音，然后又开始扑扇翅膀。棉线在它的身上越绕越多，越缠越紧。

孙猛哈哈笑着，朝我的屁股踹了一脚，骂道，"废物点心，算你听话！滚蛋吧！"

我只觉得脸颊发烫，连忙从地上爬起来，灰溜溜地挤出人群，向操场外面走去。等我坐在树下的时候，那些看热闹的同学已经散了，只有孙猛自己拖着躺在地上的鸽子走来走去。我把脑袋埋进膝盖之间生气地哭着，因为自己的委屈，更因为自己的懦弱，要是刚才有勇气朝孙猛那张可恶的脸上打两拳，即便打不到或挨一顿揍，结果也不会变得比现在更坏啊！我狠狠地咒骂着这个连畜牲都不如的东西不得好死，最好天上能掉下陨石砸到他的脑袋上把他拍成肉泥！死得这么痛快倒是便宜他了。胸口异常憋闷，堵得我喘不过气来，只想啊啊大叫。这时，有东西轻轻地砸在了我的脑袋上：一片扁扁的还未成熟的嫩绿色皂荚。难道你也欺负我？我抬起头向上看，只见无数个大小不一的

光点在绿色的伞布上眨着眼睛，时不时会有几个随着微风的舞动扑入我的眼帘。

看到这些发光的小精灵轻盈地在枝叶间跳动着，我恍然觉得自己正沉在水底仰望着深邃而高远的绿色海洋：在海洋的最深处是如此宁静，没有任何东西能打扰我、伤害我。可以的话，我宁愿一直待在水底，再不出现。

"啪嗒"，又掉下一片皂荚，落到我的额头上，把我从水底拽了出来。我变得无比愤怒，难道是有人在树上捣乱，故意不让我一个人老老实实地待着？我站起身子，盯着树枝寻找着，终于发现一只灰色的鸽子隐藏在枝桠的绿叶之中，与孙猛虐待的那只长得一模一样（除去毛发之外，我确实看不出有什么区别）。它用小小的尖喙在树干上扯着，并时不时扭头瞅向操场中央，然后继续扯着。在它啄动的过程中，偶尔会有几片皂荚落下。这鸽子变成啄木鸟了？我仔细看了一会儿，才发现它在跟一根尖尖的皂荚刺较劲，想把刺拽下来。

"呼"的一声，有阵狂风涌进了我的体内，裹着血液直冲头部。风势过于凶猛，即将挣脱躯体的束缚，从头顶蹿出。整个天地忽然晃了一下，我大口大口地呼吸着，扶住树干，以免被风吹倒。一片皂荚落在我身前不远处的红砖上（有的人嫌地上不干净，就把砖块垫在屁股底下，似乎这样就不会弄脏裤子），孙猛还在操场边缘拖着鸽子溜达，远处是一群往复奔跑争夺篮球的男生，除了没用嘴咬以外他们用上了所能想到的一切办法试图把球抢到手：脚踹手抓胳膊戳脑袋撞，彼此纠缠在一起如同抢骨头的疯狗，篮球架则孤零零地站在距他们五十米远的地方看着热闹，从它记事起就一直在扮演看热闹的角色，一茬一茬的孩子从它身边跑得越来越远，跑过了校园的黑色铁皮门，跑过了操场，跑过了街道尽头已经开了十几年的小药铺……至于他们最终跑到了何处，它就无法看到了。在他们不停更换和跑动的过程中，它始终矗立在操场一侧，等待着某个机灵鬼抢到篮球再投进篮筐里。在它的印象中，这种几率是很小的，无限趋于零。那群混蛋们从来不肯把球投向篮筐，仿佛与篮球有不共戴天的仇恨，他们只想踢它踹它弄死它，从未想过投篮。这种情况一直持续到现在，它支架上的防锈漆开始脱落，变成指甲般的小片（或更小的碎片）消失在土里，消失在风中。用四片杨木钉成的篮板已变得弯曲，间隙大的都有一根手指头粗了。它能预料到，用不了多久，在阳光雨露的滋润下，自己会轰然倒地变成一堆破烂。而那群混蛋呢？还是跟当初一样，没有丝毫改变。在这十几条疯狗的东边，是一群坐在墙角阴凉里的女生。她们穿着白色粉色红色黄色蓝色的裙子彼此倚靠，打着瞌睡，不时地用纸张扇着凉风。体育老师没在这里，想必是回了宿舍，躺在一米五宽的单人弹簧床上，两腿交叉翘在书桌上，一边吹电扇一边看着小说。他对小说的喜爱远远超过了教我们体育。他也弄不清为什么要给这些孩子安排体育课，干农活放牛放羊不就是锻炼身体吗？没有人注意我，大家都在做着自己喜欢或不喜欢的事情。我捡起地上的砖头，向背对我的孙猛走去。在他听到脚步声转过身之前，我举起砖头狠狠地朝他头顶拍去："操你妈！让你踹我！"

他像猪一样哼哼了几声，便老实地躺在地上不动了。我捧着鸽子跑回树下解绳子的时候，它还在闹腾呢，看来一时半会也死不了。至于腿和翅膀能否恢复，我就不知道了。把它留在皂荚树下，也没管另一只鸽子会不会飞下来，转身跑了（以免挨揍）。

它还是死了，当我离开镇中学之后，在某个雷雨交加的夜晚，一道没长眼的霹雷砸到了它身上。狰狞的黑色裂痕从主干分叉处一直蔓延到地面，远远望去，像是趴着一条蜈蚣。看着它依旧繁茂的枝叶，我本以为一切都会没事儿，这恐怖的炭焦伤口并不会造成太大影响，可没过几天，树叶就开始变黄，生机顿消。整个秋季它都没有缓过劲儿来，渐渐枯死了。那些整天晒太阳的老人也到树下看过，一致认为是它活得太久成精了，才招来雷劈。他们说这些话的时候，爬在脸上的皱纹仿佛都变浅了。或许是为了验证他们的话，开春后这些老人便一个接一个地随皂荚树离开了。当时，整个镇子的上空都弥漫着一股翻晒旧被褥的霉味儿，柔和的春风亦无法将这股霉味儿吹散。对这些再正常不过的生死之事我没什么看法，唯独感到可惜的是自己再也不能从树干中听到汩汩的水声了。

　　小区的入口就在前面，不足百米，马上就要到了。我从未想过，在这个寒冷的早晨，路会变得如此漫长。明天周末，学生们也放假了，自己能好好补个觉。一周只有一次，那辆用坦克和铲车改装的垃圾运输车在周末才不会准时到达。每天凌晨三点，他们就会开着改装车来清理小区内的垃圾。我宁愿相信他们是出于避免扰民的目才会选择在凌晨三点采取行动——只要倾倒垃圾的动作足够小心。实际上，我从未听到倒垃圾的声音，我所能听到的只有车厢传出的"吱扭砰砰咣当"的响动。出现此类响声往往有两种可能：一是这辆运输车保留着坦克的履带，一是车厢四周的铁板是用绳子绑在一起的。我总觉得自己正躺在路边（而不是三楼卧室的床上），一辆拉着即将散架的拖斗的坦克车碾着石子不停地撞向旁边的电线杆，要么就是一辆铲车在由碎玻璃堆成的大山前面铲着：把大堆的玻璃分成小堆，再把小堆的玻璃聚成大堆。它所发出的声音足够嘈杂足够响亮，瞬间就能把我吵醒，不管我做的是美梦是噩梦还是根本没做梦，我甚至怀疑他们存在的唯一目的就是借清运垃圾的借口在凌晨三点开着这辆快散架的改装车停在窗外把我吵醒。我特别羡慕躺在自己旁边的人，她丝毫不受干扰，真令人费解。我向物业服务处反应这件事，他们信誓旦旦地保证：从未安排过由坦克与铲车改装的运输车在凌晨三点处理垃圾，从未见过用绳子与铁皮捆成的车厢。他们的车斗是焊接在一起的，组装部分用的是 10.9 级的高强度螺栓，并在会发出响动的地方增加了橡胶垫片，绝对不会像散了架一样咣咣直响。我问他们清运垃圾是在什么时间。他们回复不定时，但绝对不会扰民，并表示将密切关注此事，一定把捣乱的人给抓住。从物业服务处回来的当天晚上，垃圾运输车由一辆变成了十辆。我站在窗口向他们表示抗议，可微弱的声音很快便被洪流冲得无影无踪了。这群混蛋！我决定采取行动，面对面地同他们理论一番。

我提前在垃圾桶旁边守候着，待声音响起时，飞快地跑到了路中央。与我想象的略微有些出入，这只不过是一辆机动三轮车。在车灯明晃晃的照耀下，昏暗的路灯彻底失去了功用。见我冲出来，有两个人从车斗内跳下来，问我为什么拦住他们。他们的打扮十分古怪，戴着厚厚的口罩，整个身体都裹在类似防化服的衣物里。我怒气冲冲地说，"你们怎么总是在这个时间段清理垃圾？！不怕影响别人休息吗？！"

他们对视了一下，其中一人嗡嗡地说，"我们不是在清理垃圾。"另一个人又补充道，"也没人反映有影响。"

"那你们在干嘛？深更半夜的！"

"无可奉告。"他们一起回答说。

"你们的上级是哪里？我要投诉你们！"

"无可奉告。"

我还想再说几句，甚至打算报警。忽然听到背后传来婴儿的哭声，

"哇哇……哇哇……"听起来凄厉而恐怖，吓得我汗毛都竖起来了。我赶紧转身，附近除了几盏路灯与黑乎乎的绿化带之外，没有任何人类。那两个人已经返回了车厢，神色紧张地注视着四周。车子再次启动，朝着越来越远的"哇哇"声追去。吵得我无法入睡的嘈杂声再次从车厢下面发出，机动三轮在平坦的马路上颠簸着，在尽头的拐角处脱离了我的视线。一切恢复正常，四个垃圾桶依旧满当当地立在我身边，散发着令人作呕的酸臭味。这条路上，除了我，再也看不到半个人影。让我无法理解的是，如果他们想逮什么东西的话，干嘛要弄出这么大的声响呢？

时间一久，我反而习惯了在凌晨三点醒来，然后听着坦克与铲车所发出的嘈杂声，想象他们在每个垃圾堆旁边转悠的情形，直到再次入睡。有时，我发现自己也穿着防化服坐在车厢内，同他们一起，趁着夜幕的掩护下到各个垃圾点附近巡逻，试图捕捉一种能模仿婴儿哭声的东西。我们从未成功过，因为在到达之前，那东西就跑了。其中一个家伙问我怎么也来了，我回答说："还不是因为你们！"在这胡思乱想中我才能慢慢睡着。唯独周末是个例外，由于车辆要保养或检修（感觉毫无必要），工作人员要休息，三轮车也需要休息，我也需要休息。

我躺在床上，却无论如何也睡不着了。整个晚上断断续续地只睡了两三个小时，反而越来越精神，宁肯睁大眼睛望着屋子的顶棚，也不愿闭上眼睛。我想起了穿蓝格子外套的男人。他茫然地盯着前方，双眼通红。他最需要的是躺在地上休息一下，睡个好觉。周围有人已经拨打了电话，还有几个跑到路中央维护秩序，而他能做的只剩下等待了。一辆银灰色轿车斜停在路边，车头的右侧凹进去了一大块，警示灯不停地闪烁着。这都是我的错，我不应该走到人行道的外侧从而吸引了小男孩的注意，他的叫嚷声分散了在前面骑电动三轮车的老妇人的注意力。他为什么要如此迫切地喊叫呢？在人群中，类似我这种穿着打扮的人虽然不多，但绝不应该引起小男孩如此大的反应（我不记得自己欠他的钱，甚至从未见过他），可事实上，我确实有不可推卸的责任。这个梦困扰了他很长时间，从记事开始，他就断断续续地做着同一个梦：自己漂浮在空中，看向下方一个衣着破烂的人走在路上。这人似乎没有目的，一会儿向东，一会儿向西，整体上一直在向南。他看到他爬过低矮的小山，在山脚下的老屋里睡觉。他看到他在农村的田间地头或城市的垃圾桶内翻找食物，放进嘴里咀嚼几下又啐到了地上。他看到他在河里像疯子一样拍打着水面，追逐从旁边游过的小鱼。他看到他的头发变成了灰白色，身体逐渐佝偻，越来越老，随时准备躺在某个地方再也不醒来。他看到他从一个村庄走到另一个村庄，从一座城市走到另一个城市。他对母亲说过这个梦，母亲从最初的平静到慌乱，然后带他去医院检查再重归平静，他终于乖巧地闭上了嘴巴，不再在饭桌上向父母讲述连续剧般的梦境，以免看到他们眼里的失望。直到有一天，他独自一人在房间内玩轨道车，火车已经驶过峡谷钻进隧道，他的奶奶（一个话不多的慈祥老人）坐在他身边，问了一句："那个人走到哪儿啦？"从此以后他才有了诉说对象。他们两个共同跟随流浪者的脚步，看到了许多见过与没见过的东西。终于，他发现流浪者走到了自己所在的城市。他兴奋地把这个消息告诉了自己的奶奶，并央求她领着自己去找他。即便他在梦中走过了很多地方，但终归是从空中向下观看，并未真切地感受过冬季荒野上的寒冷与孤寂，也不曾真切地体会过拳头落在脸上和腹部所带来的痛感。这座城市在流浪者看来毫无特别之处，但对他来说，家庭学校之外的地带与茫茫宇宙中等待人类探索的星球并无太大区别。他需要老人的帮助。听到这个消息后，她毫不犹豫地拒绝了小孙子的请求。哪怕他是个真人，只是出现在孙子的梦中，还在她的承受范围之内。假如，他真地出现在眼前，那……谁知道会发生些什么呢？更令她害怕的是，如果他没有来到这座城市，也没有出现在孩子所说的地方，那该如何是好？她该如何回答并证明流浪者是否存在呢？她该如何面对孩子明亮的眼睛，又要用什么样的方式将这件事（无法证明对方是真实存在的）所造成的伤害降到最低呢？毕竟最近三四年的时间里，他们一直在追随这个人的脚步，甚至可以说已经看完了别人的一生。终归，她还是拗不过自己最疼爱的小孙子，从楼下的储物间里推出了小电动三轮车。它是她的老伙计，平常买菜买衣服少不了它的帮忙，小小的后座上恰好能装下小孙子，刚刚好，待他再长大些，就够呛了。她本打算坐公交过去，可那人在不停地走，谁知道要换乘多少次公交车才能到他附近呢。她一直留意着路边的人，遇到几个同样装扮的，却都不是那个人。刚到这儿，听到小孙子的呼喊，她只是稍稍扭头看了一下，前轮不知压到了什么东西，三轮车不听话地向左侧的机动车道拐去。

　　路边男人的脸上写满了绝望。他一大早向这里赶，一路小心翼翼，终于平安到达了。他来过几次，知道这个时间段路上人多且乱，打起十二分的精神，时刻注意着路况的变化。经过红绿路口时，他还特意迟了两秒钟，等同排的车辆已穿过路口、后方的车主不耐烦地按上了喇叭他才发动汽车。过了十字路口，他稍微放下了悬着的心，在这座城市发生任何意料之外的事情——无论大小——都会给他带来巨大的麻烦。他踩着油门准备提速，一辆小电动三轮从右边拐了出来，吓得他赶紧踩死刹车。刹车片发出"吱"的一声尖叫，轮胎抱死后在地面滑行了一段距离还是撞上了三轮车。用手指向某处的小孩子也被甩了出去——他多么希望这个小孩是自己跳下去的啊，为避免受到更大的伤害而主动跳到地上，不是毫无准备地被甩出去。他闻到了一股焚烧橡胶的焦味儿，熏得他连连干呕。完了！他心想，自己一定是疯了才长途奔袭赶来这里。上次离开时，已经暗自决定再也不来了。这才过了多久，就又跑来了。一直侥幸，终于出事儿了。他要用什么样的理由才能骗过她呢，才能解释所发生的一切：早晨急匆匆出门，然后在四小时车程之外的城市撞到了一辆电动三轮车，更严重的是还有人受伤了。

他为什么来到这座城市，又为什么如此匆忙？这不是我所能预料的。或许之前对所有事情的猜测都是错的，不过是自己的胡思乱想罢了。我朝路边走了几步，想看看被甩下车的小男孩伤得是否严重。他的头发理得很短，穿着红色的运动短裤，运动背心，一双白色的运动鞋（一只在脚上，另一只掉在一米外的地上），脸朝下趴在地上一动不动。从外表看不出受伤的痕迹，也没有血迹。我想起了挡在鱼雷和我之间的小男孩，他可没这么幸运，变成了一束红色的光，还好只是个梦。围在旁边的人群忽然向外散开，并发出诧异的惊呼。小男孩的胳膊动了动，直起身子坐了起来。啊！还好没事儿。我注意到所有人（尤其是我自己）的呼吸都变轻松了。他揉了揉脑袋，诶呦了几声，坐着向四周张望，看见我之后，眼睛倏地亮了，嘴里叫着："奶奶奶奶，快来快来！"老妇人正从不远处一瘸一拐地往这里走，再次听到小孙子的呼唤差点儿哭出声：还好一切没事儿。

他脸上挂着得意的笑容，指着我说，"我见过你。"

我挠了挠有些发痒的头皮，无奈地回答说，"我知道，你见过我。"可不是嘛，刚才他就看见我了。

他笑得更欢了，想站起来，却没成功，估计是落地的时候崴到脚了。

"你没事儿吧？疼吗？"我关心地问着，真不希望这小家伙有什么事情，至少不应该与另一个相似。

"没事儿，脚崴了。你要走了吗？"

"是啊，我要走了。你以后注意点儿。"我指了指停在路边的银灰色轿车。

"好！"他用力点点头，挥着手说，"再见，流浪者。"

嘿～想不到我又新名字了。"流浪者"听起来可比"臭要饭的"强太多啦。我转身，离开人群，恰好从老妇人（有两名路人在搀着她）旁边经过，她看都没看我。

我偷偷地瞄着他的背影，暗忖在此期间一定发生过什么，却无法记起确切的事。我甚至忘了从头次遇见他到目前一共过去了多少个白天多少个黑夜。或许没过多久，因为在墙外斜向东边生长的槐树还是同以前一样，没有变得更粗壮或更细弱。无数枚挂在枝头的椭圆形树叶也同以前一样，没有变得更大或者更小。非要指出变化之处那就是本来自己能轻松跳过去的墙头长高了，我无法再轻松地征服它了（跳过去等同于征服。至少他们就是这样征服大山大河沙漠海洋天空的。站到山顶上就征服了高山，穿越沙漠就战胜了沙漠。而我在这里所说的不过是一道低矮的围墙，当然可以用"征服"这个词）。以前这里由我做主的时候可不这样……不，不，不要这样想，我要遏制对往昔的怀念——毕竟它不比现在或将来更好或更坏。

我是没办法把他从屋内赶出去了，看着自己的地盘让人弄得乱七八糟真是一件可悲的事情。编织袋就放在东屋的角落里好了，为什么要拿出去？估计他是不知道编织袋内柔软的杂草都是我亲自一把把塞到里面去的。地上用来做食物储藏室的洞别再填平了，那是我花费了诸多心思和体力挖的，走路时你留神点儿不就好了，等过段时间熟悉了环境，哪怕不低头你也能完美地躲开它们，既然这样，那干嘛要把这些洞都填上呢？莫非你平整之后的地面会比现在更美观、更有趣吗？要填平它们我也没有意见，你要把食物都拿出来啊，不然就浪费了！真看不出来这个胡子拉碴的人还敢大手大脚地浪费粮食。不过，随他去吧，我已经做好了将一切都恢复原样的打算。当然，要在他离开之后。看着眼前熟悉的环境渐渐变得陌生，我不断地告诫自己一定要忍耐，忍耐。不然，我完全能预料到自己的下场。

在没发生这件事儿之前，我最害怕的东西是村里的那两条狗：黑亮的毛发，结实有力的四肢，雄壮的身躯。只要看见它们吐着鲜红的舌头从旁边走过，我就紧张得浑身发抖，除了僵硬地站在原地，做不出任何动作，哪怕是低下脑袋躲避它们的目光都无法做到。我害怕自己稍不留神就会被它们咬到。看这尖锐交错的牙齿，冲着你的脖颈咬一口，定会疼个半死。它们是如此强大，可能往前倒一百年曾经有狗或者人挑战过它们的权威，但自从我来到村里，就没见过什么动物能在它们面前保持镇定。村里没有虎豹豺狼，也没有猛犸巨象，它们称得上是王者了（当它们的主人不在附近的时候确实如此，毕竟，狗终归是狗）。

那天下午天空阴沉沉的，没有风，空气凝固了似的一动不动，完全感受不到昨夜雨后的清凉。一群人围在街道中央，时不时有母驴的叫唤声从人群中传出。难道有人在表演杂耍？我摇了摇脑袋，试图把震得脑袋发蒙的噪音赶出去。不，我刚才判断错了，驴的叫声绝不会有这么大的杀伤力。我跟着在前面带路的他一起挤了进去。不看还好，弄清状况后我就后悔了，恨不得立刻转身逃走，那两条狗竟然也在。它俩站在一个肥胖的中年妇女旁边，见到我挤进人群，便瞥了我一眼。

闷热感顿时消散，取而代之的是丝丝凉意。我真想转身就逃，又怕它俩误以为我是在挑衅它们，只好愣在原地一动不动。驴叫声是从它俩旁边胖妇人的口中发出的，她竟然没有脖子，只有三个硕大的下巴堆在肩膀上一上一下地抖动着，同时从隐藏在下巴后方的某个器官内发出了烦人的聒噪声。站在母驴对面的瘦弱女人做了错事，低着头，不言不语。或许在我们挤进人群之前她已经把话说完了，或许她也被对方的吼叫神功震得头脑发晕而不知该如何回答以免招来更猛烈的攻击。我一直盯着胖妇人脸颊上凸出的咬合肌，暗自揣摩她每天都吃什么东西，才能将那两块小小的肌肉锻炼得如此强壮。只听胖妇人吼道："腿断了是他活该！跟我们有屁关系？你说是我家孩子推的那就是我家孩子推的啦你怎么不说是玉皇大帝天王老子西天佛祖的孩子推的你怎么不说是你推的你怎么不说是那小畜牲他爹推的你有什么证据有证据你就拿出来没证据别血口喷人我告诉你不要欺负我们老实老实人也不是那么好欺负的小心让你吃不了兜着走再乱说看我不撕烂你的臭嘴！呸！"她正用破锣嗓子嚷嚷着，旁边一个脸上布满雀斑的男孩忽然说，"没人推啊，他自己跳的，怎么没摔死？"胖妇人向后拽了拽他的胳膊，显然是不想让他继续说下去，不知是有意还是无意，这么一拽竟把小胖墩手里的链子给弄掉了，其中一条狗似乎是得到了进攻的指令，后腿蹬地，猛然蹿起，直扑对面的瘦弱女人。我心中一慌，看样子这可怜的女人要遭殃了，千万别连累到我啊。看热闹的人慌乱地向四周散开，我也准备趁乱溜回自己的住处，趁他还在看热闹的工夫，很快就能把他布置好的东西给破坏掉，恢复房屋本来的样子（房顶被翻盖过，以前的破洞还要再想想办法才能复原）。我胡思乱想着，慢慢向后退——还有一条狗待在对面，要避免引起它的注意。

　　我偷偷地瞅了他一眼，想确认老家伙是否像我一样害怕，没料到他竟向前跨了一步，刚好挡在那条狗前面。它已经跳了起来，任何试图阻拦的人，都要承受它残暴的冲撞和撕咬。只是它还没来得及咬到对手，脖颈上就重重地挨了一拳，吱吱地痛叫着滚到了街边。我不由得一阵后怕，没料到老家伙的身手如此厉害，幸亏偷袭的念头一直藏在心底，并未实施，要不然肯定会挨顿揍。他藏得真深，平常一点儿都看不出来。他的拳头上露着一截东西，像是钉子之类的，那条狗在地上滚了两圈，爬起来后痛苦地哀嚎着跑向远处，地上有点点斑斑的血迹。另外一条狗见同伴受伤，呲牙发出呜呜的低吼，压下身子准备扑向前面的人。胖妇人没料到儿子会突然松开狗链子，更没料到有人敢在这个时候出头，不过最出乎意料的是这个捡破烂的一拳就把狗打跑了。她轻轻踢了踢余下的那条狗，示意它安静下来，随即张嘴想说些什么——看来是想用她无敌的大嗓门把对手给吵晕。这时他慢悠悠地说，"有事说事儿，管好自家的狗，管好自家的娃。"说完瞥了一眼脸蛋煞白的男孩，慢悠悠地往回走。见他离开，胖妇人大声嚷道："你说什么？啊！你说什么？啊！你说什么？啊！你说……"

这人不会是吓傻了吧，我都能听明白他说的什么，可这胖妇人为何还是重复不断地问呢。她声音听起来真令人难受，我扭头对她吼道："别叫唤了！"也不管她有没有听明白，继续跟在老家伙的身后向住处走去。而剩下的那条狗卧在胖妇人粗壮的大腿旁，一直没有动作。我这可是头一次在这条狗面前扬眉吐气，真痛快啊！

想不到你也有今天！当初在我面前耀武扬威的时候没想到这一幕吧？我往他身上啐了一口，在夜幕的掩护下离开了操场。

上晚自习的同学们从旁边匆匆走过，没人会看向位于教室后门对面的水房。这个地方对他们没有任何意义，要不是值日需要洗拖把，都不会有人记起它。水柱急速地从龙头蹿出冲刷着墩布，偶尔会有几滴越过水池的围挡溅到我的裤腿上。尽管水池壁砌得已足够高，却还是不能把所有水珠都拦在里面，总有几个不安分的家伙弹跳力超强，想翻越围墙看看外面的世界。它们不知道在水池之外等待它们的只有肮脏的地板，此外别无他物，还不如安分地待在池子里跟其他伙伴一起流入下水道。我后退几步，离水池远了一点儿，赵青则站在门口，眼睛眯成了一条缝儿，过于肥胖的脸上挤满了讨好的笑容。他表示愿意跟我和解，并提出可以连续一个月请我出去上网：最豪华的包厢。看来这小子是学聪明了。最初，他还打算找帮手抵抗，但在整个高二，稍微有些名号的都知道张业不好惹，没人敢帮他的忙。不准备一直挨揍的话，他只有求饶一条路。我没料到他这么快就服软了，真是可惜。水房不足两平方米，天花板上悬挂着一只算不上明亮的灯泡，无数只飞虫围着灯泡不停地转圈，在四周的墙壁上投下了被放大的身影。我看到在废弃的面粉厂中央孤零零地立着一座三四层高的小楼，它附近是半人多高、长势旺盛的茅草。一个浑身沾满污泥的男孩被几个同龄人架着走到楼房的窗洞前："跳下去，我就饶了你。"我大声地对这个男孩说，"别跳！咬他们踢他们揍他们趁乱跑到楼下哪怕打不过你也要尝试一下就算让人踹下去也要拉个垫背的啊！别跳！"他没有听到我的呼喊，愣了几秒，便融入了黑暗之中。

"过去的事儿就让它们过去吧。"赵青见我没有理他，接着说，"当时咱们还小，都不懂事儿。"

谁说不是呢，过去的事情可不就过去了嘛。谁还能跳回过去，去改变已经发生过的事呢？或许有这样的人，可我并不具备在时间长河中跳来跳去的能力，只好一直记着，记着发生过的事。

"谁说不是呢。"我一边说着，一边走近水池，关上水龙头，哗哗的水声顿时停止，只能听到水珠沿池壁滑落到地上发出的滴答声。

将涮好的拖把竖在墙角，我对赵青说，"择日不如撞日，就今儿吧。"赵青一怔，随后高兴地说，"好好好，就今晚就今晚。"见我准备离开水房回教室，他赶紧走到我前面，打开门等着我进去。张业坐在倒数第二排，正好看到我们一起进来。他皱眉看着我，似乎在强忍心中的疑惑。等我坐下之后，赵青才从一旁走过，他抬起胳膊想拍一下我的肩膀，好让所有人都知道我俩已经和解了，只是手掌落到半空就拐外到了他自己的脑袋上，尴尬地挠了挠头。他真该庆幸自己的明智，不然我肯定要扇他几巴掌，当着全班同学的面。这种畏畏缩缩讨好别人的劲头让我觉得恶心，不过，更让我恶心的是从他刚才的举动中我看到了小时候的自己。那时，我是多么希望他能拍一下我的肩膀啊。

"风子，怎么了？"等他回到自己的座位后，苗不可说，"那小子是傻了吗？"

"谁知道呀。"我漫不经心地回答道。

"我看他还想拍你肩膀啊。"

"他敢？！爪子给他剁了！"

"哈哈，"苗不可笑着说，"你敢吗？"

我没回他的话，反问了一句，"你跟我讲的月亮的事儿是真的吗？"

"什么月亮？哦，你是说死人的事儿吗？"苗不可表情严肃地说，"当然是真的。不过你要是想死在那里怕是够呛，月亮不尖了啊。"

"你才想死呢，我问的是许愿的事儿！"

他思考了片刻（仿佛在做重大决定），随后说，"原来是你傻了。"

晚自习的铃声响了，嘈杂的说话声逐渐被书页的翻动声、圆珠笔与纸面的摩擦声所取代，有人嘟囔着背诵课文，有人在草纸上演算着未解出的试题，还有人入定般抱臂坐在位子上一动不动。孟若羽正在纸上快速地画着什么。我觉得自己与她之间离的不是几米，而是几千里几万里几光年，遥不可及。她生活在另一个宇宙之中，我只有在光里穿行跳跃方能抵达。我尝试着挣脱一切束缚，离开这里，直接出现在她身边。她打开的是化学练习册第十八页，正在计算第五个选择题。在她身体四周围绕着一股混合了洗发露与少女体香的特殊气味，我深吸一口，沉醉在充满诱惑的味道之中。身体缓慢上浮，从教学楼屋顶穿出，继续向上。学校逐渐缩小，连同整个县城都变成了一个针尖般的亮点，随后是整个国度，整片大陆，整个星球……我不停地向上飘，四周漆黑一片，没有光亮。我再次回到了那个细雨朦胧的夜晚，孤零零地躺在地上，咬紧嘴唇忍着疼痛不让自己哭出声。我听到了母亲的呼唤，她柔和的声音穿透沉重夜幕之下的厚厚的墙壁与浓密的树林钻进我耳中，轻轻地敲打着鼓膜。有多久不曾听到这声音了？原来它一直隐藏在我记忆的深处。它四周是堆积如山的尘埃与粉屑，随时都会倾倒，进而将这一丝亮光彻底湮没。我丝毫不怀疑它们有这种能力，即使现在没有，随着时间的推移它们终会到达临界值，将这温柔的声音从我的脑海中彻底抹去。多久了？五年，十年？三十年，五十年？还是整整一生？我睁开眼睛，发现自己依旧坐在教室里，头顶上方是一根根明亮的日光灯，它们是如此明亮，仿佛永不会熄灭，映得窗外的黑暗也没那么可怕了。这一会儿的工夫，旁边的苗不可已经做完了半张物理试卷。

成为同桌之后，他在学习上没少帮我。我多次跑出校园但成绩还能维持就是因为有这样一个排名第一的好同桌。而张业恰恰与苗不可相反，他能给我提供的帮助就是支持我做的每一个决定，无论是打架也好，逃课也好，他都会在行动上支持我。我对他说高中毕业后不准备继续读书了。他点点头说，"咱俩想到一块儿了，不过我是考不上。"

以他目前的状态，考个一般的大学都费劲，要是舍得拿钱就另当别论了。"毕业后你准备干啥？"我问他。"开网吧，现在这玩意儿是真赚钱，我正愁没人合伙呢，咱俩一起干。"我心里一暖，随口说，"那玩意我没接触过，怕是帮不上什么忙。""带你去几次就好啦，网上可什么都有呀，嘿嘿。"我越看他的笑容越觉得在这家伙的体内藏着一个卑鄙、猥琐的灵魂，并不像表面上看起来那么直爽，大大咧咧。

下晚自习时，我们结伴一起走回宿舍，我问过他，为什么要帮我。在我们身边是黑压压一大片学生，只能看到千百颗脑袋在不停地上下浮动。不知出于什么样的目的，从教学楼通往宿舍的甬道上只安装了两盏路灯，教学楼与宿舍楼下面各一个。我找不出任何理由不去怀疑该方案的设计者是个男的（几乎可以说是个败类），这种设计除了让男同学能趁乱在女生中摸一把以外，没任何好处，或许还方便了同学们在操场上打架时能更放心，不怕引起注意。把这两盏灯的任何一盏向路中间挪动一下（或再增加一盏），都会改变这种状况，但从来没人要求学校这么做。晚自习之后，女生们少则三五人聚在一起，多则成群结队地走回宿舍，同时，还要尽量离那些全然不知"龌龊"二字怎么写的败类远点儿。只有极少数大胆的女生才敢独自走这段路，手中也是拿着砖头，看到快速冲来的黑影就砸过去，然后拔腿狂奔。

张业问我是否还记得分班后我们第一次碰面的情形。我当然记得，怎么会忘了呢。班级重新组合到一起，彼此之间还不熟悉。有两个没长眼的家伙坐在最后排笑着问我能不能跑，并让我在教室里跑两步给他们瞧瞧。这两个家伙，一个高瘦得像根竹竿，另一个白净得像在脂粉堆里长大的小白脸。当时，我正拎着满满一暖瓶热水从后排路过：大课间去接水的人可真多，我足足排了五分钟的队。把暖瓶在自己的课桌下放好，我拎着凳子向后排走去，教室里很快安静了下来，之前与我同班的同学见势不妙，已经跑出去叫班主任了。张业刚好在最后一排看着热闹，我也注意到了这个如同狗熊一样壮实的陌生人，并掂量着要是这家伙插手帮那两人该怎么办，我没十足的把握能赢他。庆幸的是他没有多管闲事的意思。这件事过后，他开始主动跟我打招呼。他说，"别人打架只是打架，你小子完全不是这样啊！"

我们正说着话，突然从右侧的黑暗中跑出来一个人，看情况是打算跑到另一侧的女生堆里沾点儿便宜。他从我们前面跑过时，张业飞抬起脚飞快地踢在了他的小腿上，对方"哎呦"一声，重重地磕到地上，还滚了几圈，吓得女生们闪开了好大一片。

我们没有停留，继续走向宿舍。这家伙打架真的是个好手，干脆利索，不拖泥带水。与他交往越深，我越感激他这个朋友。这之后，很少有人再找我的麻烦了，着实让我安静了一阵。只挥手是不能赶走这些讨厌的苍蝇们的，要拿苍蝇拍狠狠地拍几下，能拍死最好，拍不死也得让它们知道你不好惹。他是这么说的也是这么做的。这是他的父亲——一个在县城汽车站开出租讨生活的男人——告诉他的，唯一能让你避免被欺负的方法就是变得更比对方更恨更厉害而不是一味地讨好示弱。这句话的对错暂且无法判断，不过在父亲的教育之下，张业至少变成了他所期望的样子：没人敢欺负他。在学校里没有，在校园之外亦是如此。当然，不排除有另一种可能，更厉害的人物自持身份，懒得搭理我们。

后方传来一阵叫骂声，想必是摔倒的败类在找下黑手的人，别说他找不到，即便找到了又能怎样？在学校里你弄不过的人，在学校之外还是弄不过。路灯逐渐排上了用场，照亮了宿舍楼前的一小块地方，从这里抬头向上，刚好可以望到同学们在窗户后面的身影。

"你让我想起了以前的自己。"从路灯下走过，一直沉默的张业没头没脑地说了一句。他落在地上的影子斜伸向后方的黑暗里，在灯光的照射下，越来越长。

教室的最后一排，张业趴在课桌上睡得正香。班主任从后门走了进来，我连忙转过身，拿出试卷，假装学习。我可没张业那么大的胆子，困了什么也不顾，想睡就睡。"咚咚咚……"后排传来指关节敲打桌面的声音，他肯定是在叫张业。无需说话，食指与中指曲卷，在桌面上敲几下就能把你从沉睡中唤醒，在睡梦中（于我们来说）这种声响听起来宛如钟鼓。我从来不敢在班主任的课上睡觉，以免让他发现异常。这会儿他到教室内溜达，那么晚上就会值班了。他巡查宿舍很有规律：第一次是在熄灯半小时后，第二次是在凌晨四点半，这两个时间我们恰好在宿舍。假如我有机会当班主任，肯定不会让学生们掌握自己的规律，而且我会拿着手电到宿舍楼后面转一圈，看看是否有人躲在围墙的阴影里。不过，这个想法恐怕是难以实现了。

即便我在脑海里将这个场景推演了无数次，可真到了关键时刻仍十分害怕。难道一路走来你还没想明白吗？难道你又要变得像以前一样吗？怕什么怕什么怕什么你？无非就是跳下去的同时向后推一下车座罢了，结冰的路面这么光滑，他本来就骑得很小心，轻轻一推就能让他摔倒，磕破膝盖，路面上被冻得硬邦邦的冰渣可不是好惹的。你只要控制好力度，谁知道是冰雪的缘故还是你的缘故而导致自行车摔倒的啊，要是你不逃跑（虽然必须要跑）他没准还要跟你说对不起呢。有什么于心不忍的，他是尽职尽责，但若不是因为他，你会在这里吗？接下来要面对的事情是你最不希望看到的，此时已别无选择了！你该庆祝天空依旧阴沉，没有破坏你的计划。他变得一瘸一拐的肯定没你跑得快，而你需要做的不过是趁着车子摇晃的瞬间跳下去，这辆老式二八自行车的后座距地面还不到一米，而你的脚掌距地面才几公分，你怕什么？院墙楼房那么高你都敢跳，还怕这点儿高度？莫非是怕没有退路吗？这一路上你不是早就考虑好了，沿着这条主干道向西跑，一直向西。别忘了，经过转盘的时候停留一两秒钟：不需要像那个在破庙里差点跪下的老人一样虔诚，不需要像那个在两百公里以外的城市中追赶公共汽车的年轻人一样困惑，当然，更不需要像多年前被人追赶得无处可逃只能抱头蹲在地上的孩子一样卑微。你只需远远地望着转盘中心的月亮（尽管它的两端已不再尖锐），然后在心里说出你的愿望即可。不用长久地注视，匆匆一瞥便足够。一秒钟之后，你要继续向西跑，跑到深南一集上，躲进从各个村子前来赶庙会的人群中。这时，你才能稍稍松一口气。他追到这里，也无法很快地从人海中把你找出来。切记不要松懈，继续向北，找到入口的门帘上印着巨蟒与裸女的大舞台，钻进门口（不要顾忌守门人的阻拦，更不要交钱买票），走左边通道找到第二个房间拉开红色的木板门对沉在水箱底部并不停吐泡泡的小美人鱼说你准备跟她走！等她浮上水面表示同意之后（要是她不同意，你就向她说明自己的难处，苦苦哀求她，万不得已可以指出她鱼尾上的破绽——缝在上面的白色棉线头，并表示你可以将这条鱼尾改装成无缝的天衣——换成与鱼尾同颜色的线），你才能彻底放松不必再怕他会追到此处。即使他能在庙会的边缘地带找到舞台并进入其中，也无法找到这个房间。张业不是亲身验证过了吗？除非他在骗你。在整个过程中你唯一需要担心的是他们是否仍在深南一集，庙会早结束了许久，他们不会停留在这里的。那你怎么办？去找他们吗？去哪儿找呢？你现在是不是开始后悔当初没有问一下小美人鱼（因为整个过程中只有她与你说了几句话）在庙会结束后要去哪儿。倘若她不知道去哪里（这种可能性还是存在的，毕竟她不过是无数个房间里的一条"假"人鱼罢了），你可以返回入口问一下售票人员或守门人，怎样才能再次看到他们的表演，这些奇妙的装置及表演很吸引你

（违心地说，撒个谎，没人会怪你的），他们肯定会告诉你的，即便为了你和朋友手中的几张十元的钞票他们也会告诉你的，至于能不能到达他们说的地方就是你自己的事了。只要跑得足够快，没有到不了的地方，你对自己说。然后听见他们说：谁知道呢，没准要去南边吧，听说那边有很多的庙会。谁知道呢……谁知道呢……难道你才知道吗？没想到从他们嘴里说出来的竟然是这种话，似乎他们不知道也在情理之中。如此看来，要弄清楚这个问题只有去问你从来没有见过也不知其是否存在的老舞了，下一站到哪里只有他知道（要是他也不知道，你就直接自荐成为他们的领队，让老舞给你当副手。一个连下一站去哪里都弄不清的人怎么能够当队长呀）。对，那就去找老舞。向从你身边走过的随便一个人打听：请问您是否见过这样一个人，他之前是水族馆馆长后来成了鱼贩子现在是大千世界舞台的领队。什么？您问他叫什么，他之前叫老鱼后来叫老舞现在可能叫老台老海老狗什么的，反正就是这样一队人。什么一队，哦，对对，不是一个人，是一队人。啊？我想找的是一个人还是一队人？随便啦，无论一个还是一队，哪个都行，您见过这群人吗？不不，您别急啊，什么怎么又变成了一群？唉，无所谓啦他们是一个人是一队人是一群人乃至根本不是人都没关系，只要您听懂了我的意思就好。哦，没见过啊，好吧。听完这些话，你真想扇对方一巴掌，没见过就早说嘛，东问西问结果还是没见过，真够气人的！这也是没有办法的事儿，浪费时间也要继续找下去，也要继续问下去。先向南，再向西，然后向北，再向东，这样绕一个圈儿总会找到他们的，等再次遇见，说不定小美人鱼变成了大美人鱼，生活在更大的水箱里了。

　　再有五十米就到小区门口了，现在是否下车，还是再多等一会儿？一路小心，总算到了，还好没出状况。主要是这个时间车少人少，要是从学校推着车子走回来，那可真够人受的。反倒是后面这小子，该让他多吃些苦，最好摔几个跤，看他下次还敢不敢。平时看起来老实巴交的孩子，却这么不听话，比起自己上高中那会儿可是差远了，好吧，自己比他也没强多少，似乎大家都是这么过来的，浑浑噩噩的，时间过得真快呀。"滴滴"两声，手机信息提示音。这个时间点儿，会是谁发的短信？同事？他们有事儿都直接打电话。雨韵？有可能，嘱咐我路上多加小心，等会儿再看吧。

　　车身猛地一晃，随即向路面摔去。我还没来得及撑住就倒在了地上。看到那些冰渣快速地撞过来，我连忙抱住脑袋。阵阵刺痛从膝盖与肘关节处传来，真后悔把大衣落在了办公室里，但愿坐在后座的小子摔得不严重。嗯？不对，怎么一点儿声都没有？这小子人呢？他早跑到了西边一百米开外的地方，一跳一跳的，像只刚逃出笼子的野兔！他一边跑，一边时不时回头看看，显然是怕我会追上去。这个小混蛋！地面这么滑，你就专心跑吧，瞎看什么！

　　见他缩头缩脑的样子，我就想揍他一顿。你说你要看就光明正大地站出来看，要么就老实待着等我们过来，探出半个脑袋往这边瞅，差点儿吓死我，还以为是什么变态流氓躲在男厕所。班主任巡查完宿舍，我们特意多等了一小时才出来，以免在楼道内不小心遇上还要费口舌解释为何穿得这么整齐还要结伴上厕所。他明显是等了许久，见到我们第一句话就是："你们可算来了"。欢喜之情溢于言表，我能理解他的心情：在这几十米长的楼道内只有为数不多的三盏灯仍然亮着，而且临近厕所的那盏还在不断闪烁随时都会熄灭。如果让我在这种环境下等他们，不要说半小时，一分钟我都无法忍受（要是她的话我能等到天亮）！今天有些奇怪，虽说在同学们的踩躏之下楼道照明灯的日子过得异常艰难，却很少一次性坏这么多盏。莫非有人知道我今晚要采取行动，故意搞破坏？这么看，他的目的已经达到了。刚刚赵青从厕所门口露出半个脑袋，在忽明忽暗的灯光衬托下，还是挺唬人的。

扒着二楼厕所窗台的下沿刚好能踩到一楼窗台的上沿，而从一楼窗台的上沿向下跳没有任何难度（此时我又对建筑方案的设计者有了些许好感）。在整个过程中，你唯一需要克服的就是向下看的欲望，贴近墙壁，只凭脚尖的触感行事。向下看的话，你可能会无法抵御诱惑进而松手放飞自我。可惜放飞的过程极其短暂，你还没来得及享受自由落体所带来的快感就摔到了地上。摔一跤倒也没什么，拍拍衣服上的土爬起来即可，只是这么大动静，惊醒了看门老头和他养的狗就麻烦了。所以，我从来都是贴着宿舍楼的外立面向上看，看挂在夜幕上的无数颗闪亮的星星。我没办法弄清在其中的一颗星星上是否会有另一个我也在做同样的事情：把目光投向我所在的这颗星星。他和我穿着同样的衣服，短发，动作几乎也完全一样。不同的是，他的腿脚要比我利索许多，三两下便平稳地落在了地上。而我在抓紧窗沿的同时还要万分小心，以免踩空掉下去。

"你先下去，"张业指着赵青说，"我最后压阵。"赵青张了张嘴，想说什么，但还是向窗台走去。眼下这种状况，他只有听从安排，不然我肯定要抓住机会再教育教育他什么叫听话。他扭动着肥胖的身体爬上窗台，扶着窗框撅起屁股磨磨蹭蹭地动着，足足过了五分钟还没搞定。阵阵寒风从敞开的窗口钻进屋内，在厕所里逛了一圈然后扑向门口，"咣当"一声，门被撞得磕到边框上。那盏灯也彻底放弃挣扎，不再闪烁，让人只能凭借窗外微弱的亮光分辨彼此。门的吱扭，风声，赵青的呻吟声，厕所内的恶臭……似乎所有东西都在鼓励我冲过去踹他一脚，我告诫自己要忍耐，再等等，现在还不是时候：窗外是一片平整的土地，二楼也不够高，从这里摔下去（只要不是脑袋朝下）基本没事儿。或许是意识到自己浪费了太多时间，赵青终于加快速度，一团阴影从窗口坠下，随即传来一声闷响，看来这家伙是安全着陆了。接着，我也沿窗户爬了下去。

张业跳下来，在地上找了一小块砖头和几个塑料袋递给赵青，轻声说，"等会儿爬上围墙之前，你先把玻璃弄平。小心，别扎到手了。"说完他蹲在墙根，示意赵青踩着他。三米多高的围墙，单凭一人想翻过去确实困难。赵青快速地站到了张业的肩膀上，似乎是怕张业反悔从而让他蹲在下面。张业扶着墙壁慢慢起身，同时嘱咐道，"玻璃向外弄，别掉我身上。"我站在他们背后，看到赵青的脑袋刚好超过墙头，他伸出胳膊，正准备清理玻璃，忽然问，"你们往常出去的时候没把玻璃弄掉吗？"张业没好气地回答道，"学校不会重新粘上啊？废话可真多！要不你下来，我踩着你！"赵青不再多言，用砖头向外推着墙头上的玻璃。清理完毕，他把塑料袋裹在手上，扒住墙头翻了上去。张业继续说，"你蹲在墙头上，先把风子拽上去。"

我在脑海中重复着即将发生的事情：他半蹲在（最好是跪在）墙头上，一只手扒着墙边，一只手用力向上拽着我，而我则站在张业的肩膀上（他的两只手牢牢地攥着我的脚踝），装出用力向上爬的模样，同赵青僵持的过程中忽然松手（第二种方案是我在关键时刻"不小心"撞到他了的膝盖），彼此因用力过猛，都向后栽倒。虽说夜色已经够暗，站在围墙上无法看清外面如断戟一样半截露在外面半截埋在土里的枯树枝，也不会看清躺在斜坡下方铺满薄冰的水坑，但总要预防万一吧：要是这家伙自己向下跳的时候，发现异常而胆怯了，那不白浪费我的一番苦心吗。可我总觉得缺了样东西。我一边走着一边思索，少了什么呢？等他掉下去以后，我们就原路返回，爬到宿舍床上睡个好觉，管他是死是活呢。即便被老师抓住，整件事的源头也是他自己撺掇的，跟我没多大关系。没有遗漏什么呀。哦！对了！我从裤兜里摸出一枚硬币！原来是它，陪伴我多年的老伙计，如此重要的场合，怎么可以少了它呢。我依然清楚记得第一次见到它时的心情，冷静，镇定，没有丝毫不安，好像它本就属于我，落到我的手里也再正常不过。它伴随我一路走来，就是为了见证这个时刻，还好自己没把它忘了，不然它该多伤心啊。我站到张业的肩上，等他立稳后，先把硬币递给了赵青。他不解地问，"这是什么？""一块钱，你先帮我拿着，我怕弄丢了。"他把硬币收进上衣兜，随后攥着我的手向上拽。就是现在！我听到自己的心脏在"砰砰"地跳动，越来越快，越来越响，宛如战场上急促的鼓声。这么多年，是时候放手了。

此时，你只需要松手让这个王八蛋仰面摔下去，任凭他被那些树枝穿透胸口然后滚进水坑。可你在犹豫什么呢，除了装出一副使劲儿往上爬的样子以外，你更应该做的是趁其不注意赶快松开手。为什么你攥得还是这么紧？在害怕吗？是怕事发后你即将面对的一切吗？还是怕他不会受伤不会摔死？不，不要怕，无论最终结果如何，所发生的事情都不会比现在更坏。别再迟疑，想想那个细雨连绵的夜晚，当你站在窗洞前面望向远方的黑暗时，他可曾迟疑过？想想殷红的血液从你身上、从它身上流出时，满脸得意的他可曾害怕过？不，没有，没有。从这点来看他可比你强多啦。不，严格来说不仅是这点，别的方面也要比你强上许多。过了这么多年，你仍旧不如他啊，是否正因如此，即将到来的下场才是他该得的，恰如当初的结果也是你该得的。动手吧，时间不多了，一会儿他该发现异常了。按理说这么大劲儿往上拽，就是头死猪也得动两下吧，可你却没移动分毫。不过，他要是能把你们俩拉起来，才真是见鬼了。等他发现你们在捣鬼之后，再想找同样的机会可就难了，每次见面揍他一顿并不是你想要的，哪怕很解气。可谁喜欢天天揍人啊，物理书上不是写了嘛力的作用是相互的打他的肚子你的拳头也疼（虽然没感觉到）唉别再乱想了现在还扯什么物理定律再这么继续下去即便他无比蠢笨始终都发现不了异常等天亮了肯定有人会看见你们的动手吧不要等了。就是现在！

　　忽然，一道亮光从我眼前闪过，伴随着严厉的呵斥："干什么呢？快下来！"手电扩散的光晕在你眼前晃了晃，随后照向墙头上的赵青与地面的张业。看不清对方的模样，从声音你能判断出是他。他怎么还没回办公室，抽什么风跑到宿舍楼后面来巡查？紧接着传来几声狗叫与脚步声，不用说，看门的老人正往这边走，还有一条黄毛土狗——这条狗的耳朵可真好使。你是再也不会养狗了。你看到它护在你的前方低吼着向黑背扑去，在这群阻拦你的人身后，残阳如血。你看到自己在初中的操场上捡起一块砖头狠命地朝张猛的脑袋砸去，他的手里牵的鸽子已死掉多时，在地面拖出了一道长长的痕迹。从那以后，你再也没怕过任何人。向光里望去，你看到他从地上起身把自行车支好揉了揉磕疼的膝盖随后从口袋里拿出手机上面显示着一条信息：我在这里等你。刹那间，与另一个人有关的所有记忆如同潮水一般向你涌来：火车上的青年算命老人重复说话的老妇和女孩丢弃水果刀逃跑的抢劫者四周空荡荡却无比嘈杂的肮脏旅馆荒林里的养殖场脸颊上有两排咬痕的中年男人古镇小岛夏日的晚风……你从人群的缝隙中看到躺在红色液体中的男孩再也没能爬起来，同样摔得头破血流的老妇人跌跌撞撞地扑到男孩身上，发出了嘶哑的叫喊并用仇视的目光死死地盯着你，似乎都是你的过错。在光里，你变成了这个人，也变成了另一个人，甚至变成了一条狗。你变成了任何东西，你无处不在、无所不知。可到最后，你还是无法决定是否要松手。

他像是受了刺激，使劲儿向上拽着你，无视灯光与呵斥，似乎只有这样才能证明他和你是一条战线上的。他们打着手电快速地朝这边走来，同时，从树林中出发奔跑跋涉几千公里的一万条狗也在山脚下的村落中找到了自己的目标：一只肥硕的灰兔子。它们把它围在正中心，一圈一圈一圈，绵延成片。位于圆心的头领和兔子对峙着，等待最后一击的到来。

"喂！"张业低声喊着，并用手掐了一下我的小腿，示意我赶紧动手。而在我眼前，几张面孔不停地飞舞，交织在一起：小卖部老板娘孟若羽饭馆内有着精致面孔的胖女人杨雨韵小山村里的健壮村妇杨雨颜沉在水箱底部吐着泡泡的小美人鱼……她们在我的眼前快速旋转，愈发模糊，最终变成了一团灰白雾气。她从雾中走了出来，她的模样仍停留在童年时代我送她绒树叶的那一刻：薄薄的齐耳短发散发着柔顺的光芒，嘴角两侧是浅浅的梨涡，脸色依旧苍白。她向我挥挥手，再次隐于雾中。

总得给失败找个理由吧，我心想。在我眼前，一个男孩沿着县城布满冰渣的主干道向西边跑去，路过转盘时稍作停留便跑远了。在他身后灰蒙蒙的雾霭中，一道绚丽的朝霞露出了面容，天空放晴了。

我低声骂道：这个混蛋！

（完）